览教师风采 听师者心声

宜都教师成长发展篇

曾德贤 赵军 主编

中国海洋大学出版社

·青岛·

图书在版编目（CIP）数据

览教师风采　听师者心声. 宜都教师成长发展篇 / 曾德贤，赵军主编. --青岛：中国海洋大学出版社，2024.6

ISBN 978-7-5670-3841-7

Ⅰ．①览… Ⅱ．①曾… ②赵… Ⅲ．①中小学—师资培养—研究 Ⅳ．①G635.12

中国国家版本馆CIP数据核字（2024）第086486号

LAN JIAOSHI FENGCAI TING SHIZHE XINSHENG
YIDU JIAOSHI CHENGZHANG FAZHAN PIAN

出版发行	中国海洋大学出版社
社　　址	青岛市香港东路 23 号　　　　**邮 政 编 码**　266071
出 版 人	刘文菁
网　　址	http://pub.ouc.edu.cn
订购电话	0532-82032573（传真）
责任编辑	杨亦飞　　　　　　　　　　　　**电　　话**　0532-85902533
印　　制	青岛中苑金融安全印刷有限公司
版　　次	2024 年 6 月第 1 版
印　　次	2024 年 6 月第 1 次印刷
成品尺寸	185 mm×260 mm
印　　张	20
字　　数	344 千
印　　数	1～1 000
定　　价	69.00 元

发现印装质量问题，请致电 0532-85651897，由印刷厂负责调换。

编　委　会

序　言（一）

　　强教必先强师，加强教师队伍建设，大力培养造就一支师德高尚、业务精湛、结构合理、充满活力的高素质专业化教师队伍，对于建设教育强国至关重要。

　　师范教育是教育之基。走过办学百年历程、奔赴在早日建成国内一流大学征程中的三峡大学，蕴含师范底色，彰显水电特色。三峡大学有责任在教育强国强师建设中发挥师范教育的担当作为并积极贡献。1946 年 9 月，湖北省立宜都师范学校正式成立，这是三峡大学师范教育的源头。1958 年 7 月，著名教育家徐特立先生为宜昌师范专科学校题写校名，成为三峡大学师范教育历史的"镜子"。数十年来，三峡大学持续为省内外，尤其为宜昌、荆州、荆门和恩施等地输送了大量的基础教育师资人才，成为教师培养的一方阵地。

　　近年来，三峡大学田家炳教育学院（师范学院）在三峡大学党委和行政的领导下，统筹全校师范资源，联合校外资源，把做好中小学教师培训作为服务地方发展和促进基础教育质量提升的重要途径。三峡大学中小学教师国家级培训计划办公室设置在田家炳教育学院（师范学院）。该办公室的老师在课程设置、培训模式、培训方法、质量评价等方面积极探索，认真组织培训，取得的成效得到了多方肯定。尤其是在中小学教师国家级培训计划中，我们惊喜地发现，近年来，中国百强县市——湖北省宜都市，在构建教育高质量发展体系、打造宜学之城和教育强市的过程中涌现了一大批优秀的教师，有校长、学科教师、优秀班主任等。他们秉持"燃烧自我、照亮他人"的红烛品质，涵养"直腰做人梯、弯腰做人桥、甘当铺路石子"的伯乐精神，厚植"捧着一颗心来、不带半根草去"的奉献情怀，追求"青出于蓝而胜于蓝"的境界。他们的教育情怀、奉献精神和教育成效，得到了党和政府的高度肯定，赢得了同行和社会的广泛尊重。三峡大学中小学教师国家级培训计划办公室，联合湖北省宜都市教育局，组织教师们撰写了自我成长的心路历程。该历程不是简单的怀旧，更不是偏执的迷恋，而是对现在的深刻把握和对未来的美好前瞻，饱含着他们的育人理念、教学方法、实践经验和奉献情怀。这些名校长、名学科教师自述求索成长之路，从多元角度解读了中国一个县市的基础教育"尊师重教、强师铸魂、优师筑梦"的思想精髓，精妙的文字表达彰显了教师之美、教育之美。我认真阅读了每一篇文章，深深体会到了这些教育工作者的崇高品德、刻苦努力和热心奉献。

作为三峡大学田家炳教育学院（师范学院）党总支书记的我和院长赵军，高度重视本书的出版。希望本书的出版能够为基础教育做出一点贡献。因水平有限，书中难免有不足之处，敬请广大读者批评指正！

曾德贤

2024 年 1 月

序　言（二）

2023年年初，三峡大学田家炳教育学院党总支书记曾德贤、副院长肖劲松一行来到宜都。曾书记说，学院特别想为宜都的教师做点事情。两个月过去了，一本由近百名宜都校长、教师叙写成长心路历程的30多万字的书稿基本成型。

6月中旬，我和具体负责组稿工作的艺红老师把书稿交给曾书记后，内心满是忐忑，因为这本书稿就像爱因斯坦的小板凳一样，虽然我们用心、用情、用力，但依旧粗糙，有待打磨。

这些文字没有金戈铁马、气吞万里、刀光剑影、波谲云诡的豪迈险奇，有的只是细节和细微的触动和生发，展示的是平凡而忙碌的教育生活日常。虽为平淡，但字里行间，一朵云、一滴水、一片树叶、一声虫鸣、一簇路旁的野花，一个眼神、一句话、一首歌、一碗水饺，点点滴滴无不是真情的流淌，无不散发着持续生长的力量和爱的芬芳，那一个个娓娓道来的育人故事、一段段风风雨雨的成长经历，动人心弦，令人回味。这种阅读的感觉如初夏雨后天边那道彩虹，亦如藕花深处惊起的鸥鹭，美好、清新。

半个世纪以来，中国的基础教育改革发展波澜壮阔，深刻地改变了每一个人的生活和命运。作为世界第一教育大国的教育者，我们是教育改革发展的亲历者和受益者，更是各项教育改革的基层实践者。

身为"70后"，我从小学时期便进入中国高速发展的快车道，享受教育改革发展的红利。1989年我被保送进宜都市一中，1992年考取宜昌师专中文系，1994年加入中国共产党，1995年回到母校任高中语文教师。

师专三年，我受教于宜昌师专中文系优秀的教师团队，他们学识渊博，意气风发，可敬、可亲、可爱！周德聪、姚永标、胡德才、孟祥荣、彭红卫、赵琳、邓新华、王作新、吴卫华等老师后来成了著名的书法家、学者、教授、诗人、作家、大学领导。北山坡，是我们那一代师专生永远的精神家园。

　　十年教师生涯，感恩宜都一中为青年教师成长进步搭台子、压担子，让我有幸见证和参与无数少年才俊的成长和进步。十年间，我不仅收获了弥足珍贵的师生情谊，更收获了沉甸甸的凝聚着青春汗水和情感智慧的教学成果，并在2003年被考察推荐为宜都一中副校长。宜都一中一贯鼓励教师加强学习和提升学历，进修时间上的保障和经费的支持，让我有幸走进华中师范大学文学院的课堂，先后取得华师汉语言文学专业学士学位和教育硕士学位。2005年，我服从组织安排离开钟爱的三尺讲台，前往市委组织部工作。自此，我封存好十年教书经历，开启新的征程。三年前搬家时，女儿帮我整理了我当老师时发表的文章、读书笔记及数十本备课本，她感慨道："这可是咱家的'传家宝'！"是啊，无怨无悔奋斗过的青春一定是人生的宝贵财富和家酿家藏的精神老酒，历久弥香。

　　2017年初，我调任宜都市教育局副局长，有机会再续与教育的美好情缘。行政工作远不是诗和远方。我分管党务、机关、教师队伍。那段时间，我的办公室始终门庭若市，特别是暑假前后，辞职的、调动的、申请返岗的、反映评先评优情况的，甚至机关联社区的居民也常来我办公室"坐坐"。有的拄着拐杖，有的拿着病历，有的带着密密麻麻的"万言书"，有的携着年迈的父母，有的牵着大宝、抱着二宝……他们向我讲述各种情况和遭遇、各种想法和诉求。我感到疲惫，更感到揪心：作为党的基层干部，我工作、生活在基层，可我对基层了解多少、群众感情几许、排忧解难几何，那些写在纸上的政策是否落地、落实，公平和正义是否从来没有缺席、离场？经过努力，一年后，我分管的各项工作逐渐呈现出良性的有序状态。教师们发现，我这个诗书满怀的"女秀才"也有担当作为、敢于碰硬的"女汉子"的一面。

　　有好的教师，才有好的教育。宜都市委高度重视教师工作，五年来，宜都顺利实施"市管校聘"人事制度改革，让教师队伍"动了起来"；师德为先、党建引领，让教师队伍"站了起来"；大规模全学段全员参与的教师培训体系的建立，让教师队伍"学了起来"；教师荣誉制度的建立、名师工程的实施，让教师队伍"靓了起来"。行政的力量是有边界的，教师工作是人的工作，不可因心急而用力过猛，不可过多干预甚至冷漠粗暴待之。这些年，宜都的教师管理在制度建设上不断加强，但更注重温情和色彩：不仅持续加大力度，更注重提升高度、适时调试温度、增加亮度和透明度、扩大参与度和社会知晓度，切实照亮教师的心灵。只有内心充满阳光，才可能播洒阳光，就像本次组稿，基本上采取自发和自愿，周新、罗凤芹、张艺红、周娇等老师主动承担起团队初审的重任，展示了名师的担当和自觉。相信假以时日，宜都一定会有更多的好教师拔节、成长，宜都教育的百花园一定芬芳四溢、硕果满枝。

生逢盛世，有幸在实现中华民族伟大复兴的中国梦的征程中奋斗、奉献、成长，可以跨越雄关漫道，可以穿越浩瀚时空。

苏轼有云："此心安处是吾乡"，那是灵魂至于化境后的旷达与恬淡。千百年后，我们有幸生活在当下的中国，一路走来，所历皆是美好，所遇皆是感恩，所行皆是徜徉，所处皆是灵魂安顿之乡！

周贵英

2024 年 2 月

目　录

名校长之路

做一个精神上"气象万千"的管理者 3

守望教育梦，"三为"写华章 7

以爱为灯育桃李，甘作绿叶衬红花 11

我的青春，绽放在幼教天空之下 14

愿做春泥更护花 18

扎根教育担当使命，向阳生长不忘初心 23

城乡学校一体化建设的探索与实践 27

振奋师生精神，学校就有未来 31

高山上的那朵小花 35

在实干中成长 42

名主持人之路

让生命如夏花般灿烂 49

甘为人梯是幸福 52

行走在教育的春天里 55

教育初心不改，成长历程难忘 59

三个遇见，为师一纪 62

用伟大的情怀做平凡的细小 67

立身立教，唯学唯师 71

一路解决问题，须在事中磨砺 75

种花陌上，玉壶冰心 79

星光不问赶路人，时光不负有心人 83

坚守初心育桃李，扎根山乡献芳华 87

坚守初心，做幸福的幼教人 90

行走在童心的世界里 93

坚持终身学习的教育传承者 97

向美而行的教育之旅 100

风里雨里，遇见特别的你 103

修德养学，滋养灵魂 106

39年，我从职中学子成长为职教名师 109

名班主任之路

让学生感受阳光的温暖 117

感恩每一次清晨的相遇 120

十年成长，从"看着"到"看见" 125

"四颗糖"伴我成长 128

遇　见 131

做一个有目标的班主任 135

爱润童心，共享成长 139

唯愿尽心育桃李，不问辛苦为谁忙 142

做幸福的追梦人 145

春风化雨，静待花开 149

一路风雨一路歌 153

师心如水 156

时光不语，花开有期 160

不忘初心，快乐前行 164

春天的呐喊 167

追寻光，散发光 171

像星星一样闪闪发光 174

追风赶月莫停留，平芜尽处是春山 178

时光不老，江河奋楫 182

名师之路

扎根课堂，向阳生长 189

逐光而行，追梦不止 193

网络教研助我行 197

平凡世界里的奋斗历程 201

天空无痕，碧潭有影 205

研究，让我更会做老师 209

行万字诀，成四有之师 214

坚守，是幸福的守候 219

跨界，遇见教育的美好 223

努力不负韶光，成长不负青春 228

行而不辍，屡践致远 231

勤学，深研，实践 234

漫漫教育路，执着追梦旅 237

如树般生长 240

万千青丝成华发，三尺讲台育桃李 243

一心追逐教育梦 247

秉持初心，砥砺前行 251

守初心，不悔三尺讲台 255

不忘教育初心，永葆教育情怀 258

扎根泥土，向阳而生 261

后备成长之路

扎根职教守初心，匠心筑梦育匠才 ………………………… 271

情系三尺讲台，甘洒青春热血 ……………………………… 274

愿做一棵树，追寻一束光 …………………………………… 278

成长如长河，奔流万万里 …………………………………… 280

追光同行，一路生花 ………………………………………… 284

看见学生，看见自己 ………………………………………… 287

我的"闯关"故事 …………………………………………… 290

成长带来的蜕变 ……………………………………………… 293

向下生长，向上开花 ………………………………………… 296

磨课研课，教学相长 ………………………………………… 299

遇见更好的自己 ……………………………………………… 302

名校长之路

做一个精神上"气象万千"的管理者

"教育是一项事业，事业的意义在于奉献；教育是一门科学，科学的意义在于求真；教育是一种艺术，艺术的意义在于创新。"吕型伟先生对教育的阐发，我深以为然。我从事教育事业，至今已30年，从学生的管理者，到学校师生的管理者，再到现在学校发展的管理者，一路走来，何尝不是从奉献开始，进而求真，在创新中带领学校发展呢？

1994年7月本科毕业后，我被分配到枝城市电大分校工作，任教成人中专班的数学，组织电大班视频教学并担任班主任。当时成人教育正处于蓬勃发展的时期，无论是在校生的学历提升需求，还是入职后的继续教育需求都非常大，目标是多快好省地培养社会主义建设者。作为学生的管理者、学业的传授者，我也被这时代的气息感染，尽管每天工作忙碌，但我总是信心满满，充满动力。电大当时有40名教职工，1 000多名在校生和成教生，学习氛围特别浓。电大每次组织考试，考生中既有一线工人，也有部办委局领导。他们的神情或坚定，或严肃，或稚嫩。考场安静而肃穆，只听到笔尖的"沙沙"声，窗外一片晴空。在这一刻，面对这群不断提升自己的学生，我被深深地打动了。学习知识是何等重要，教育是值得我毕生从事的事业。

入职第二年，由于工作努力，我被市委宣传部、市教育局任命为电大教务处副主任，开始参与教学与实习管理，不仅要管理学生，还要管理教师。不久，我晋升为电大教务处主任，管理学生的学籍。

1998年，市委、市政府决定将电大与职高合并办学，宜都一中搬迁到原电大地址办学。大部分电大教师被分流到师范和职高任教，少数被分流到一中任教。可能是年龄和学历的原因，我被周振佩校长招录至一中，成了留在原电大旧址的"老人"、宜都一中的"新人"。正是这种机缘，让我在同一片热土上从教了30年，有幸见证并参与宜都一中的建设与发展。

进入宜都一中后，我回到了原点，从成人教育转向普通教育，接受新的教学任务。宜都一中当年招生 640 人，十个平行班开展教学，教学质量压力陡增。我认真研究教材，学习教法，勤做练习，多进课堂听课，在同组老师的帮助下，顺利完成了"三年打通关"的考核要求。

在第二轮教学时，除了承担两个班的数学教学，我还担任班主任，成了学生的管理者。高三时有位同事生病，我带了两个月三个班的高三数学，我没有怨言，因为坚持走对的路是每一个教育人的情怀的真正体现。没有奉献精神和吃苦耐劳的意识是撑不下来的。回顾进入宜都一中六年的成长经历，我认识到教育本来就是一项事业，若没有事业之心，就很难做出成绩。"不敬业"在我看来就是失职，"有教无类"是分类管理，"学习创新"是提升之道，唯有如此，才能将"言传身教"落到实处。

在做好专业教学与班级管理的基础上，2004 年秋季学期，我再次参与学校部门管理工作，学校让我负责高一年级的管理工作。960 位新生、24 位新聘教师、16 个教学班，我必须用实绩证明自己。

作为一个年级的管理者，我一定要有明确的愿景和目标，对于宜都一中而言，那就是过硬的高考质量。我把这一目标传达给了本年级所有教师，同时加强与教师们的沟通，倾听本年级师生的声音。在共同的愿景与目标的感召下，我得到了教师们的全力支持。吴发平老师手把手地教我年级管理方法，确定了高一行为规范养成教育的具体措施；爱生如子、敬业胜命的潘英棠老师、吴家红老师，引领和感召着全校师生。

脚踏实地、勤奋工作，让我赢得了大家的信任和尊重。在年级管理工作中，我重在落实，突出实干求实效，主抓了三方面的工作：一是抓好以班主任为主体的德育队伍，提升育人质量；二是抓好以备课组长为主体的教学骨干，提高学科教学质量；三是将支部建在年级，强化党员队伍的创先争优意识，引领团队发展。在教师们的相互信任、精诚协作、共同努力下，宜都一中在 2007 年的高考中创造了新的辉煌。2007 年 3 月，有两名学生被武汉大学小语种专业录取，提前拿到高校入学通知书。2007 年高考，有三名学生考入清华大学和北京大学，一名学生考入香港中文大学并获得 50 万元的全额奖学金，宜都一中进入湖北省高考高分排名第七名，取得了优异的办学成绩。

2005 年底，宜都市委组织部在教育卫生系统试点党组织干部"公推直选"，我被推选为学校党总支副书记，开始参与学校管理工作，后来担任过分管教学的副校长。经过一定的历练，组织安排我担任校长，全面主持学校工作。

成为学校发展的管理者后，我深感责任重大。当今世界正经历百年未有之大变局，教育的发展环境有了大变化：普通高中高考综合改革、育人方式改革等国家多项改革措施密集出台，《中华人民共和国家庭教育促进法》颁布实施，等等。环境的变化，意味着学校有了新的发展机遇，我们要在"为党育人，为国育才"的基础上，在服务国家的发展中实现学校自身的新发展。

作为学校发展的管理者，我必须在当前教育环境下、政策允许的条件下，根据宜都一中当前的资源配置、风险控制、发展战略等做出相应的决策，寻找解决问题的最佳方案，从而保证学校的长期发展。为此，我按照规划学校发展、营造学校文化、领导课程教学、培养教师队伍、优化内部管理、调适外部环境的思路开展工作：抓住改善普通高中办学条件的政策机遇，积极争取政策资金支持，改善办学条件，促进生长型校园建设，保障学校运转；进一步内化"学生的成长和未来高于一切"的办学理念，全面关注学生的身体、心理、学业、精神的成长；延续地方绵绵文脉，挖掘、提炼杨守敬文化资源，厚植学校发展底蕴，实现以文化人；构建完备"守敬"课程校本体系，推进课程育人；重视学生综合素质的提升，提出"为学生全面而有个性化的发展奠基"以及由此引申出的"五项素养"综合素质评价的培养目标，抓实立德树人。

教师是第一办学资源。我将其确定为学校教师培养和发展的核心理念，通过构建民主科学的教育管理机制，让全体教师都能通过一定的形式和渠道参与学校的管理工作，为教师们创造"乐业、敬业"的土壤，让他们在这片土壤里提升自己的生命价值：一是构建科研体系，让教研成为教师成长的"着力点"；二是以课改为龙头，让教师与课改同行；三是以课堂教学为抓手，促进教师的专业成长。"把课上好"就是最崇高的师德，把学科教学提升为学科教育，引导学生因热爱教师而热爱其任教的学科。

一个合格的校长，既要对中国教育现状保持清醒的头脑，研究国家大政、教育方针，还要对本地的教育生态保持清醒的头脑，脚踏实地、尊重规律，如此才能促进学校教育的高质量发展。

回顾自己，从学生的管理者，到师生的管理者，再到学校的管理者，我的成长经历离不开组织的培养、同事的支持。华东师范大学陈玉琨教授指出了教育管理者发展的路径——"敏于教育发展的'盲点'，善于把握社会需要与自身优势的结合点，勇于探索教育的难点"。学校发展也是如此。如今，宜都一中已经走在创优创特的路上，它必将乘时代之风潮，创造更加灿烂的明天！宜都一中办学 85 年，为社会培养了上万名优秀毕业生，各行各业的骨干力量中多有宜都一中的校友。校友们的成功，就是对宜都一中办学质量的最大认可，因为"学生的成长和未来高于一切"是宜都一中始终坚守的办学理念！

作者简介：陈云，湖北省宜都市第一中学党委书记、校长，高级教师，第二届宜昌市中小学明星教育管理者，第三届宜昌杰出校长，第六届宜都市拔尖人才；在各级刊物公开发表多篇论文，主持和参与 3 个省级重点课题；从教 30 年，逐步形成了"律己以成人，己达则达人"的理念和风格，其课堂教学和学校管理均得到认可与好评。

守望教育梦，"三为"写华章

1996年8月，23岁的我走上讲台，成为一名教师。2004年我走上学校管理岗位，任洋溪中学副校长。28年的教学生涯，浸染着我的全部青春，有汗水和心血，也有追求与梦想。回首展望，我看到的是自己一路的执着和不断开创的身影。人生是单行线，需要回头看，积累经验，提升智慧；更需要向前看，坚定勇敢地走下去，开创明天的美好。我清醒地认识到，做一名好校长，绝不是一朝一夕的事，它需要时间的积累、思考的深入、持续的创新，需要涵养的人格、升华的理想、前瞻的目光。

遇困善为，凝心聚力谋发展

2009年，由于学校撤并，我离开了工作13年的洋溪中学，被调到办学规模较大的宜都市枝城中学，从一名副校级干部做回一名普通教师。在这里，我再次从一名教师成长为中层干部，走上枝城中学校长的岗位。对我来说，这些角色的转变不仅是一次次全新的考验，更是对自己心灵、眼界、思想、行为的一次次提升。

当时的我热情高涨，干劲十足。聚师心、提质量、扭转办学局面，是我当校长后最想快速解决的问题。他山之石，可以攻玉。我随即想到了同在枝城的西湖中学。当时该校的教学质量一直在全市名列前茅，该校老师的工作积极性也特别高。与西湖中学的校长和老师交流后，我发现该校的绩效考核方案能调动老师们的工作热情。于是，我迅速将西湖中学的绩效考核方案借鉴到我校。在新一届的教代会上，我满心欢喜地期待方案顺利通过，期待老师们的工作积极性被进一步激发，在心中绘制出大家齐心协力、奋发开创新局面的美好画面。可现实给了我当头棒喝，老师们在教代会上极力反对新的绩效考核方案的相关条款，最终方案未被通过。坐在主席台上的我顿感颜面扫地，面红耳赤，灰心丧气。作为一校之长，这样的事儿，谁遇到过？事与愿违的结局让我感到挫败和失望，有委屈，也有不甘。我一心想着学校的发展，得到的却是不理解、不配合。这个校长，我要怎么当下去？

冷静思考后，我发现造成这样的局面，主要原因还是自己考虑问题不够全面：方案的制订没有遵循学校的实际情况，也没有进行深入调研，更没有事先与老师们沟通。该方案的实施确实不能调动所有老师的工作积极性，无法让大家都参与进来。痛定思痛，我重整旗鼓，深入研究现实情况，寻找解决的办法。教学上，我与勤奋和自律相伴，带头创新并改进教学方法，学校的教学质量稳步提升；管理上，我深入基层，与老师们推心置腹地交流，找痛点、解难点、疏堵点。在充分调研的基础上，我重新制订了符合学校实际情况的绩效考核方案，最终得到了大家的认可与支持。

经历一番磨炼后，我深刻地认识到，当校长光有热情和干劲还不够，遇到困难要讲究方法、善于作为，学校管理既要有尺度，还要有温度。

进取力为，率先垂范寻突破

2019年秋，我怀揣内心的志忐来到了杨守敬中学。与之前的枝城中学相比，这所学校的规模大了不止一倍，学生人数近千人，教师队伍近百人，学校办学业绩突出，受到社会各界的高度重视。我惶恐自问："以往在乡镇小规模学校的管理经验适用于此吗？""我能带领杨中人取得新的突破吗？"当时的我渴望突破，但也怕出错；想干出成绩，但也怕辜负各界期望。我在纠结中感到不安，在思虑中变得畏首畏尾。我彷徨着，也思忖着，期待能尽快找到一个突破点。

一天饭后，我看见几位年长的老师在操场上散步。于是，我主动上前和他们交流，了解他们对学校发展愿景的期望。"这几年，我们'杨中'稳扎稳打提质量，成绩着实显著，我们的辛苦付出是有回报的。""是啊，只是一直位居第二，要是能夺个'冠军'，我们工作时就更带劲儿了！"几位老师笑谈着，从他们灼灼的目光中，我感受到了他们心中的自豪和不甘，这不就是我们的目标与动力吗？

于是，在全体教师会上，我明确提出"三年冠"的奋斗目标，得到了全体教师的积极拥护。我们共同制订了学校的三年发展规划。随后，我主动申请代课，来到教学一线，为教师队伍立榜样、树正气。面对突如其来的新冠疫情，我们一起严格履行疫情防控的责任，密切关注学生的网课，鼓励教师在疫情防控中主动作为，涌现了一大批"先进个人"。了解到我校一名一线医生的孩子在家学习无家长陪同的情况后，我立即让正在读大学的儿子与这名学生结为好朋友，通过网络对他进行学习辅导。这一做法获得了同事们的认可与信服。为了进一步激发全体教师的内驱力，我把权力交给教师们，倾听大家的心声，并大刀阔斧地对学校管理制度进行了改革，让老教师能够身先士卒，让中年教师成为中流砥柱，让青年教师朝气蓬勃、不甘人后。全体教师上下齐心，团结奋斗，积极进取，形成了良好的工作氛围。一年后，杨守敬中学在 2020 年中考中取得了全市第一名的好成绩。第二年，我们又以更大的优势蝉联冠军。

经验来自实践，动力来自目标。科学合理地制定奋斗目标，能够增加学校管理目标聚合作用力。一校之长要到教师中去，和他们拧成一股绳，化身先锋榜样，搏尽一身力，共圆一个梦。

临难勇为，文化育人竞绽放

2021 年 8 月 17 日，我临危受命，任宜都市陆逊中小学党支部书记、校长。虽已给自己打好"预防针"，但当天上午到校后看到的场景还是让我始料不及——尚未建成的校门、满是泥泞的道路、杂乱不堪的校园、没有通电的教学楼……我的内心五味杂陈，一片茫然。接下来的几天，我寝食难安、头脑混沌。

万千头绪，难以一把狂揽；巨石重担，难以一肩挑起呀！

短暂适应后，我给自己打"强心针"：本校是市委、市政府的重点民生工程，上千个家庭期待，数万人关注，9 月 1 日开学，绝不能有任何差池！我迅速调整状态，统筹谋划。于是，在学校对面的项目部会议室里，我组织召开了第一次校级班子会。会上我们理思路、聚共识、议良策、定目标，将如期开学面临的所有问题清单化、节点化，责任到人、任务到时，让开学与项目建设同步进行。多方合力，共度最为艰难的一周。学校终于顺利开学，陆逊中小学迎来崭新的面貌。

一个月后，学校各项工作步入正轨。但是这条"轨道"该如何继续铺设，成为眼前的一大难题，因为它直接决定了我们前进的方向和速度。近 2 000 名学生从全市各小学汇聚而来，100 多名教师从各个学校聚合于此，如何快速"聚沙成塔"，我们需要一股强大的力量。这股力量源于什么呢？校纪班规的约束？管理经验的加持？班子榜样的引领？……定然需要，但不止于此。于是，我迅速多方位采取措施：融入教师队伍，深入调研；多次召开班子会，反复研讨；诚邀各级专家，现场诊断。最终，我们把这股力量的源泉倾注于校园文化——

良好的学校文化是教师专业发展和学生生命发展的丰富土壤。

在后期的研讨中，我们集思广益，逐步明确了学校的环境文化、制度文化、行为文化、观念文化等建设方向及发展途径，确定了"塑造智·美人生"的办学理念，拟定了"三色德育：打好人生底色"的德育主题。目前，"三色"德育系列校本教材的第一本《行雅六礼我践行》已出版发行，第二本《绿色环保在行动》已经定稿，将在7月份出版。我们谨记"博学、厚德、自强、笃行"的校训，践行"做塑造学生品格、品行、品味的'大先生'"的教风，树立"学贵历练积淀，勤勉精进"的学风，为打造窗口学校拼搏着。办学两年，我们的校园花草点缀，绿意盎然；书法教室，古色古香；校园活动，丰富多样；武术体操，风采飞扬。教师有担当、敢吃苦、肯奉献，学生讲文明、爱学校、乐学习。我们全体"陆逊人"更是铆足"开局即冲锋，起跑即冲刺"的干劲，始终保持着昂扬向上的姿态，奋发向前！

一年多的发展，一年多的演变，前进中的陆逊中小学在宜都市委、市政府的亲切关怀下，在市教育局的正确领导下，牢记"为党育人，为国育才"的使命，胸怀"为未知而学，为未来而教"的教育理念，靠着文化引领迅速从城区老牌强劲学校中突围，2022年勇夺绿色质量评估桂冠，家长满意率居全市第一。

一所靠精神、靠文化、靠内涵创办起来的学校才会充满活力与内驱力。积极健康、文明向上的学校精神可以激励全体师生紧紧围绕学校的发展目标不懈奋斗，形成健全人格，开启智慧潜能，促进全面发展，并且潜移默化地影响着师生的一生。

古人云："在其位，谋其政；行其权，尽其责。"校长的岗位就是责任，校长的职务就是义务，校长的权力就是使命。仰望天空方能眼界高远，俯抱大地始知责任重大。校长既然肩负使命，定当穷尽全力！

作者简介：周祖国，中共党员，高级教师，现任宜都市陆逊中小学党总支书记、校长，是湖北省校园文化创新先进个人，第二届、第三届宜昌杰出校长，宜昌师德标兵，宜昌市优秀物理教师，湖北省中学物理协会会员；80余篇教育教学、教育管理论文在各级评比中获奖并发表。在学校管理中，他坚持"以德树人、以质立校"的办学理念，践行制度向后，文化上前，努力行真教育，做真教师，育真人才，让教育彰显魅力。他始终坚持以科学发展观总揽全局，紧紧围绕强师兴校的奋斗目标，内强素质，外树形象，全面实施强校方略，推动学校办学质量的高速发展，办学业绩突出。

以爱为灯育桃李，甘作绿叶衬红花

"渡远荆门外，来从楚国游。山随平野尽，江入大荒流。"文人墨客留诗篇，荆门山下红花艳。我来自李白笔下的荆门山畔宜都市红花套镇初级中学（简称红花中学）。

做教师潜能的掘进者

教师是学校的根本。五年前，我走上了红花中学校长岗位。教学质量低迷、生源流失严重，是摆在我面前的难题。仔细分析后，我发现作为地处宜昌、宜都城区间的农村初中，红花中学缺乏优秀的师资是导致问题的关键原因。突破口在哪儿？我准备在校内挖掘，于是，我走进全校 35 名教师的课堂……

就是他！在听完数学刘老师的课后，我立马下定决心。然而，通过了解，我得知这位有才的老师并不愿意承担学科教学之外的任务。果然，在我私下找他谈话的时候，他一口回绝了："让我挑大梁？我没那个能耐，也不想做。"我只好暗暗想对策。

开学第一次校本教研，我主动要求承担教研任务，还特地邀请刘老师等几位教师。我不仅上观摩课，还主持研讨，活动效果很好。研讨中，我让刘老师也来讲一讲。他的一句话让我眼前一亮："身为校长，这么忙，亲身示范，真不简单啊！"于是，我趁热打铁，当晚来到他家，与他深谈到半夜。功夫不负有心人，他终于答应了。

几天后，新一批学科教研组长名单一公布，就引起了轰动，大家纷纷说选得好。紧接着，我们聘专家指导，请名师送教，派骨干外出学习，做实校本研修，一批学科教学骨干成为质量提升的"猛将"。一年后，我校物理、数学等学科均斩获宜都市中考质量一等奖，刘老师还被评为宜都市最美教师。

石本无火，相击乃生灵光。作为校长，充分挖掘教师潜在的内生动力，我觉得是最有成就的事。目前，我校有高级教师六人、宜昌市级名师三人、宜都

11

市课改专家组成员五人。学校教学质量也逐年攀升，近年来一直稳居同类学校前列。

做学生心灵的呵护者

爱是教育永恒的主题。901 班的小然同学因为沉迷网游，经常赖在家里不上学。我对老师们说："只要是红花中学的学生，一个都不能放弃，不能把问题学生推向社会！"

说易，行难。小然的父母离异，缺乏监管。我带领班主任和任课教师连续几周轮流到小然家进行家访。他拗不过我们，终于勉强答应上学。见他一松口，我立即动手将他的行李搬到学生宿舍，并宣布："从今天开始，我和小然在学生寝室同住。"从那天晚上开始，我正式住进了学生寝室，回到了"学生时代"。每天熄灯前的半小时，我和小然他们背语文古诗，谈人生故事，聊生活趣事，侃相互糗事。渐渐地，小然不再迷恋网游，我和他成了无话不说的好朋友。同住的孩子们都亲切地称我为"寝室长"。

随风潜入夜，润物细无声。小然的班主任说："两个月下来，他像换了一个人。"中考成绩下发后，原本认为升学无望的小然升入了高中。

让学生站在学校正中央。校长应以生为本，以爱为灯，去照亮每一个成长的心灵。我觉得这是最快乐的事。

做教育风采的展现者

有人说校长是行走的文化，我觉得校长是行走的教育形象大使。记得五年前我担任校长的第一天，6：00 我便来到学校，巡视一圈后就到校门口"开门迎学"，为每一位进校的师生送上一句清晨的问候。看到老师、孩子们惊喜的目光，听到他们一声声"校长好"的回应，我在激动之余突然意识到，自己身为校长，为学校代言，把岗位工作做到极致，是多么幸福的事啊！从那天开始，整整五年，我每天都坚持早上"开门迎学"。老师们说："校长每天这么早迎学，我们来迟了怪不好意思的。"家长们说："黄校长一年四季坚持在校门口迎接学生，真不简单，是位好校长！"

我带领全校教师共同打造以"博雅"为核心的学校特色文化，践行"勤学致博、笃行达雅"的办学理念，深入推进"八必正风·廉润校园"为主题的清廉校园建设，开辟朗诵社团、绘画社团、书法社团等清廉文化"七个课堂"，得到了各级领导、同仁的高度肯定。

五年来，我们学校获得了全国营养健康示范学校、全国农村初中足球特色学校、全国青少年电子信息智能创新大赛湖北赛区优秀组织单位等荣誉，同时是中国陶行知研究会"生活·实践"教育实验学校、湖北省青少年阅读示范基地……

在2020年全民抗疫过程中，我承担了学校宿舍楼23户50多人的防疫任务，逐一摸排，逐户登记，及时汇报。住户居家隔离时，我是他们的生活物资代购员。每天清晨醒来，我第一时间收集住户的需求信息，然后统一到超市采购，再将物资送到每家每户的门口。每天我都骑着三轮车忙活一上午，这一做就是两个多月，大家都亲切地叫我"三轮车校长"。我觉得，这个雅号是对我最大的褒奖。

我积极地联系红花政府、各村社区和企业，形成合力。2019年春节期间，我和学区办邹祖华主任联系红花套永鑫精工总经理汪万勇，商议成立红花套镇教育发展促进会，集众人之力助家乡教育发展。大半年的时间里，我们制定了促进会章程和各项方案制度，请红花政府领导给予我们支持，拜访镇内爱心企业家，到财政局、民政局等部门咨询并办理促进会法人注册登记。终于赶在2019年9月教师节之际，我们筹集到十余万元经费，全部用于奖励优秀教师和优秀学生。近几年来，红花套教育发展促进会成员逐渐增多，社会影响力逐渐加大。

以上事例，只是我五年校长工作的一个缩影。我常常想，"红花"是多么美丽的名字！无论当下还是未来，我始终是红花中学的一片"绿叶"，用自己浅浅的爱去塑造孩子们纯真的心，用自己微弱的光去照亮孩子们七彩的梦。这就是我，一名共产党员、一个教育人的心声！

作者简介：黄小波，中共党员，高级教师，宜都市红花套镇初级中学党支部书记、校长，湖北省优秀教师，宜都市优秀党务工作者，第三届宜昌杰出校长；曾获初中道德与法治学科"一师一优课"部级优课、多篇论文在省级刊物发表或获奖。任校长期间，学校先后获得了全国营养健康示范学校、湖北省专利教育示范学校、湖北省"阅读示范基地"等荣誉，是中国陶行知研究会"生活·实践"教育实验学校。他埋头做着"绿叶"，用心用力托起教育的"红花"。

我的青春，绽放在幼教天空之下

1990 年，我于湖北省幼儿示范学校毕业，此后一直从事幼教工作，一晃已有 34 年。从青春少女到中年，再到年过五旬，回忆多多，感触颇深。

义无反顾选幼教

我从小就向往当老师，喜欢那种当"孩子王"的感觉。1984 年由联合国出资重建的湖北省幼儿师范学校成了我的不二之选。我的中考成绩靠前，在我决定报考湖北省幼师时，武汉的两位亲戚坐了一整天的班车来劝我改志愿。一个说："你报高中吧，到时肯定会考一所相当不错的大学！"我说："不！"另一个说："就算你非要报中专，有省交通学校、省电力学校、省外贸学校，等等，为什么一定要报考省幼师？"我说："我愿意。"

我义无反顾地迈进了湖北省幼儿师范学校，踏上了我的幼教之路。那时候母校省幼师还在建设中，条件和现在相比真是差得太远：没有澡堂，全校 2 000 多个女生都在公共厕所里洗澡，接水泼洗，场面很壮观；食堂伙食远没现在这么丰富，一份红烧茄子 4 毛钱，还得以百米冲刺的速度跑到食堂排队才能打到这份菜；夏天的暴雨常让学校"水漫金山"，蹚着没过膝盖的水去上课对我们来说见怪不怪……但是这些艰苦条件都挡不住我们勤学的劲头，无论是文化课还是专业课，我们都抓得非常紧，晚上熄灯之后，我们躺在床上打着手电筒背"三学六法"，节假日、课余时间常常为了抢琴房、做手工、练绘画而不去吃饭……"练好幼教基本功，绝不落后"是那个年代幼师生的勤学作风。而省幼师那一批爱生如子、幽默风趣、艺高胆大的老师也给我们留下了深刻的印象。至今还记得身体微胖、舞姿曼妙的舞蹈老师李老师，英俊潇洒、一手钢琴弹得行云流水的琴法老师王老师，还有操着一口武汉话在元旦晚会上朗诵《咏鹅》的学生科长陈科长。最忘不了的是我们的班主任焦老师，她是在教我们这一届时生下女儿的，她把一生都献给了幼教的"孩子王"。

我非常怀念那三年苦中作乐的幼师生活，也非常感谢对我们严格要求的老师，是他们让我们牢固地掌握了理论知识和专业技能，在进入职场后不手忙脚乱。

全力以赴做幼教

1990 年，我正式成为一名幼师。那个年代，基本上每个县市只有一所公办园，我被分配到宜都市机关幼儿园。用一首歌来形容当年的我："小时候，我以为你很美丽，领着一群小鸟飞来飞去，长大后，我就成了你……"我终于成了领着小鸟的人！

那些年，作为全市唯一的一所公办园，大班额是常态，几乎每个班都有 60 ～ 70 名幼儿，我带过人数最多的一个班有 75 名幼儿。那时没有现在这么多的案头工作，幼师的工作就是和孩子们在一起，带领他们进行集体教学，带领他们做游戏，倾听他们的声音，挖掘他们的潜力，拓展他们的思维，做最好的自己。

在那个只有电视没有网络的时代，我仿佛有使不完的劲儿。白天和孩子们在一起，哪怕声嘶力竭，我依然快乐，因为他们会说："来，老师，我给您带了胖大海。"还会用汗津津的小手递给我一颗像棕色种子的东西，"我妈妈说，它可以治嗓子"。

不少幼师得了声带小结，刚参加工作时，大家都是"百灵鸟"，但十年后，大多成了"乌鸦嗓"。那天我握着这颗汗津津的胖大海哭起来，孩子们说："老师，您别哭，嗓子会好起来的，我天天给您带胖大海。"那一刻，我心中所有的委屈、所有的疲惫、所有与孩子们斗智斗勇的抓狂，都化作一股冰甜的清泉，从喉咙润到心肺。

那些年我将幼儿水墨画课程在全班进行特色教学，教孩子们中锋、侧锋、提按、皴擦、泼墨等画法。每当看到孩子们的画、看到孩子们的笑脸、看到孩子们的点滴进步，我都觉得特别有成就感。至今我还保存着那些孩子获奖的照片，现在这些孩子的儿女都上幼儿园了，一个个见到我时会说："罗老师，您还记得我吗？如今我把孩子送到您这儿来了！"

一代接一代，这种传承，也让身为幼师的我有种桃李满天下的自豪。是的，"孩子王"的幸福只有亲身经历才能体会，才能拥有。

如饥似渴勤学习

"学无止境""活到老学到老"这样的话我们常听到，但是真正能够践行到底的却很少。其实，我们年轻时努力学习的状态和默默奉献的精神都会在以后的工作中得到回报，为提升个人素质和进入更好的平台打下基础。

20多年前，公办园的经费属于差额拨款，即教师工资的很大一部分由单位筹钱发放，所以园所经费总是紧巴巴的，许多幼儿园的园长为了筹钱而想破脑筋。那个时候电脑是个稀罕物，很贵。有一次局里淘汰了一批电脑，我们的老园长像捡宝一样拖回一台，换了几个配件，生出一个想法——用这台电脑编辑、刻录幼儿成长影像的碟片。

那时园所没有多出的人手，因为多聘请一名老师，就要多筹一份工资，于是，制作影碟的事就面临着"谁能学习制作？谁愿加班制作？"的问题。白天上班带六七十个小朋友，晚上编辑视频到凌晨，没有一分钱报酬，而且不是三五天，是长期。当时除了我，没人愿意。

那时的视频编辑软件没有现在这么先进，电脑常死机，让我熬更守夜的努力在顷刻间被清除，让我体会到什么叫抓狂、什么叫欲哭无泪。我擦干眼泪没放弃，既然答应了，就要把它做好，不能半途而废。

多少个深夜，我独自坐在楼上那个放电脑的小屋子里，听着窗外飞蛾拍打玻璃的声音，它们是见着光想进来的，也是唯一和我做伴的小精灵了。

那几年我学会了电脑技术，在别人刚刚学拼音、五笔慢慢打字的时候，我学会了图像处理、幻灯片的制作、动画制作、音频视频剪辑、图文排版、新闻编辑，创建了幼儿园网站，同时，带班和教研工作一刻不放松，赢得了同事和园领导的一致认可。2006年，我被推选任命为业务园长。

后来，我成为宜昌名师、宜昌市杰出校长，并被评为优秀政协委员。"一花独放不是春，百花齐放春满园"，城乡结合，引领示范，携手推进全市幼教整体发展。与此同时，我深入调研学前教育发展，了解各个幼儿园的困难，写下《关于加大力度解决幼儿教师编制的建议》《关于改变招考模式，引进男幼师的建议》《聘请幼师待遇低流失严重问题亟待重视解决》等提案，为学前教育发展积极奔走、积极呼吁。

常有人问我，你做这份工作感到幸福吗？我想说，不是凡事一帆风顺才叫幸福，不是整天笑容挂在脸上才叫幸福。一年365天，也许有364天是忙碌的、努力的、疲惫的、坚持的，甚至有委屈、抓狂、泪流满面，真正的幸福可能是穿插其中的一句话、一个瞬间、一个画面，是那最后一天仿佛破茧成蝶地暖到心底，是我们在经过这些历练以后，不抱怨、不气馁，依然爱孩子、爱幼教这份职业的一颗初心。

今天，我望着那些刚踏上工作岗位的年轻老师，脑海中闪现出无数的点滴碎片。34年，我的青春绽放在幼教天空之下。回顾34年的幼教生涯，我从义无反顾地选择当幼师去爱孩子，到不断努力学习去提升自己，再到肩负责任去传递能量、播撒希望……我从不后悔。

作者简介：罗清萍，中共党员，从事幼教工作34年，现任宜都市杨守敬学前教育集团园长，被评为宜昌名师、宜昌市杰出校长、宜昌市师德标兵、宜昌市学科带头人、宜都市优秀共产党员、宜都市拔尖人才、宜都市骨干教师、宜都市学生最满意教师。

愿做春泥更护花

我作为一个地地道道的农民孩子，载着美好的憧憬走出大山，是一件幸运又美好的事情。1993年夏，我以一名光荣的教师身份回到了生我养我的家乡——枝城黎家坪，开始了美丽教坛的演绎。和那些教过自己的老师同站三尺讲台的时候，我被老师们对山区教育的那份执着和坚守深深感动着。1995年，因在三尺讲台上表现突出，我到枝城小学任教，一干就是20年。教师、班主任、年级组长、教研组长、教导主任、副校长、书记……该有的角色我好像一个都没落下；语文、数学、思想品德、体育等课程好像没有能难倒我的，虽然一路汗水，但有一路的收获：宜都市的骨干教师、学科带头人、湖北省乡村骨干教师、国家级综合实践活动课程教育先进工作者、宜昌市师德模范、宜昌市巾帼建功标兵、宜都市优秀教师、优秀共产党员、宜都市高质量发展个人嘉奖……回眸展望，无论是作为一线教师，还是作为学校管理者，我始终不忘自己的身份——教师。这是一个伟大的职业，也是一个充满爱与责任的崇高职业。既然拥有了，就没有任何借口：立足岗位，责任在先；不忘初心，用爱经营；敢于创新；与时俱进。从参加工作之日起，我便在爱与责任的境遇里徜徉。31年了，我总能沉下心来，用心经营，一路播撒，一路收获。

踏回乡村教育之地

在枝城小学工作的20年里，无论身处哪个岗位，无论教授哪门课程，我始终坚持爱与责任同行；看着同事纷纷被调往城区，我质疑过自己，但我觉得需要自己的地方就是最好的；当看见农村家长想尽一切办法把孩子转到城里就读的时候，我也质疑过自己，觉得办好乡村教育是每一个教育者的责任。2015年8月17日，我毅然接受组织的安排，满怀浓浓的乡情踏回乡村教育之地——美丽的大堰堤。

一切都不熟，只有走访。8月，日子骄阳似火，我用一个星期的时间走进方圆 20 公里的 8 个服务村，走访了校周边的 13 个农户、12 个孩子、8 位老教师。我陷入了深深的思考：这么美丽的学校，这么好的环境，为什么留不住孩子们呢？怎样才能让孩子们乐意在自家大门口的学校就读？诸多的思考给了我诸多的目标，我与 26 名教职工齐心协力，用执着和行动开展乡村学校教育改造，用努力和创新实现着目标、超越着目标，深得大家的认可、家长的满意、社会的信任。

融入乡村教育热土

踏进校园门，爱和责任就是我毕生的追求。初来大堰堤，大家对我这个集家长、教师、村干部身份于一身的女校长能否带领学校取得佳绩深感质疑。为了尽快适应这里的工作环境，我以走访的形式了解到社会、家长和学生对学校的期望；坚持用课余时间走近教师，充分了解老教师和青年教师的需求，及时解决当前困难，让教师安心，让家长放心。开学的第一个月里，我拉赞助备齐了 300 套餐盘碗筷，开创了"师生吃饭自备餐具、吃完自己洗碗筷"的历史；我提出在校门口搭建遮雨棚，解决了学生放学候车日晒雨淋的问题；为教师周转房安装了窗帘，让他们住得安心……乡村学校贫困孩子多，我带头捐款捐物，及时外联，十多名家境困难的学生得到了社会的帮助。正是怀揣着这份责任和爱心，我打造了一支众志成城、团结进取的教师团队，培育了一批又一批乐学善思、踏实勤奋的好学生，让大家从担心转为默许、接纳。

激发乡村教育活力

与城镇学校不一样，乡村学校要发展，就必须充分挖掘自己的优势，做到扬长避短，彰显乡村的教育本色。针对学校现有条件，我挖掘四大校本资源，着力学校发展。8 个月的时间里，我一次次地修改，最终提炼了"为乡村留根，为社会树人"的先进办学理念，依附地方先贤文人王永彬，确定了"放开眼孔读书 立定脚跟做人"的校训。理念的引领、校训的警讯，激发着教师们的工作热情，也激发着学校发展的活力，全体师生都在为之努力、奋斗，得到了社会的认可。

探寻乡村教育路径

在新发展思路中加强乡村学校教育改造，我坚持以"三用"谋发展。

一用文化铸就品牌。学校秉承"为乡村留根，为社会树人"理念，通过打造"蜜蜂行动"铸品牌。近两个月的时间，我带领全体教师走访了方圆百公里的农户，收集了古老、废弃的农具86种，建立了桥西生活馆，给予了农村孩子最直接的德育基地；凭借王永彬的故居和他的第六代嫡孙——本校两位王老师的有利资源，我和师生一起研读《围炉夜话》，建立了宜山文化馆、宜山读书社；争取到当地政府的支持后，我们在多年荒废的六亩学农基地种了多种蔬菜和1 800株金银花。我们坚持以"两馆一园一书社"为主线，全力营造一个古朴典雅、健康愉快，具有生命力、创造力的现代乡村校园文化环境。

二用活动推动发展。农村孩子更渴望有属于自己的兴趣爱好，我们组建了文学、书法、拉丁、唢呐、藤编、朗诵、体育等多个乡村课堂，实行走班制，让孩子们自愿报名参加喜爱的兴趣活动课，选择自己喜欢的教师。我们还定时召开艺术节、体育节、科技节，围绕文化馆、读书社、生活馆、实践园组织读书活动、劳动实践、生活体验等，为学生发展特长提供广阔空间，让学校乡村课堂开办得有声有色。

三用创新提升品质。研发适合乡村特色的校本课程，彰显农村教育本色。合理开发、利用校本资源，融乡村体育、乡村工艺、乡村文艺、乡村技能为一体，编写了具有本土特色的校本课程，将滚铁环、踢毽子、抽陀螺、跳皮筋等传统体育项目融入"乡村体育"板块，从认知针线、钉纽扣、缝沙包、折纸、线描奇画、藤条编织等内容开展"乡村工艺"教学，依托"桥西生活馆""石门实践园"，为"乡村技能"的开设提供了更好的空间。以"桥西生活馆"为基础开设识农具、体验农具等课程，以"石门实践园"为平台开设除杂草、辨种子、剪枝掐苗、采摘等课程。"乡村技能"的开设使孩子们学到了课本里学不到的知识，以讲、看、摸、用的方式，让他们知晓了中华民族五千多年来传承的农耕文化。在"石门实践园"里，孩子们通过采摘课身临其境地感受到劳动的快乐。在老师的带领下一起劳动，自己动手种植物，用心呵护它，在快乐中学习，在快乐中成长。在大堰堤的四年，是我最接地气的四年，我和孩子们一起运动、一起劳动、一起游戏、一起快乐着，今天想来，仍觉十分幸福。正是这种乡气吸引了中小学德育杂志社、新民教育研究院、湖北省教科院、宜昌市教科院领导到校进行了现场指导。也正是这种乡气，为宜都教育工作会、三峡大学承办的国家级百人校长培训、湖北省基础教育工作会提供了学习观摩现场。庆祝改革开放 40 周年，三峡电视台科教栏目对学校近几年如何振兴乡村教育进行了专题报道；2019 年的新春成为宜都市第一所走向宜昌新春第一课的学校，这是对大堰堤小学教育创新的肯定，也是对奉献在乡村的教育工作者的肯定。

争做乡村教育新人

想留住学生，要先留住教师。为了教师能幸福工作，学生能快乐学习，我一直很努力。首先，为青年教师"破难"：吃饭、住宿、谈朋友，专业发展和休闲，样样都优先。其次，"夕阳红"工程，激发老年教师的生命激情，开展师徒结对一帮一，有效促进老教师不断地创新、与时俱进，帮助青年教师快速发展成骨干，让每一位教师找到工作的幸福感。每当看见老教师幸福自信地站在讲台上、青年教师幸福快乐地开展着学术研究、教师们为学校的发展献计献策时，作为乡村教育的追梦人，我总有一种满满的幸福感，常常为自己把教书育人作为人生的事业来追求而倍感骄傲。不忘初心，立足岗位，我做到了，我的教育团队亦做到了，他们兢兢业业、默默无闻，为乡村教育的振兴奉献着自己的力量。谁也不曾有要离开的念头，学校的周转房是每一位教师温馨的家，有些青年教师还将其装扮成新房的样子，新教师主动申请到这里，城里支教教师申请留在这里……大家用最朴实的教育、最本真的课堂，争相谱写着"爱国奋斗、建功立业"的赞歌。

盈掬乡村教育美丽

枝城镇中心幼儿园地处全国文明乡镇——丹阳古镇枝城，于 2014 年建成。该幼儿园自建园便实行着"公建民营"的模式，2020 年 1 月，改为公办幼儿园。这是一座有着悠久历史的文化之地，也是承载着人们期望的希望之地，是镇上唯一一所公办园。当年，这里没有优越的办园条件，没有优美的办园环境，没有凸显的办园特色，更没有专业的教师队伍，甚至没有业务园长……2020 年 1 月 18 日，我和总务主任带着嘱托、负着重任来到了这里。刚刚改制就逢疫情，没有教师值班，没有保安上岗，没有人员打扫卫生，甚至没有幼儿园的账户，更谈不上资金。我要守门，要打扫卫生，要跑腿，要招聘教师、要学习新业务……

我都不知道自己是怎么扛过来的。孤军作战半年多，我终于完成了幼儿园教学楼的维修改造、教具玩具等设施设备的采购、大宗物质的招标、人员招聘、疫情复学等一系列工作。

开学在即，保健主任却辞职了，我急得几度吃不下、睡不着。在职的 30 名教职工里，有 3 名在编教师、3 名交流支教教师、24 名外聘人员，如何管理、如何发展、如何进步都给了我严峻的考验。专业不同管理相通，业务不懂学习就通，我坚持业务学习与管理发展齐并进。幼儿园的 3 年里，我始终秉承"一枝独秀，百花齐放"的办园理念，坚持"丹心润童心，阳光育幼苗"，深化保教改革，坚持德、智、体、美、劳全面发展，全力培育"固终身学习基石，养终身受用习惯，强终身发展本领"的幼儿；造就"人格有味、学识有度、教学有法、反思有据、交往有礼"五大魅力教师，切实提高保教质量和办园水平。仅仅 3 年，枝城镇中心幼儿园有了优越的办园条件，有了富有个性的文化环境，有了自己的办园特色，有了一支高素质的教师队伍，也有了自己的园本课程……现在的教师竞相学习、竞相成长，谁也没有离开的念头，孩子们在家门口就能接受优质的学前教育，我们赢得了家长的信赖、社会的认可，实现了教师、幼儿"百花齐放"。

"落红不是无情物，愿做春泥更护花。"我们始终满怀教育情怀，坚持以文化的理解、历史的担当、睿智的谋略和对教育的坚守，奉献爱心，担起责任，为自己挚爱的教育事业掬一抔独特的教育美丽。

作者简介：章世芬，中共党员，高级教师，宜都市枝城镇中心幼儿园园长，宜都市的骨干教师、学科带头人，湖北省乡村骨干教师、国家级综合实践活动课程教育先进工作者，宜昌市师德模范、巾帼建功标兵、宜昌楷模、明星教育管理者、杰出校长。

扎根教育担当使命，向阳生长不忘初心

1996年8月，不满19岁的我从中师毕业，走上三尺讲台，至今已有28载，从班主任到少先队辅导员、副校长，25岁当校长……28年的如歌岁月，青春不负；28载的教海泛舟，苦乐相伴，我始终不忘初心，向阳生长，努力寻找教育"最美"的方式。回顾这28年的教学与管理，我从三个方面分享我的成长密码。

成长永远是自己的事

初入职场的我无比幸运，被分配到长阳都镇湾集镇上的学校——庄溪小学。一上岗，我便担当三年级的语文老师、班主任、少先队辅导员，还负责学校大部分班级的音乐教学工作。参加工作不到两个月，学校便安排我参加了全省为期一周的"器乐进课堂"培训活动。返校后，在学校领导的支持下，不是专业出身的我硬是凭着一腔热情、一股闯劲，把音乐课这个兼职教学做成了我的主业，开启了第一个省级实验课题"器乐进课堂，培养农村中小学学生艺术素养"的探索。我将竖笛、口琴、口风琴、自制打击乐器、军鼓等引入音乐课堂，做到一个班自成一个小乐团，每个班成立合唱团。2000年5月，宜昌市"农村中小学艺术节既省级课题结题现场会"在庄溪小学举办。作为音乐老师，我义无反顾地当起了各班方阵表演的导演与教练，为期一个半月，停班不停我的工，从早自习到下午放学，每两节课一个班，轮流进行编排训练、队形指导。十余个班级的方阵、十多个班级文艺汇演展示节目，我白天排练方阵，晚上整理课题实验资料，提升学历自修专科学习，还得抽空研究自己的课堂教学；2000年9月开始，我又成了语文"课内外衔接"课题实验的主力军之一，组织了全县课题实验现场会，并执教现场课……

参加工作的第一个五年，是我拼命努力的五年。怀孕三个月时，我踩着"根天高"在全镇"六一"文艺汇演的主持现场；孕期七个月，我为学校庆祝"十一"

国庆，排练全校各班的合唱队形；产后不到两个月，我回到了讲台，承担了一个班的班主任工作、两个班的语文教学，外加少先队辅导员的工作；参加工作的第一个五年，是我拔节生长的五年，我始终走在不断探索教学改革、不断学习、"充电"的路上。这五年是最幸运的五年，历经三任校长、三个管理团队，每一任都很开明地支持青年教师的学习，给予青年教师充分的信任。当我遇到困难时，总有领导对我说："没事，这件事我们一起解决。"当我失意时，也有领导对我说："要相信自己，你没问题的！"似乎，我们年轻人与领导没有界线，放学后，我们可以在学校的高音广播里喊外出散步的校长回校吃饭；课余时，我们可以和校长打乒乓球……这五年的积淀，让我的教学更加专业，也让我感受到了"亲民领导"的魅力，为后来带领学校走向专业、带领团队为民服务奠定了坚实的基础。如果用一句话来总结这五年的感悟，我想"学习永无止境，成长永远是自己的事"最为贴切。

把平凡的事做到极致就是成功

2002 年 9 月，我从教师岗走上了管理岗位，担任长阳磨市镇高家岭小学副校长，并兼任一个班的语文及班主任工作。不承想，我上任不到两个月，老校长就因病住院，一住就是三个月，我这个副校长只做了半年，便临时授命，直接转正做了校长。这是一所典型的农村小学，老校长在学校各项工作的规范上做了很多的工作，为今后开展工作奠定了很好的基础。老师们按部就班，常规有余，但研究不足。如何带领老师们走上新的高度呢？当时的我只有一个想法，"不给老师们添乱，按照最初的计划，把每一件要做的事落到实处"。于是，我从老师们每天要做的常规备课上课改革开始尝试。我带头上示范课，深入教研组认真听每一节课，带头用"1+1"的模式进行评课议课，同时将很多优秀的教案、课例分享给老师们，给他们备课多了一个自主选择方案，即五年以上的老师可直接在这些优秀的资料上修改备课将其作为教案，但前提是每节课后要写 300 字左右的课后反思。这一减一增的自主选择，很受欢迎，几乎所有五年以上的老师都选择了这一方案，这也为他们提供了更多研究他人课堂、反思自己课堂的机会。历经两年的坚持，每位老师都积累了大量的教学片段与故事，更多的老师在镇里、县里乃至市里组织的课堂竞赛、论文评比中获得了一席之地。于是，我们顺其自然地开展了"教育叙事"如何撰写培训会、教育故事演讲会、报告会等。那几年，教研员成了我们学校的座上宾。学生的活动亦如此，我们将每一件事落到实处，比如，为了帮助农村小学的孩子拓宽视野，我不仅将前五年积累的器乐、合唱等带入管理，指导音乐老师开展活动，还与语文组老师一起组织开展海量阅读活动，一月举办一个活动，一年筹备一个不一样的读书节……

在这样的潜移默化中，学校的凝聚力越来越强，老师们干劲十足，学校发展达到了前所未有的高度。历时五年，学校赶上了"宜昌名校"评比的最后一趟末班车，于2008年6月，被授予"宜昌名牌学校"荣誉称号，这在所有宜昌农村小学中是首例。"学习型组织""书香校园""校本研修示范学校""高效课堂示范学校"等荣誉也随之而来。为此，老师们在食堂一起动手，制作大餐，举杯共庆。时至今日，还有曾经共事的同事说："那个时候在你的领导下，大家一心扑在教育教学研究上，上面来检查，我们要什么有什么，从来都不需要紧赶慢赶地补资料。"其实，2002至2014年，坚守在校长的岗位上的我就一个念头——教育都是最平凡的小事，作为校长，我们需要站在老师的角度、学生的角度，顺势而为，把平凡的事做细、做实、做到极致，力所能及地为师生搭建更多的平台，获取更多的资源，提供更多的帮助。所以，"为每个孩子的美好人生奠基，为每位员工的专业成长服务"成为我逐渐清晰的管理理念，也因此，我为美术老师筹划，寻找地点并助其开个人书画展；陪体育老师做板鞋；陪学科老师外出上课、磨课；就连晚上，学校的宿舍里我都会长亮一盏灯，让夜晚加班回寝室的老师不致太害怕……我想，当校长能力所能及地为老师们服务的时候，老师们定会将这种感受传递给学生，也定会能力所及地为学生成长服务，或许这就是文化的力量。

坚守教育价值观才能成为更好的自己

2014年9月，我脱离体制，成为体制外的一员。我从教师到九年一贯制学校的校长，再到兼任集团内两所学校的校长。学校体量的增大、年级跨度的拉长、管理距离的增加、教师队伍的不稳定、新时代赋予教育的高要求、家长的期待等均相对体制内更高，我面对的是各种挑战。如何让两所新建校从一开始便驶入高质量发展快车道？我想，一所学校短期内发展制度管理确有一定作用，但学校要长远长足发展，需要文化的传承与浸润。因此从建校初期，我们就努力传递学校文化与理念，经过全体教职工的共同梳理、讨论，我们确立了"学生在中央，在创造中生长"的办学理念与"只要对师生成长有利的事，我们就竭尽全力去做";"以研究的方式让教师拥有幸福的职业人生""崇尚奋斗、坦诚沟通""让服务产生生产力"等社会主义核心价值观并予以坚守。基于这些理念与社会主义核心价值观,我们所有的学校计划以及学校的中长期规划、制度、工资方案均经过全体员工共同讨论与协商,我们的校园文化是全体师生一起动手创造的,我们的管理人员与支持人员的评价是由服务对象来评价的,我们的功能室是 24 小时不锁门的,我们的图书室是建在楼梯间与教室的……

记得在讨论校园显性文化建设时,不断有声音提醒我们:"你们校园需要用专门的墙壁将理念等显示出来""你们校园里没有人物雕像""你们校园应该选出好一点的学生作品,将其展示在墙壁上"等。面对这些善意的提醒,我们有过挣扎甚至动摇,但回过头再来审视我们的理念与教育观,"学生在中央"就意味着我们要尊重学生的差异,要为每个学生提供发展的空间与平台。最终,我们选择把所有空间还给学生,只要是想展出的作品都可以上墙,甚至会为有特长的学生提供个人专利墙、个人画展墙等。我想,只有坚守自己的价值观,才能不人云亦云、不随波逐流。所以,每当遇到难以决策的事时,我都会用价值观来校准,校准自己是否把师生的成长与利益放在第一位。教师只有坚守自己的教育价值观,才能成就独特的教学魅力,校长只有坚守价值观,才能办出有未来、独具特色的学校。

28 年的教育坚守,我从教师成长为校长,如果有人问"校长最重要的工作是什么",我会说"发现并激励每一个人是校长永远的使命"。虽然这条路上有太多艰辛,但既然接受了这份使命,我必须、也一定会坚守初心,努力向阳生长。

作者简介:刘红丽,中共党员,宜都创新实验学校党支部书记、校长,兼任神农架林区创新实验学校校长;获湖北省课改先进个人、宜昌市师德标兵、宜昌市优秀校长、宜昌市优秀青年教师、宜都市杰出校长等荣誉;多篇文章在省级刊物发表;在广州、郑州、随州等地讲学 60 余场次;在学校管理中,始终秉承"人在中央"的办学理念,将师生的成长与发展放在管理的第一位,一直坚守"管理即服务",只要对师生成长有利的事,就竭尽全力去做;致力于学校组织结构的变革、课程的研发及教师实践性研究,引领所有教师由职业走向专业,形成了良好的学校管理与育人生态。

城乡学校一体化建设的探索与实践

探索实施城乡学校一体化建设的宜都市实验小学教育集团教联体，充分发挥实验小学的品牌效应和示范引领作用，创新办学机制，激发教联体各成员校的活力，大力推进教联体内师资均衡、资源共享、文化共生、管理融合、研训一体，实现了优质资源的总量扩大和各成员校协同共进，整体提升了区域义务教育优质均衡发展水平。

探索集团化办学，构建"一校三区"办学模式

曾经的十里铺小学办学遇到社会信任危机，有一年全校学生总数仅 51 人，一年级未招到新生，但统计数据显示，当年十里铺小学服务区内有应入学学生 238 人。而宜都市实验小学学生总数达 2 919 人，平均班额 70 人。大班额现象导致生均占有教育资源严重不足、教师教学压力大、学校管理难度倍增，严重影响了学校的健康发展。为破解这一难题，宜都市教育局决定在市实验小学启动集团化办学改革试点。

集团以实验小学为集团种子校，形成育才路校区、城南校区、十里铺校区三个校区的办学格局。集团实施一体化管理工作机制，实行党总支领导下的校区执行校长负责制。三个校区实现了办学理念统一、师资调配统一、经费管理统一、设施配备统一、管理制度统一、考核奖惩统一的"六统一"。

集团以共同的文化主张与教育理念为发展基础，制定符合校区共同发展的集团办学章程，明确集团的宗旨、目标、组织机构、管理办法及各校区的权利和义务等，约束和规范教育集团办学行为，理顺集团与校区在决策、执行、监督、保障等环节的运行机制，建立现代学校管理制度。培植塑造"勇于探索，敢为人先"的"实验文化"，践行"为学生幸福人生奠基"的育人理念。

为确保改革顺利推进，打通问题堵点，集团制定了《实验小学教育集团教师交流轮岗制度》，实行师资定期全员轮岗。根据集团各校区的实际情况，结

合管理岗位、学科教学需要实施集团内教师两年轮岗交流、管理干部三年轮岗交流，确保各校区师资配备同步均衡。充分发挥党员的模范带头作用：在推动集团化办学改革中，充分发挥党组织战斗堡垒和党员的旗帜引领作用；在交流轮岗上，党员带头报名；在动员学生分流家访中，党员带头家访；在学校建设中，党员放弃假期，坚守工地；在承担教学工作任务时，党员勇挑重担，敢于创新。在党员的带动下，集团学生分流、教师轮岗、学校基础建设顺利完成。

通过三年的改革探索，一个"整体规划、分层管理、紧密融合、共享共生、优质均衡、特色发展"的一校三区集团化办学格局基本形成，集团化办学优势逐步显现。十里铺校区逐步走出社会信任危机，焕发健康发展的活力，办学规模从 51 名学生增长到现在的 213 名。城南校区扬长避短，克服老旧校园办新校的弱势，实现了"起跑就是冲刺"的目标。育才路校区顾全大局，输血赋能，不断生长，充分发挥了种子校引领示范的作用。2020 年，集团被湖北省委、省政府授予"文明校园"称号。育才路校区被命名为"全国校园篮球特色学校"。2021 年，城南校区被命名为"全国校园足球特色学校"，十里铺校区被命名为"宜都市首批劳动教育示范学校"。2022 年，集团被省教育厅命名为"湖北省示范平安校园"。

拓展改革成效，推进城乡教联体建设

2022 年，市教育局启动"教联体改革"，实验小学教育集团（以下简称"实小集团"）牵头的由实小育才路校区、城南校区、十里铺校区、枝城小学、贺炳炎红军小学、茶元寺六所小学组成的融合共建型教联体成立。

实小集团牵头组织召开教联体成员校校长联席会，共商共谋，做好教联体建设的顶层设计。实小集团在交流分析各成员校的现状、优势与短板的基础上，共同确定了教联体建设形式，共同商量、谋划了教联体建设规划、发展愿景；制订了教联体建设实施方案；将教联体建设形式确定为融合共建型教联体。教联体发展愿景为"做教联体办学改革的典范，做城乡教育优质均衡发展的标杆"，教联体各成员校和而不同，各美其美。实小集团确定了教联体中长期发展规划：以共谋、共建、共管、共研、共享、共赢为理念，以三年为一个规划期，通过三年的探索，为教联体各成员校管理干部搭建历练平台，培养一批批优秀管理人才。实小集团立足课堂，整合各成员校教师队伍资源，打造"学研训"一体化教师专业成长机制，建设了一支思想素质过硬、专业技能精湛的教师队伍。

教联体着眼党建引领，实施党建联建；着眼师资均衡，教师统筹调配，实行交流轮岗；着眼融合共建，构建"学研训"一体机制，成立教联体名师工作室、学科中心教研组，通过名师引领、师徒结对、集体备课、观课议课、课题研究、教学竞赛等形式共学共研；着眼整体推进，搭建教联体共管共治平台，建立教联体教育教学管理巡查制度，实施全面管理、全程管理，推进各成员校共建共进。一是探索推进人事、经费、教学、资源配置、考核评价"五统一"，统筹管理。在教师本人申请、学校研究推荐的基础上，教联体共同规划教师交流轮岗安排，每年按计划互派教师交流轮岗。交流轮岗期间，交流教师在职称评聘、岗位设置、评优评先、专业荣誉评选、后备干部确定中会被优先考虑。二是定期召开教学管理工作研讨会，围绕落实双减、五育并举，推进教学计划、教学进度、师资培训、学业评价的协同融合。

教研师训同频共振，加快推进教师专业成长，齐头并进。一是教联体成立名师工作室和学科中心教研组。工作室成员、中心教研组成员均由教联体成员学校优秀学科教师组成，实施名师、骨干教师引领下的"教联体"学研训一体化制度。2022年，教联体组建了体育、艺术、心理三个学科中心教研组，覆盖了所有成员校体艺、心理教师，成立了陈春妮等四个名师工作室。六所成员校共有59名教师成为名师工作室成员。二是年轻教师专业发展，打破校际边界，在教联体范围内开展师徒结对、教研结伴。教联体薄弱学校年轻教师定期到实小集团参加学习交流活动；实小集团名师、骨干教师定期到各成员校送学送教，引领青年教师专业发展。三是实小集团牵头邀请专家到教联体讲学指导，先后邀请华中师范大学教授陈冬新、浙江省著名特级教师朱乐平、湖北省教研员刘莉、宜昌市教科院院长蒋葵林等到教联体讲学指导，在专家行云流水、从容自若、循循善诱的讲座中，教师们的思维得到启发，绽放出绚丽的火花。四是加快推进数字教联体建设，建设精品录播室、报告演播厅，充分利用同步课堂、云场景，打破校际时空限制，最大限度地实现优质师资共用、优质课程共享，实现师生互动、生生互动、城乡互动。

作者简介：李昌洪，中共党员，高级教师，宜都市实验小学教育集团党总支书记、总校长，湖北省教联体建设专家指导委员会委员，湖北省教育学会理事，宜昌市优秀校长，宜都市五强书记；长期致力于中小学教育管理，推崇践行"修德养学"教育思想；主持"文明马拉松""美丽乡村小主人""课堂师生互动生成性教学策略研究"等省地级教育教学改革实验；在宜昌市率先开启集团化办学模式的创新实验取得了显著成绩；在工作中严谨治学、笔耕不辍，在各级刊物上发表教育教学研究文章 50 余篇。

振奋师生精神，学校就有未来

宜都二中是一所百年老校，也是宜昌市唯一一所办在乡镇的县市普通高中。2018年11月，我接任校长一职。当时学校处于发展低谷期，教职工的精神状态萎靡不振，办学条件多年没有改善，教学成绩在同类学校中排在末位。履新后，我没有常人的欣喜和激动，而是不断地问自己："振兴百年老校，路在何方？"经过深入了解、苦思冥想，我终于找到了努力的方向——振奋师生精神，学校就有未来。用什么振奋师生精神？自然与师生的所思所想、所收所获有关。于是，我想到了党建对师生思想的引领，校容校貌对师生自豪感的激发，专业成长、学习进步、人文关怀给师生带来的快乐。

党建加硬件，让学校靓起来

有人说，单位如家，我感同身受，我视学校为家。因为我是"家长"，所以我要为大家着想，要为改善"家庭"生活条件、创造"家庭"美好未来而努力奋斗。

我决定加强党建，让党员干部作风靓起来。我高度重视党员干部的政治学习，认真落实学校党委理论学习中心组学习和支部主题党日活动；我高度重视领导班子和中层干部队伍建设，充分发挥领导干部的头雁效应和领航作用；我先后组织党员干部到胡敌纪念馆、贺炳炎红军小学、幸福渠、叶光吉故居、陈家河煤矿旧址等地开展红色教育；我每年结对三至五所中小学，开展基层党组织共建活动，与枝城解放路社区签署共驻共建协议。积极上进的干部作风和党员面貌一下子为全体教职工树立了榜样，学校领导班子先后作为唯一学校代表，被提名为宜都市"履职尽责好班子"和"克难攻坚先进集体"。

我决定改善硬件，让学校校容校貌靓起来。当时我校的办学条件远远落后于县市其他同类学校：学生住宿达不到公寓标准；教室黑板已被淘汰；计算机教室无法正常使用；塑胶跑道风化裸露严重；学生食堂为钢架棚式餐厅，冬冷夏热。四年时间，我积极争取上级资金 8 000 万元，先后完成学生公寓、人行地下通道、学生公厕、教室黑板、计算机教室、塑胶跑道和学生食堂综合楼建设。到 2023 年 6 月，校容校貌发生了翻天覆地的变化，师生为之欢欣鼓舞，校友归来赞叹不绝。

我决定保障待遇，让教师精神状态靓起来。当时学校经费紧张，教师月绩效已积压半年之久，高考绩效延迟兑现两年。我深知他们在艰辛付出后不能及时得到回报的郁闷，于是积极筹集资金，每年增加投入 200 余万元，用足公积金政策，及时发放月绩效和高考绩效，让他们劳有所得，及时收获回馈。慢慢地，他们不再牢骚满腹，而是轻松愉快，一改往日的消极萎靡，变迟到为早到，变早退为迟退，变得昂扬奋进！

教学加教研，让教师强起来

对任何一所学校来说，教学质量始终是根本。教学质量靠什么？靠的是教师那肥沃的一亩三分地——高效课堂。高效来自哪里？来自教师精湛的教艺和深透的教研。

为提高教师教艺，我精心组织实施"三比"提升行动。一比评教评学。我组织了"推门听课"和"四级两类"巡课活动。学校中层以上干部"推门听课"，不打招呼，不挑时间，随时进入教师课堂，做到学科、年龄、学期全覆盖，做到有听必评、有评必议、有议必研，既切磋教艺，又促进交流。"四级两类"是指在校级干部、值周小组、教务室和年级组四个层面不间断开展线下室外课堂巡察，并利用办公平台网络监控系统对教师授课情况进行线上巡课。二比导师指导。我提出改变青年教师的培养方式，为他们分别配备成长导师、专业导师和廉教导师，由成长导师总体设计培养方案，全体专业导师严格按照培养方案实施，同时组织青年教师开展师生同考、基本功比武、课堂教学竞赛、成长经验分享会等活动。青年教师的培养过程和培养成效均与导师的工作业绩考核和评先评优挂钩。三比教学业绩。每次期中期末等大型考试和高三月考调考结束以后，学校组织工作专班对青年教师所带班级成绩进行多维度评估和综合排名，其评估和排名结果在校内进行通报，并作为青年教师学期和年度考核的重要指标，同时被纳入导师考核内容。

为强化学科教研，我要求教研活动坚持深学广研和问题导向。一是深化新高考改革研究。我把《新课程方案》《新课程标准》《中国高考评价体系（说明）》以及新高考真题纳入集体教研内容，要求各教研组广泛开展学方案、学标准、学评价、做真题、讲真题等活动。二是抓实"四课"常规教研活动。学校有序开展研究课、示范课、汇报课和优质课活动，要求授课教师"课前有所思、课后有所得"，听课教师"听课有收获，评课有观点"。三是规范集体备课流程。各学科统一时间开展集体备课，对每周的教学内容、教学重点、教材处理、教辅研究、作业布置、考试安排、培优辅弱等进行细化，保障各学科教学计划稳步推进，落实落细。四是积极开展课题研究。学校鼓励教研组积极申报课题研究课题，并邀请课题专家来校指导研究方法、步骤和技巧，教务室加强管理，对进行中的课题定期进行督导，推进课题研究进程。

功不唐捐，玉汝于成。近三年期中期末统考，我校三个年级的综合评价在宜昌市市级示范高中评比中，由当年的倒数一二名实现了华丽转身，稳居前三名，优胜学科数量居各校之首。2022年，宜昌市市级示范高中协作体九大学科同课异构大赛中，该校有六名青年教师获得了第一名；2023年"宜都好课堂"竞赛中，该校捷报频传，有七名青年教师占据12门学科特等奖。无论是课堂竞赛还是大型考试，每当成绩揭晓，二中人的骄傲和自豪都情不自禁、溢于言表。

严管加厚爱，让学生活起来

有人说，学生由被动学、厌学到主动学、爱学，是一种唤醒教育。为了唤醒学生，我选择严管加厚爱，激发学生的内驱力，培养学生自律的品质，赋予学生奋进的力量。我要让教与学真正成为"一朵云推动另一朵云"的育人故事。

我认为，严管就是厚爱。没有规矩不成方圆，一失足千古恨。我的育人法则就是把纪律规矩摆在学生面前，让学生知敬畏，系好人生的每一粒扣子。每一年，我坚持把好新生入校培育关。新生入校以后，会开展为期一周的国防军事教育和训练，学校以此为契机，印发自律读本，引领学生学习校规校纪和校史文化，把爱国、爱校、爱家、爱自己有机融合，厚植学生家国情怀。每一年，我坚持抓好"五项管理"落实关。学校严格落实教育部关于手机、睡眠、读物、作业、体质健康等"五项管理"要求，同家长一起严管手机，抓好睡眠，为学生提供优质书刊，鼓励学生多开展、多参加体育活动。每一年，我坚持做好红色旋律传唱关。学校成立党史宣讲团队，利用学生团课、班团活动、国旗下讲话，在共青团员中开展党史学习教育；利用思政大课堂、红歌传唱等活动，不断激发学生爱党爱国热情，树立"强国有我"奉献精神，展现"少年立志，蔚为国光"校训精神。

我认为，厚爱就是力量。疫情防控期间，我放心不下学生的封闭状态，坚持组织高一高二学生开展"寻访旧校址、亲近大自然"远足活动；我放心不下学生的低落情绪，坚持开展"阳光女生""荆南之星"评选活动；我放心不下学生的心理问题，组织教师开展全员大家访，通过团队辅导和个别辅导为学生解惑答疑，让其轻装上阵。

2020年，有两名重点中学线上的学生因发挥失常被本校录取，起初学生和家长带有明显失望情绪。我联系总务室精心安排学生食宿，联系班主任和科任教师给予他们特别关心和关爱；我与家长面对面交流沟通，定期与学生谈心，谈人生规划，谈考试得失，谈机遇挑战，谈优势信心。三年过去了，两名学生的成绩不降反升，且提升幅度很大。毕业典礼上，他们为我献上了鲜花，并给我留言："您在我心里是最不可替代的老师，我会带着您的期待勇敢向前。"

正是这些教育和管理、呵护和疼爱，让那些与重点中学失之交臂的学子痛定思痛，再展雄心壮志；让那些一蹶不振、随波逐流的学子不再躺平，开始奋起直追。

路虽远，行则将至，事虽难，做则必成。百年树人传薪火，这是学校的光荣使命，也是校长乃至全体教师的神圣职责。无论过去、现在和将来，我心之所向，肩之所扛，就是造就这份荣光。

作者简介：张正华，宜都市第二中学党委书记、校长，高级教师，宜都市第九届人大代表、第七届党代表，第三、四届骨干教师，多次获得宜昌市高考质量一、二、三等奖；多篇论文获奖或发表；先后获得湖北省学校文化建设创新奖先进个人、宜昌市第二届明星教育管理者、宜都市创成全国文明城市先进个人、宜都市教育系统党员教学能手、优秀共产党员、优秀党务工作者、优秀考务工作者、十大勤廉模范以及第三届宜都杰出校长等荣誉。

高山上的那朵小花

1990 年 7 月的一天，我刚刚离开宜都师范的大门，就回到了我的启蒙之地——古水坪小学。这是一个远离城市喧嚣、幽静怡乐的小山村，地处高山之巅，海拔 600 多米，是宜都、松滋、五峰三市的交界之处。一脚踏三县，问茶古水坪，寻仙大风口，说的就是此处。高高的山峰，陡峭的悬崖，盘旋公路好似一条巨蟒从山脚一直绕到山顶。当你胆战心惊地站在大风口山门前，层层叠叠的茶园、青翠欲滴的茶叶便会映入眼帘，香气四溢的茶香沁人心脾。一旦遇到阴雨天，浓浓的白雾萦绕在半山腰之上，仿佛把你带进了人间仙境，如梦如幻、如诗如仙。就是这样一个偏僻又美丽的地方，30 多年前，这里仅有一条弯弯曲曲的土公路和两条羊肠小道通往山脚下的镇子。出行时，人们大多选择那条陡峭蜿蜒的小道去集镇办事，因为去时大多是下坡路，步行只需一个多小时。

再次迈进母校的大门，它一点都没有改变，两排低矮的土房并列而立，前排六间是教室，后排是老师办公和生活用房。"铛，铛……"办公室外横梁上挂着的铃铛响起，声音依旧清脆响亮。左右两端用石头砌成的围墙将两排土房紧紧相接，形成一个小小的院落，课余时间老师们就在院落中晒晒太阳、聊聊趣事。来到曾经学习的教室，只见斑驳的墙壁、"嘎吱"作响的木门、狭小的窗户……窗棂上隐约可见塑料薄膜迎风飞舞，两根粗木棒支撑着的木黑板静静地靠在教室的正前方，油漆粉刷过的黑板中间的几条缝隙依稀可见，稍不留神，写出的字就会一分两半，地面凹凸不平，几十张高矮不一的木课桌整整齐齐地摆放在教室中间。

"小何，你好呀！欢迎你回来。"正当我看得出神，一张亲切的笑脸出现在眼前，原来是我小学四年级的班主任——高老师，也是这所学校的校长。

"你能回来太好了，这里条件虽艰苦，但特别锻炼人。"高老师眼睛仍如从前那般有光。

"明天是这学期的最后一天，六年级学生要到夏家湾小学参加期末考试，你给他们当一回监考老师吧！"师生间的见面没有过多寒暄，我满口答应了。

"那好！你明天早点来学校，我们早上七点从学校出发，走的话大约要40分钟，八点半开考，时间来得及。"没想到，刚到学校报到，我就接到了第一个任务。

一转眼，快乐的暑假生活结束了，寂静的校园一下热闹起来。我成了30多名六七岁娃娃的班主任。走进教室，望着30多双稚嫩的眼睛，我既陌生又熟悉，既紧张又兴奋。那时学校只有10名老师，任教的学科也很多，老师们一周有20多节课，基本上都是从第一节上到最后一节。我除了教一年级语文和三年级数学外，还教音乐、美术等学科。一天的时光一晃就结束了，虽然很忙碌，但是每位老师的脸上都绽放着笑容。等到最后一名学生离开了校园，大家就搬出小凳，聚集在小院里，或备课，或改作业，或下棋，或看书，或绘声绘色地描述着自己是如何与班上顽皮小将斗智斗勇的……笑声一阵接一阵，带走了一天的疲惫，扫除了一天的烦恼，明天又是精神饱满的一天。

家访是每周必做的功课之一。那时学生上下学没有家长接送，为了确保学生放学后能按时回家，我们将同一个方向的学生编在一个路队，由正副路队长带领成员回家。我们一般会提前离校，悄悄地蹲守在学生可能玩耍的地方，准能逮住一两个胆大贪玩的学生，正好成了家访的重要话题之一，家长特别感谢我们。家访时的另一个话题就是催交学费和附加费，这是一个很沉重但不得不沟通的问题。有的家庭十分困难，我不忍心多次催促，就用自己的工资先行垫付上。有一年腊月二十四，外面下很大的雪，一个"雪人"来到我家，我定睛一看，原来是双儿的父亲。他急忙从口袋里掏出300多元钱塞到我手中，连声说："何老师，真对不起，双儿的学费让您垫付了多次，您的工资也不高，快过年了，我一直过意不去，望您见谅。"望着这位父亲，我的眼泪忍不住夺眶而出。原以为除夕前他不会交学费了，没想到这么冷的天，他来了。

随着普及九年义务教育工作的全面展开，学校面貌焕然一新，教学环境有了很大改观。每年都有新老师上山，也有老师下山。我心里也萌发了想离开的念头。一天，高校长找到我，对我说："小何呀，当年你们几个读书时就很优秀，是我眼中的宝，事实证明我的眼光很好。如今，你和我一样成为老师，我们没有别的期盼，就是希望自己教过的学生个个成才，将来有碗饭吃。你的根在这儿，我希望你能留下。"于是，我选择留下，且一干就是13年。

期间，我曾多次参加市、乡级教学竞赛。那时要求选手在赛前抽签决定上课的顺序号，赛前一小时到指定地点抽取上课内容和班级，然后在一小时内独立备课、准备教具和学具。我把一到六年级所有的教材和教学用书通读理顺，对教学目标和教学重、难点了然于心，并能熟练制作教具和学具。那时没有现在的磨课团队，需要自己独自摸索，且行且思。记忆犹新的是 1998 年在陆城一小举行的那次教学能手赛。那天上午下了很大的雨，我们穿着雨靴来到现场，我抽的签是下午的，同行的老师建议我去买一双运动鞋。中午，我们来到文峰路市场。一进店，我便随手将背包放在店门口，一眨眼的工夫，背包就被小偷顺走了，我急得大声嚷嚷："谁拿了我的包，快还给我，里面全是书啊！"在一位好心人的提醒下，我匆匆跑到市场后面的宿舍楼，在三楼楼道口终于找回了背包，幸好 12 本数学书一本都没少。一场惊吓给我带来了好运，那次比赛我荣获宜都市小学数学"十佳"教学能手。

日复一日，年复一年，虽然每天重复着同样的事情，备课、上课、批改作业……但每天在课堂上发生的故事从未相同过，我的教学技能也在反复的磨砺中逐渐走向成熟。2003 年，由于工作需要，我被调往王家畈中心小学，从班主任、教研组长、教导主任到校长，工作了整整 17 年。2014 年，我从一名普通教师成为学校的"领头雁"，心中更多的是惶恐和不安。怎样才能胜任校长这一岗位呢？那就先充实自己的思想吧！课余时间所读的书籍由课堂教学类变为学校管理类，还学习了相关教育法律法规。我发现管理和教学有很多相通之处，于是用教学的思维来学做管理。以师生为本，当好他们成长路上的组织者、引导者和合作者。基于这种想法，我把学校的办学宗旨定为"发展学生、成长教师、提升学校"。没过几天，遇到的两件事让我触动很大。

一天中午，一位老奶奶给孙女送饭，因为家长不能进校园，老奶奶只好隔着校门缝隙一勺一勺地给她的孙女喂饭。我十分好奇，轻声问老奶奶："您为什么不让她自己吃饭呢？"

老奶奶说："她不爱吃饭，一碗饭要吃好长时间，爸妈又不在身边，真是愁死我了。"

"你几年级了，怎么还让奶奶喂饭呢？"我赶紧问小女孩。

"二年级了。"小女孩怯怯地回答。

第二天，只见一个胖乎乎的男孩在校门口大声嚷嚷，后来躺在地上打滚撒泼。他的爷爷涨红了脸，一句话也没说，小男孩的叫声引起了老师的注意。老爷爷见老师来了，说："老师，我求求您了，您打我的孙子几下吧，他太不像话了。"

这两个孩子将农村留守儿童家庭的现状表露无遗。我马上做了个调查,据统计,当时学校有58%的留守儿童,这个数据太吓人了。祖辈们的溺爱和放纵,往往会使孩子们蛮横、自私、懒惰。抓好学生的养成教育迫在眉睫。就这样,"养成好习惯,奠基好人生"的德育目标被正式提出了。怎样才能规范学生的言行呢?我决定从文明说话、文明集会、文明游戏、文明用餐、文明就寝五个基本常规抓起。为了让这项工作落地生根,我先根据学生一整天的重要时间节点创编出朗朗上口的儿歌,再收集优秀学生的好做法作为示范标杆,最后打印出来分发到各班,让学生通读熟记、牢记于心,美其名曰"王小娃的一天"。例如:

8:30——"上课铃声响,快快进课堂。美丽金鱼吐泡泡,聪明脑子冒问号。我愿做冒问号的小金鱼。"

12:00——"午饭时间到,排队到食堂。吃饭不说话,细嚼慢咽要光盘。"

光让学生背诵是远远不够的,关键在践行。德育处开展了"角逐文明五颗星"行动,通过自评、互评、家长评,周评、月评、学期评,学生的行为有了明显进步。我们称之为"习惯教育1.0"。在实施过程中,我发现习惯教育的内容很多、很广,没有一定的体系,教师不好操作。2015年,我带领十多名教师成立了"好习惯"校本课程开发小组,经过一年的努力,12本《好习惯伴我行》教育读本出版了。这套书围绕学习、行为和生活三个方面应具备的好习惯,分层次、分阶段落实到一至六年级的12个学期中,从而使教育内容有了体系,操作更加具体,活动场景更加真实,将教师的"教"与学生的"学"统一了起来。由浅入深,螺旋上升,学生通过六年时间的养成,好习惯将伴随终身,"1.0版升级为2.0版"。2018年,我们对其进行了第二次修改,删掉了许多陈旧、冗长的内容,增加了学生实践和自我评价环节,构建了较为完善的评价体系,通过"班级文明公约""校园拍客行""文明监督岗"等方式培养学生学会自主管理,"习惯教育3.0"日趋完善。

经过五年时间的探索和实践,学生的言行发生了很大变化,见面能主动问好,垃圾有人主动捡起,回家能主动做家务。无心插柳柳成荫,没想到我们编写的这套读本十分契合马明贵院长主持的省级重点课题,学校有幸加入马院长的研究团队,确立的子课题"'好习惯伴我行'德育课程的开发与实施研究"于2018年顺利结题,并荣获一等奖。我撰写的相关文章在《新课程研究》杂志上发表。基于此，我将办学理念改为"好习惯成就好人生"。

农村学校要发展，以什么为突破口呢？一则中国梦的广告吸引了我："把书包放在路边，把责任扛在双肩，国脉因你强劲刚健，民族复兴少年梦圆！"对，发展校园足球！当我把这个想法告诉体育老师时，他很犹豫，答应试试看，于是第一支只有十人的校园足球队成立了。在谢正茂老师的辛勤教导下，孩子们训练得十分刻苦，在2016年市级运动会中，男子足球荣获了第四名的优异成绩，后来在市级足球联赛和历届运动会中取得了更加出色的成绩。有了好的开始，老师们的信心更足，大家发挥集体智慧，自编自创校园绳操、足球操和戏曲操，大课间活动形式多样、精彩纷呈。学校还成立了乒乓球、十字绣、书法等十多个社团，楼道边、走廊里到处张贴着学生的佳作。小小的足球改变了他们的生活，课间少了疯赶打闹的嘈杂声，校园里多了加油助威的呐喊声、歌声和笑声。每年参加市级及以上比赛获奖的学生高达百余人次。2017年宜昌三峡电视台科教宜昌栏目组来校录制了《神奇的荧光蛋》，孩子们的科学精神让主持人赞不绝口。在大家的共同努力下，学校发展更具活力，连续四年荣获"专利工作先进单位"，连续三年荣获"立德树人教育质量先进单位"，连续四年被评为"文明单位"。

人们常说：一名好校长就是一所好学校。我认为，一所好学校更离不开一群好教师。没有一支优秀的教师队伍，学校就不可能向前发展。虽然担任校长后我有一些事务性工作，但我始终坚守在教学第一线，把帮助教师成长作为自己成长的目标，努力为教师创造展示才能的条件和机会，不断激发教师的内驱力，让学校发展充满活力，更有后劲。青年教师学历高、有自己的思想、乐于接受新事物，但缺乏教书育人的技巧和经验，于是就采取一对一、多对一、一对多的方式为每一名青年教师安排好导师，帮助他们快速成长；在进行信息技术类校本研修时，安排青年教师给每一位中老年教师当"师傅"，帮助他们学"新技术"。为了让每位教师学有所成，学校开展"我的教育故事""我心中的困惑"等主题沙龙和演讲，中老年教师述说自己在教育路上的好做法，青年教师在反思中不断改进自己的育人技巧；举行校级信息技术操作能力大赛，分老、中、青三组进行课件制作、微课录制、一体机操作等竞赛内容，以赛促学，提高全体教师的信息素养和信息技术应用能力。没想到这样的学习在2020年疫情防控期间派上了大用场，钉钉会议、直播授课、在线作业，每位教师都能应对自如。事后，大家由衷地感叹："还是我们的校长有远见，如今，我们都成直播达人了！"

为了不让自己落伍，我坚持和教师们一同学习业务知识、一起探讨课堂教学并开展课题研究。我特别重视对青年教师的培养。一次小石老师参加市级优质课竞赛，试教了几次很不理想，我提议采用生活中真实问题作为学习素材。为了达成教学目标，周六，我顶着烈日驱车到大风口茶园，从山脚走到山顶，从东边走到西边，找最佳角度，选取最需要的场景拍摄素材；回校后，和小石老师一起反复打磨和修改。最终，这些真实有效的素材、生动有趣的问题、环环相扣的流程得到了评委的一致好评，该课荣获一等奖。像她这样的老师有十多名，有的成为市级优秀教师，有的成为学科骨干，有的成为校级管理人员。

除了加强内部管理，改善学校办学条件也是校长要做的一项重要工作。在王家畈小学期间，我积极向上级争取"改薄"计划，新建了宽敞明亮的学生食堂、舒适漂亮的学生宿舍和停车场，重建了厕所，并投入20多万元安装了交互式平板电脑和彩色电子显示屏，更换了教师电脑，美化了校园环境，建设了校园文化。学校还得到了许多爱心人士的帮助和支持，广州狮子会、宜昌红十字会、宜都励志扶贫助学促进会、宜都市住建局等单位，先后为学校和很多贫困学子解了燃眉之急。在大家的帮助和关怀下，学校先后荣获省地市级共计40多项集体荣誉。学校的综合办学水平逐步提升，社会满意度越来越高。经过几年的摸索和实践，2019年我将校训改为"仰望星空，脚踏实地"，时刻激励王家畈小学的老师既要心怀远方、目标远大，又要脚踏实地、乐耕杏坛。

一朵小花不够耀眼，但无数小花汇聚在一起，就是一片花海。我愿意成为花海中的一朵。如今，我来到陆城一小已近三年，这是一所有着红色基因的百年老校，也是一所敢为人先、团结奋进的活力新校。我将继续带领校委会在传承中创新，在思辨中突破，在探索中奋进，与时代同行，永不退缩，砥砺前行。让每个学生成为更好的自己，让每位教师展现最美的自己，是我践行的目标；我会努力做好师生成长路上的组织者、指导者和合作者，共同书写更加灿烂美丽的教育故事。

作者简介：何玉美，中共党员，高级教师，湖北省特级教师。1990年7月参加工作，在乡村学校工作了30年；2020年7月被调至陆城第一小学担任党总支书记、校长。长期任教小学中高年段数学、道德与法治等学科教学，育人理念新，方式方法优，多次被评为宜都市骨干教师、学科带头人、宜都名师和宜昌名师；有30

多篇教育教学类文章获奖或发表；由于工作出色，先后被评为宜都楷模、优秀教师、优秀共产党员、五强书记、杰出校长；2019 年被表彰为湖北省农村先进工作者。

在实干中成长

1996 年 9 月，潜江师范毕业的我，走上三尺讲台，先后在松宜煤炭矿务局坛子口小学、松宜煤炭矿务局初级中学、宜都市松木坪镇中心小学、宜都市清江小学、宜都市清江教育集团五眼泉中小学校区、宜都市枝城小学六所学校工作，现任宜都市枝城小学校长、党支部书记。1998 年 3 月，未满 21 岁的我走上学校管理岗位，担任坛子口小学校长，转眼间我已在学校管理岗位上干了 20 多年。我始终坚守教育初心，认真学习，踏实工作，在教育的田园里默默耕耘。

满怀情怀干

我总是充满激情，同事们对我的评价是做事快如风。每天我都在奋斗中。2005 年，归属国企的松宜矿务局坛子口小学按政策划归地方管理，教师和学生都已分流，作为留守校长的我一个人守护着清冷的校园。我白天在校园里四处巡查，晚上在孤灯下读书练字，节假日也是如此。最后，国有资产未受任何损失，我受到上级领导的高度评价。松木坪镇中心小学学校环境当时比较落后，晴天一身灰，雨天一身泥，家长、学生抱怨多。我多方奔走争取支持，带领全体教职工平整场地、绿化校园，用 12 年的奋斗把学校变为"宜都市绿色学校"，让孩子们有了优雅的校园。2017 年 8 月，我被调到清江小学任副校长，分管教学教研、体育艺术科技、教育督导评估和教师队伍管理等工作，并任教四年级一个班的语文。清江小学是全市规模最大的示范窗口学校，有 2 600 多名学生，近 50 个教学班。那两年，是我人生中最辛苦、最充实的一段时光。2019 年 7 月，我受命担任清江教育集团五眼泉中小学校区执行校长。该校地处乡村，人心思走，生源大幅减少。节假日我从不休息，挨家挨户走访，在我的努力下，孩子们终于愿意就近入学了，家长们说："学校办好了，谁愿意舍近求远呢？"2020年 7 月，我被调往枝城小学教育集团任校长。转眼间已近三年，我带领班子成员利用寒暑假登门拜访了 100 多名退休教师，虚心听取老教师对学校工作的意见和建议，温暖了退休教师的心田，也汇聚了学校发展的力量。

教育是事关千家万户的头等大事。一个基层教育人，就应该对学校、教师、家长和学生富有情怀。

务实求真干

2019年9月10日，原湖北省委常委、宜昌市委书记周霁一行20多人突访清江教育集团五眼泉中小学校区，对学校精细的校园管理、优美的校园环境及教职工的专业素养和敬业精神给予了高度评价。宜昌电视台和《三峡日报》对此做了专题报道。

干在实处就是要让人民群众满意。在我刚任枝城小学教育集团校长时，学校面临着教育教学质量下滑的不良局面，我对症下药、精准发力，狠抓教育质量，科学制定了学校教育质量三年发展目标，重新修订了教师绩效工资考核方案，多次聘请学科专家进校"把脉问诊"。我经常带领班子成员下沉一线，深入课堂，随堂听课。功夫不负有心人。2021至2022学年度，学校荣获全市绿色教育质量特等奖。这是十年来枝城小学取得的最好成绩。我用自己的实际行动诠释了一名好校长的实干精神。

学校发展，教师第一。我提倡从严治师，从优待师，对教师严格要求，暖心关爱。五年来，学校教师师德考核合格率始终保持100%。我积极给青年教师搭台子、铺路子、出点子，努力帮助他们在专业上取得发展。一批教师茁壮成长起来，如四名教师分别被评为宜昌名师、宜都名师，三名教师成立了自己的名师工作室，六名教师被评为宜都市学科带头人，四名教师被评为宜都市明星班主任，三名教师被评为宜都市教坛新秀。

我深刻领悟到：干在实处，就要不惜汗水，踏踏实实地干，不断锤炼队伍，让社会各界和人民群众满意。

引领人家干

我秉持"校长干在前头，教师就会乐意跟着干"的观念。

教育教学实践，我始终走在前头。校长的事务繁多，但在担任校长的20多年中，我一直坚持上课，坚守在课堂，多次执教市级教学比武课和区域教研活动观摩研讨课。思政课教学，我的质量稳居全市前列；书法课教学，我的学生作品多次在各级比赛中获奖。

教育改革风起云涌，我勇立改革的前头。《校本研修 e 路行》出版发行，我担任该书的编委会副主任；《青蓝研究——新教师跟岗培训策略研究》在第五届中国教育创新成果公益博览会上展出，我是该研究团队的核心成员；在全市中小学教师基本功比武暨才艺展示活动中，我多次荣获一等奖；在全市中小学校长论坛活动中，我曾三次荣获一等奖；也曾三次受邀在全市义务教育质量管理工作会上做典型发言和经验介绍。

坚持学习，提高素养，手不释卷……我倍加珍惜各种高端学习机会，参加宜昌市优秀中小学校长培训，多次参加宜昌市卓越绩效管理工作培训，并在北京师范大学参加湖北省卓越工程小学校长高级研修班培训，牢记新时期中小学校长的六项工作职责，不断提高自己的管理和服务水平。

精细管理上，我总是追求卓越。清晨，我坚持到校门口迎接师生的到来；中午，我坚持陪学生进餐；放学，我会巡视校园，发现问题及时解决。

全面发展干

我始终坚信，只要努力奋斗，撸起袖子加油干，生活一定会给予自己丰厚的回报。学校在我和同事们的共同努力下，逐渐走出低谷，成为耳目一新的特色学校。近五年来，学校先后被表彰为宜昌市文明校园、宜都市落实立德树人提高教育质量先进单位、宜都市先进基层党组织、湖北省十大中小学校文化品牌示范单位、湖北省法治建设示范学校。奖牌的背后有着创建的艰辛，也掩映着幸福的喜悦。一批教师稳健成长，成为宜都教育的新希望，唐华兵老师走上了枝城小学副校长的岗位，王星星、胡迪、王宁老师步入学校中层干部行列，吴亦婷老师被评为宜昌市优秀小学语文学科教师，诸多教师成长的背后，有着我的指导和引领。"为你筑桥　伴你成长"是枝城小学的核心办学理念。我认为理念是先导，行动是关键，并始终致力于开展适合教师发展的教育，搭建适合学生成长的平台。

我的工作得到了上级领导的肯定，我被表彰为宜都市优秀教师、宜都市名优校长、宜都市优秀党务工作者、宜昌市师德标兵、宜昌市优秀教师、宜昌市杰出校长。2023 年"五一"劳动节前夕，我被中共宜都市委宜都市人民政府表彰为宜都市先进工作者；2023 年"六一"前夕，我接到市总工会的通知，到海南等地休养一周，考虑学校工作还有很多，班子成员都很忙，我将外出休养的机会让给了老同志。

"政治坚定，经历丰富，情怀深厚，务实肯干，治校有方"是在全市劳动模范和先进工作者表彰大会开幕之前，一位资深的教育人士对我的评价，对此我实感惭愧，觉得自己做得不够，要向各位领导和同事虚心学习，不断反思。在三尺讲台上辛勤耕耘了20多年，我始终坚持刻苦勤奋学习，踏实用心做事，真诚友善待人。在宜都教育的旅程上，路上春光正好，我将不负韶华，不忘来路，少说多做，克难奋进，勇毅前行。

作者简介：夏江华，中共党员，高级教师，先后在宜都市六所学校工作从事学校管理，2020年7月至今任宜都市枝城小学（教育集团）校长、党支部书记；被评为宜昌市优秀教师、宜昌市师德标兵、宜昌市杰出校长、宜都市名优校长、宜都市先进工作者。

名主持人之路

让生命如夏花般灿烂

我是一名扎根职教沃土多年的老教师，1997 年 8 月从事教育工作，2005 年 12 月取得华中科技大学机电工程在职硕士学位。

让学习成为习惯

2004 年，学校根据市场需求准备开设数控技术应用专业，但是缺乏专业课教师。我主动请缨从电子技术应用专业转到数控技术应用专业担任专业课教师。为让自己能够胜任专业教学，我从零开始，潜心学习专业知识，训练自己的操作技能。为了夯实专业基础知识，我努力考取了华中科技大学机械电子专业在职硕士研究生，两年的学习让我有了较为扎实的专业理论知识。数控技术涉及机械加工、液压气动、计算机控制、电子电工等学科，为了在较短的时间内掌握相关知识，我总是利用节假日走进厂矿企业，向一线的技术人员、工人师傅学习，每天坚持自学，利用双休日和寒暑假学习，光学习笔记就有十多万字。十几年来我购买、细读的专业书籍有近百本，每年自费 1 000 多元订阅专业杂志。

五轴联动加工机床代表数控加工的顶尖技术水平。根据多年积累的编程、加工经验，我不断向这个高度发起冲击，逐步掌握了这项高精尖的技术。2016 年暑假，我受宜昌市神达石油机械有限公司邀请提供技术服务，为公司培养了五轴联动加工机床的编程加工技术员，解决了钢坯石油钻头的编程加工问题，提高了生产效率，降低了生产成本，拓宽了业务范围，当年企业就扭亏为盈，实现产值 2 000 多万。我不断总结经验，将技术转化为实践成果，发表了十多篇专业技术论文，其中《数控车削球体的一种简单方法》《果蔬分级机螺旋轴加工方案》分别发表于机械加工国家级核心期刊《金属加工（冷加工）》2014 年第 16 期、2016 年第 15 期。

以实践助推专业

2012年，我有幸受学校选派到陕西科技大学参加中等职业学校数控技术应用专业骨干教师国家级培训；2013年，我被教育部选派到德国学习数控加工两个月。经过刻苦钻研、努力实践，我娴熟地掌握了数控车床、数控铣床的编程和操作技能，获得了数控加工技师职业技能等级证书，成为国家紧缺高技能人才、真正有实践操作经验的高级"双师型"教师、宜都小有名气的数控专家，并连续多年在宜昌市中职学校教师技能大赛中获得数控车、数控铣项目一等奖。

业余时间我为中船重工中南装备制造有限公司、宜都市五捷机械制造有限公司、宜都市万鑫精密铸造有限责任公司、中起重工、宜昌市三星机械制造有限公司等多家企业提供技术服务，培养编程和操作技术人员，努力用自己的知识、技能服务于地方经济发展，产生了较好的社会影响，扩大了学校的知名度。2014年，宜都市万鑫精密铸造有限责任公司购买了数控铣床加工铸造模具，但是缺乏编程和操作人员，眼睁睁看着出口意大利的大订单干着急。恰逢宜都市职业教育中心组织"双师型"教师走进企业进行专业调研，开展技术服务助推地方经济的校企融合发展活动，我作为数控专业的骨干教师，发挥专业技术优势，迅速帮助该企业解决了编程和操作问题，加工出合格的铸造模具，一周内产品远赴意大利，一批产品就出口创汇100多万元。后来，我还为该公司培养了编程和操作人员，被公司聘为兼职工程师。

用光芒点燃希望

我在教学中使用了自己在数控专业学习、实践中积累的大量案例，深受学生喜欢。我精心制作了《数控车削编程》等多媒体课件，收集了车工、铣工、钳工等工种完整的视频资料，让学生在课堂上就能感受生产现场的气氛，激发学生的学习兴趣。我潜心教学研究和教学改革，逐步形成了自己的教学风格，2012年，在宜昌市中等职业学校优质课竞赛中获得一等奖；2016年，获得宜昌市职业教育"十大教学能手"称号；2017年，在宜昌市职业院校信息化教学大赛中获得一等奖；2018年，在湖北省职业院校教师教学能力大赛中获得二等奖；2022年，我负责建设的精品在线开放课程"数控车削编程与操作训练"在高教社智慧职教上线，现已开课三期，被30多所学校选用，评价良好。

职业学校为社会培养技术技能型人才，因此，在数控机床操作实训中我总是手把手地教学生操作，把自己积累的加工经验耐心、细致地传授给学生。水到渠成，我辅导的学生参加职业技能等级考试通过率年年都是 100%。我指导的学生在宜昌市职业院校技能大赛中多次荣获一等奖，并代表宜昌市在省中职学校技能大赛中获得二等奖。我也被表彰为省、市职业院校技能竞赛优秀辅导教师。2017 级的熊同学不怕吃苦、勤奋好学，因家庭困难心理压力大，很想放弃学业去打工。我从该生班主任那里了解情况后，将其选入数控大赛集训队，在专业技术上我对其严格要求，耐心仔细地教，同时给予他特别的关爱和及时的资助。后来，他在宜昌市中职学校技能大赛中获得一等奖，收获了自信，也坚定了要学好专业技术的决心。熊同学不仅在湖北省中职学校技能大赛数控综合项目中获得三等奖，而且参加技能高考，被湖北工业大学录取。我也连续多年被评为学生最满意的教师。

一分耕耘，一分收获。我相信自己在职业教育领域的默默耕耘，必将迎来夏花般灿烂的人生！

作者简介：张丰云，中共党员，高级教师，加工中心技师，宜都名师，宜昌市高级"双师型"教师，宜昌市职业教育"十大教学能手"，湖北省职业教育现代加工制造类中心教研组成员；多次被评为优秀教师、优秀共产党员、学生最满意教师、师德标兵；多次被表彰为宜昌市技能大赛优秀辅导教师、湖北省技能大赛优秀辅导教师；获宜昌市中职学校教师技能大赛一等奖、宜昌市职业院校信息化教学大赛一等奖、湖北省职业院校教师教学能力大赛二等奖。

甘为人梯是幸福

一个人的成长速度有快有慢，但是教师这个行业不允许成长太慢，因为孩子等不起老师的成长。我们常说："教师要一年入门、三年上路、五年成骨干。"一位新教师，如果没有老教师引领，很难达到这个成长速度，如果任其自由生长，可能不仅不能成长，还会"逆生长"。有一件事虽时隔八年，却一直深深地刻在我的心里。

2015年我被调到一所农村初中工作，开学第一周我预约听一位参加工作五年的音乐教师的课。这是一节七年级新学期的起始课，而且我提前两天跟她说要听她的课，但当我出现在她的教室后面时，她显得非常紧张，用语无伦次、不知所措来形容一点都不为过。她上了15分钟后停下来，望着我大约1分钟，然后走到教室后面悄悄跟我说她的课上完了，所有学生也都转过头来望着我。说实在的，我当时惊呆了。为了保住这位老师在学生心目中的形象，我微微笑了一下，悄悄跟老师说："教学生把书上的第一首歌唱会吧！"然后我离开了教室。一下课，这位老师来到我的办公室，她的眼泪止不住地流，不停地跟我道歉，而且全身发抖。我知道，她害怕我批评她，她高中阶段是我的学生，知道我一向要求严格，今天这节课上成这个样子她非常忐忑和害怕。当时我确实很生气，在已经告知她要听课的情况下，还把课上成这个样子，我觉得很不应该，但我没有很严厉地批评她，让她说说为什么会这样。她平静一些后告诉我：她参加工作五年来从来没有正式地上过一节公开课，以前也有学校领导听过她的课，只听了她一节课后就再没听过她的课了，后来每次学校开展公开课活动的时候，她都会找各种理由和借口逃避，更谈不上主动要求上任何一个级别的公开课。学校就她一位音乐老师，给她安排的指导老师是位体育老师，也就是挂了个名，没有给她什么专业性的指导，就这样五年过去了。其实在高中阶段，她的钢琴和声乐都是可以的，大学学的音乐教育专业，妥妥的科班出身，凭她的音乐基本功和基础知识教初中的音乐绰绰有余，不至于把课上成这个样子。

看她哭得稀里哗啦，我痛心。我问她想不想把课上好，她说做梦都想，我跟她说要想把课上好就要做好吃苦的准备，跟着我磨一年的课。事后我听她的高中同学告诉我，她当时做好了我大发雷霆的准备，没想到我没有严厉地批评她，而是跟她讲上音乐课的基本框架、应该如何上欣赏课、唱歌课应该有什么样的基本步骤，并且要求她从学习教材、学习课标开始，认真备课，做详细的教学设计等。没过多久，我向市音乐教研员申请给她一次在市里上公开课的机会，她不敢接，吓得睡不着觉、吃不下饭。我鼓励她："有我在，你没问题的，但你得按我的计划走。"我们选择了一节七年级的欣赏课，从读教材、学课标、选素材、备课、说课、试讲、修改到试讲每一个环节，我都手把手地教。在十次修改教案、四次试讲后，我还是觉得不满意，最后我用她的课件上了一节课，让她用手机录下来，回去反复看，仔细琢磨，思考为什么要这样设计教学环节，课堂上的每一句应该怎样说，为什么要这样说。然后她又试讲了两次，终于基本达到我的要求。全校只有九个班，她试讲了七个班，我讲了一个班，留了最后一个班给她正式讲。当她上完这节课后，本校其他听课的老师都很惊讶，教研员和初中的其他老师也觉得很不错。这次教研活动结束后，她又到我办公室哭了一场，这次是因为激动，是释放。

后来我每学期都会听两到三次她的课，帮助她设计课，教她组织教学的小技巧，督促她专业基本功的练习。第二年，她主动报名参加教研室组织的初中组的音乐展示课。这次课她先独立设计教案，在修改了两次教案、试教了两次后已比较成熟。后来，这节展示课也得到了听课教师的一致好评。这位年轻教师成长得相当快，在音乐课堂教学中日渐成熟并逐渐有了自己的教学风格。

这件事对我的触动很大，因为农村中小学校生源不多、班级不多，一个年级也就 1～3 个班，每所学校只有一位音乐教师，音乐教学、音乐活动都由其单打独斗。刚刚大学毕业的学生，哪怕专业能力不错，在完全没有任何教学帮助和引领的情况下，很难快速地成长。再加上音乐教学专业性比较强，不是音乐专业的教师做教学指导还是有一些困难的，这一实际情况让不少农村中小学的音乐教师的教学处于自然生长的状态。从每一届的音乐教师课堂教学竞赛、学生的艺术节比赛可以明显感受到城乡学校之间的差距。其实最初参加工作的城乡年轻教师个人基本功的差距并不大，但随着参加工作地域的不同，时间越长，城乡音乐教师的差距就越大，农村中小学音乐教师更需要一个学习的团队和平台。

　　在成立音乐名师工作室之初，我就想吸引更多的农村中小学音乐教师参加这个团队。所以，我的工作室里大多数是农村中小学的音乐教师，城镇有经验的教师担任学段组长，带领大家一起学习。周二上午是我们工作室固定的学习时间，每半个月集中学习一次，每年都安排课堂教学、课题研究、专题培训、读书分享、专业竞赛、外出交流等丰富多彩的学习；到每一个成员所在学校深入了解音乐教学教研和音乐活动；师徒结对，师傅和年轻教师同上一节课；同学段的教师做同课异构、碰撞交流。团队中的教师取长补短、携手前进，让农村教师有团队推进，让青年教师快速成长。

　　人的成长不仅需要自身内在的努力，也需要外部力量的推动。年轻教师新手上路，需要有人引路，帮助青年教师坚定信念、明确方向、少走弯路、快速成长。看到年轻教师的每一次进步，我都感到高兴和欣慰。教育需要传承与创新，需要更多的人把更多、更好的教育经验与教训分享出来，让后浪高于前浪。只有年轻人不断地超越，社会才能进步与发展，教育也是如此。我甘为人梯，这是一种幸福。

　　作者简介：陈曼，中共党员，高级教师，宜都市一中音乐教师，宜都市劳动模范、创岗创业女能人、优秀共产党员，宜都市陈曼名师工作室主持人，宜昌市家庭教育先进个人，宜昌市优秀教师，湖北省高中音乐学科优秀教师；多篇论文在省级、国家级刊期上发表；多次主持和参与省市级课题研究；多次荣获国家级、市级优秀指导教师奖；主编和参编多本校本教材。

行走在教育的春天里

伟大的哲学家康德说："世界上只有两样东西让我敬畏，一个是我头顶的灿烂星空，另一个是我心中永恒的道德行为准则。"作为一名德育课程教师，我担当着人类美德传承的责任和使命，何其荣幸！28 年的教育之旅，我在行与思之中不断成长。

起步：用阅读滋养根基

11 岁那年，因为在《小学生天地》上发表了一篇文章，我成了学校里的"小名人"。中学时期，由于偶有文章见诸报端，我满脑子都是青涩的文学梦。

1995 年，19 岁的我被分配到高坝洲镇红桥小学。一年级的班主任及语文、数学、美术等学科的教学、一块 30 平方米的小菜园是学校分给我两块"责任田"。初出茅庐的我在面对 45 个懵懂无知的孩子时经常感到手足无措，心中的茫然难以言说。

一个偶然的机会，我终于看到了曙光。

一节美术课上，我让学生以"早晨"为题自由作画。半个小时后，40 多幅作品交了上来。明艳的色彩、活泼的构图让我对孩子们细致的观察力和丰富的想象力惊叹不已。最后交作业的是一个文静的女孩，她的画上只有一间歪歪斜斜的灰色小屋，小屋的西边，火红的太阳正冉冉升起。她的画和同学们的作品形成了鲜明的对比。我把这幅画展示给大家看，同学们哄堂大笑，齐声说："太阳从西边出来啦！"在同学们的讥笑声中，那位小女孩低下了头。"如果不知道东南西北，你可以问问学前班的小朋友，他们可以告诉你正确的方向。"我甩下这样一句话，走出了教室。

正当我准备把这件事当作玩笑讲给别的老师时，这个小女孩出现在我面前，她轻轻地扯着我的衣角，小声说："老师，我想让妈妈早点回家。"在我的追问下，她告诉我：从开始记事起，她的爸爸就天天喝酒、打牌，输了钱回家就对她们母女拳脚相加。两年前的一天，她的妈妈实在无法忍受，离家出走了。当时，她死死地抱住妈妈的腿，哭着哀求妈妈不要丢下她，但妈妈还是狠心地挣脱了她的小手，头也不回地走了，临走时撇下一句话："想让我重新回到这个家，除非太阳从西边出来！"两年来，爸爸恶习不改，妈妈归来无期……

"老师，我多么希望有一天太阳能从西边出来！只有这样，妈妈才会回到我身边。"

我轻轻地拭去她脸上的泪珠，自己却忍不住泪流满面。这泪，除了同情、感动，更多的是深深的后悔和自责。理解是爱的别名。从爱的角度出发，倾听孩子的声音，珍视孩子的感受，才能触摸到孩子鲜活的脉动，唤醒其沉睡的灵魂。

我以"珍视孩子的独特感受"为题，把这个故事写下来寄往《上海教育》，没想到很快就发表了！这件事给初出茅庐的我很大的启发和鼓舞，也为我推开了自信的窗，让蹒跚起步的我看到了窗外精彩的世界！

两年后，我被调往乡里的中心小学。让我欣喜不已的是，学校有一个图书室。学校新进的图书，我总是先睹为快。广泛涉猎，让我聆听到苏霍姆林斯基给教师的建议，触摸到朱永新的教育理想，领悟到李镇西的班级管理智慧。杜威、陶行知等教育家的教育思想，犹如一股股清泉，润泽了我的心田，也悄悄改变着我的行动方式。

读一本好书，就是和许多高尚的人谈话。广泛的阅读让站在讲台上的我更有底气。设计教案时得心应手的处理、课堂上信手拈来的故事、面对偶发事件时灵机一动的智慧，无不得益于我平时的阅读与积淀。把教育日常稍加梳理与反思，就成了教育叙事，其中，《班主任工作中"借"的艺术》《用爱除去学生心灵的杂草》等多篇文章相继在《湖北教育》等杂志上发表，我也连续两届被评为宜都市语文骨干教师。

跋涉：用实践蓄积力量

课堂教学作为学校教育教学的中心环节，是提高教学质量、达成育人目标的主要途径，也是教师的安身立命之本。努力提高课堂教学水平和实效应该成为教师的不懈追求。

2009年，我被调到杨守敬小学担任品德教研组长、教科室主任，成为品德学科的专职教师。本着"学为中心，教学相长"的理念，我和团队小伙伴们努力探究生活化、活动化的教学方式，从此开始德育课程的诗意行走。

2011 年，在湖北省优质课竞赛中，我执教了"我学会了尊重"一课。我以师生之间的问好唤醒生活经验，让学生体验被尊重的快乐；接着用故事讲述生活，体会尊重的意义；用分组探究、现场互动采访等形式，让学生在真实的交往中学习尊重的礼仪；最后以两个思辨性问题引导学生反思自己以往的生活。本课以现场评分第一名的成绩获得省级优质课一等奖，后来获得部级优课。教学相长，本课的教学也让我在与学生的交流碰撞中更深刻地读懂了"尊重"的内涵，学到了很多做人处事的智慧。

2012 年，我代表宜都参加宜昌市"课内比教学"品德优质课竞赛。从拿到课题到参赛只有三天时间，比赛内容除了上课，还要完成现场说课、根据评委指定的课在规定时间内议课，压力可想而知。我抽到的课题是"生活中不能没有他们"，怎样突围？我决定删繁就简，以四个活动贯彻全课：调查与猜想，感知"他们"；联系生活，探究生活中鲜活的"他们"；由点及面，感恩社会上无数个"他们"；理性回归，重新认识身边的"他们"，将活动、问题和情感体验都充分地展开，让课堂教学成为一个师生相互碰撞、共享经验、共同生长的过程……

多年的教学实践与研究，我体会到：德育课程的魅力在于课程真正回归到一个大写的人，在引导学生走进多彩多姿生命世界的同时，引领学生多层次地认识生命、建构生命之信仰、实现生命之和谐，最终实现生命质量的全面提升。从市里到省里，十多次的磨课、赛课经历成为我专业成长路上的宝贵财富，让我体会到"用一生去备课"的含义，我也被表彰为湖北省"课内比教学，课外访万家"先进个人。

2011 年 7 月，我被湖北省教育厅聘为"农村教师素质提高工程"培训教师，到湖北二师做为期一周的培训。互动环节中，一位年长的老师问我："什么原因让你得以迅速成长？"思考片刻之后，我想到了一个关键词：感恩。在我前行的路上，我很幸运地遇到了很多给予我支持和帮助的人，原宜都市教研室主任、品德学科教研员赵小燕老师就是我专业成长路上的引路人。他高屋建瓴的专业引领、严谨务实的工作作风、不厌其烦的精心指导加速了我的专业成长，引领我在教育的旅途上马不停蹄地一路前行。

超越：用研究照亮行程

教育是一场渡人渡己的修行，教研员亦是如此。为学科教师铺路搭桥，在促进教师专业成长的过程中享受赠人玫瑰手有余香的快乐，是身为教研员最大的成就感。

2016 年，我被调到教研室担任德育教研员。面对本学科教师专业性不强、教师流动性大的问题，我以团队建设为着力点，用课题研究为教师专业赋能，让更多的学科教师走上从事研究的这条幸福的道路。

团队建设，合作共享。以青年教师共同体建设为抓手，打造学习型团队。2016 年，我建立了青年教师学习共同体，按照 "系统阅读—专题讲座—课堂观摩—案例反思—行动研究" 的思路开展研修活动，提高团队教师的专业素养，并以 "跨校" 结对的方式，实现城乡教师资源共享。

以名师工作室建设为平台，打造研究型团队。2021 年，我成立了宜昌市邓玲名师工作室，坚持以专业发展规划激活教师成长诉求，以读书分享打造学术氛围，以项目驱动内化研究自觉。

课题引领，专业赋能。以深度学习研究为重点，促进教与学方式的变革；以项目式学习依托促进教师的专业成长。2022 年，我申报并立项了省级课题 "项目式学习在小学道德与法治教学中的运用" 研究，以新课标倡导的项目式学习的运用为载体，让师生在项目式学习与持续探究中提升核心素养。

看着团队教师一次次在省、部级竞赛中斩获大奖，有的被教育部点名表彰，有的应邀到外地讲学，参与的科研项目被评为湖北省优秀成果奖……我特别有成就感和获得感。

高山仰止，景行行止，虽不能至，心向往之。作为一名德育教研员，我和团队小伙伴们将继续学习和研究，行走在教育改革的春天里，为宜都教育贡献自己的绵薄之力。

作者简介：邓玲，高级教师，宜昌名师，湖北省学科优秀教师，部编教材培训专家，宜昌市名师工作室主持人，宜都市第六届拔尖人才；多节优质课在省、部级获奖；主持 "项目式学习在小学道德与法治学科的运用研究" 等多个省课题研究；在《新课程研究》《湖北教育》等杂志上发表文章 30 余篇；参与《家有儿女》等多本书籍的编写工作。

教育初心不改，成长历程难忘

　　1997年8月，大学毕业后我被分配到宜都师范，从事了两年的中师数学教学，1999年8月宜都师范转轨改制办高中，学校更名为"宜都三中"。在宜都一中、宜都二中先招完优质生源后，第一届宜都三中共招收了100多人，编成了四个班，就这样，转轨改制艰难起步了，而我有幸成为这群拓荒者中的一员，并被学校委以重任——从事两个班的高中数学教学，担任班主任、备课组长。在这批改教高中的教师中，24岁的我是最年轻的，高中数学没教过，班主任、备课组长没干过，一切对我来说都是新的，困难重重，问题多多，但一想到学校的信任、组织的关怀，我便义无反顾地挑起了这副重担，以初生牛犊不怕虎的劲头，开始了我教育生涯的多个第一。

　　当班主任第一天，我认真地做了准备，一进教室，我在黑板上写下了"一者，首也"四个大字，并讲道："'一'意指高一，一班，开始；'首'寓意排头，领先，第一；一生二，二生三，三生万物。从现在开始，从小事做起，从自我做起，一切时不我待，一切积少成多，一切靠我们自己，一切皆有可能，希望每位同学自强不息，努力奋斗，敢为天下先，争做最好人。老师与诸君一生共勉。"

　　初上高中，孩子们对一切都感到新奇，一下课，教室里便热闹起来，有吵吵嚷嚷的，有疯赶打闹的……这个问题令我头疼。一开始，我说了他们也不听，后来批评加惩罚，也只能管几天，最后我决定以身示范。我跟同学们说："高中数学题目难、标准高，需要我们静下心来思考。我和大家约定，只要我有空，课间就到教室来答疑。"我深知：想当一个好老师，首先得把课教好，要给学生一碗水，老师得有一桶水。我想通过这种方式狠狠地逼一下自己。于是，我勤跟班，勤观察，勤学习，勤思考。课间有我辅导学生的场景，自习课上有我伏案备课、做题的身影。在期中考试总结的班会上，我展示了两份试卷，一份是班级数学最高分的卷子，另一份是我做的样板卷，同学们惊诧于我工整的书写和规范的答题。我还把半学期来我做的六大本厚厚的习题集给同学们传看，习题集上写得密密麻麻、工工整整，有用黑笔书写的解题过程，有用红笔标注的重点难点，有用蓝笔批注的总结反思，从同学们的表情可以看出，震撼到他们了！就这样，半年过去了，教室里安静下来了；一年过去了，同学们自觉起来了。后来，我又着力培养了几名班干部，抓典型，树榜样。班级管理进入良性循环，逐渐形成了入室即静、入座即学、互帮互学、你追我赶的良好学习氛围。学校多次表扬我们班，并在全年级推广我班的做法。我想我是在用实际行动践行"学高为师，身正为范"的誓言，通过我的言传身教、学科熏陶，让我的学生具有严谨治学的态度，养成独立思考的习惯，踏实做人、认真做事的优秀品格以及精益求精的工匠精神。

我班的吴同学，在我查看新生报名登记表时引起了我的注意，因为他交上来的表中父亲一栏空着没写，是疏忽了忘记填写？或是父子关系紧张？还是父亲出了意外？我下意识地感到异样，为了保护吴同学的自尊心和隐私，我决定从旁了解。首先，我到他初中毕业的学校找到他原来的班主任王老师，王老师向我介绍，吴同学很早就失去了父亲，性格内向、懦弱，朋友少，话也很少，但很听话，学习还行。我又根据他提供的家庭住址进行了家访，他家有四口人，条件一般，主要收入是吴同学妈妈打零工的薪酬和爷爷、奶奶种几亩柑橘的收成，爷爷、奶奶体弱多病，长期服药，再加上吴同学爸爸得绝症欠下了不少债，日子过得很艰难，但吴同学的妈妈、爷爷、奶奶对他寄予厚望，说他很懂事、很聪明，初中从来没有补过课，没有上过培训班，一有空就在家自学、复习，希望老师严格要求，好好培养。家访返回的途中，我同情吴同学的遭遇，更钦佩他的坚强，深切地体会到孩子就是一个家全部的希望，更感受到肩上的责任沉甸甸的。

从那以后，我很关注吴同学，除了生活上对他嘘寒问暖并给予物质资助外，我还经常找他聊天，聊今天的趣事，聊昨天的考试，聊兴趣爱好，聊职业理想。刚开始，他有戒备之心，对我不理不睬；后来，他会简单地回应"嗯""好"；再后来，他会问我学习上的问题；最后，我们可以自由地交流，聊我们关心的话题。在课堂上、在活动中，我为他创造机会、搭设平台，让他走出幼年丧父的阴霾，大胆拥抱阳光。他从一开始的不敢上台，只会点头摇头，到后来感受到老师期盼的目光和同学们善意的鼓励，再到跃跃欲试，只言片语，到最后滔滔不绝，谈笑自若。每个人都需要被关爱、鼓励和肯定，从吴同学自卑到自信的转变中，我感到欣慰、满足。我觉得育人就是一场双向奔赴的修行，我和他都在成长，他是向上面生长，使自己变得越来越优秀，我是向深处发展，使自己变得越来越成熟。教育即成长！成长即奋斗！

经过高中三年的拼搏，吴同学考入长江大学，后来留校当了学生辅导员，成为一名光荣的大学教师。他参加工作、结婚、生子都联系我，将喜悦分享给我。2022年8月，吴同学和其他同学一行20人重返高中校园，参加"青春有你，奋斗有我"宜都三中首届毕业生20周年再聚首活动。师生重逢，又是拥抱，又是握手，激动万分。他们看见我时，一起高呼一班的口号："一者，首也。"大家回忆起20年前的青葱岁月，感慨万千，吴同学对我说："段老师，高中三年我把您当作我爸爸，真的，您就是我的好爸爸！"我相信，这是他的真心话。学生在困难的时候，你帮助他；学生在迷茫的时候，你唤醒他；学生在选择的时候，你指导他……对学生来说是人生的幸运，对老师来说则是一生的幸福。

虽然我送走了一批又一批优秀的毕业生，有很多学生的成就在吴同学之上，但吴同学那届是我带的高中的第一届，我第一次当备课组长，第一次当班主任，这里面有我奋斗不止的追求，有我割舍不断的感情，是我职业生涯的起点，是我走向成功的开始。多年以后，每当回忆起这段成长的心路历程，我仍然难忘，一直怀揣着教育初心。这份付出、这份美好，将永远激励我前行。

教育不是空洞的说教，也不是一时兴起，而是丰富的、多彩的，渗透在日常生活的点滴细节里。只要我们走近学生，用心去看，去听，去想，去做，每天都会有惊喜、有感动。这是我们克服职业倦怠，永葆青春活力的良方。

作者简介：段俐荣，中共党员，高级教师，宜昌市优秀德育导师，宜昌市明星班主任，第三届宜昌名师，宜都市名班主任工作室主持人；忠于党和人民的教育事业，坚持立德树人，德育为先，始终把学生的健康安全、全面发展放在首位；所带班级被评为全国班级文化建设先进班集体、宜都市五四红旗团支部、宜都一中高考明星班集体；曾获宜昌市高考质量一等奖、宜都市杨守敬教育奖、"宜都好课堂"优质课特等奖。

三个遇见，为师一纪

巍巍青山，见证扎根乡村、奋斗不息的忙碌身影；广阔田野，诉说因爱结缘、为爱坚守的遇见故事。我从湖湘到楚汉求学四载，后来到湖北宜昌，开启了资教之路，从长阳土家族自治县鸭子口乡中心学校到宜都市松木坪镇中小学，一干就是 12 年。

遇见好孩子，激起我为师热情

"教育，首先是人学。儿童的眼睛、儿童的情感、儿童的心理，构筑了我的内心世界。是的，正是儿童、童心，给了我智慧。我想说：'爱会产生智慧，爱与智慧改变人生。'"这是入职培训班的老师说的，犹如字字箴言，不绝于耳。长阳土家族自治县鸭子口乡中心学校的孩子们单纯、朴质，热爱学习。

"老师，听说您是学校最年轻的老师，还是唯一的男青年老师！"

"是吗？"我惊讶是因为我没有思考过这个问题。

"是的，您上课挺幽默的，感觉您懂得好多啊！"

"如果我有不明白的数学题，能请教您吗？"

"当然可以，热烈欢迎！"我爽快地答道。

于是，汤同学成了我的"常客"，有时候是来"套近乎"的，有时候来分享他的"周末趣事"的，有时候是来问题目的。期末考试前夜的自习课上，他告诉我，他爸爸出意外了，考试他会努力的……结果，汤同学数学考了满分！但他爸爸没能抢救回来。

"韩老师，现在您是我最信任的老师了！"从这之后，他越来越努力了，我对他也越来越关注了。因为我能帮助他，所以我觉得很欣慰；因为他能把我当"父亲"一样信任，所以我很幸福。我愿用我的热情，为每个和我相遇的孩子点亮人生。

资教时的责任培养和爱心护学，让我始终将"爱"贯穿于思政课堂，注重学生的体验感悟。资教时的求真务实和孜孜不倦，让我不论任教初中数学，还是现在的思政课，我总是站在学生的角度备课，总以学生能学到多少为己任。

去年五一假期，来学校看我的学生李明艳、刘浩贝说："韩老师是严厉的，现在看来您的严管厚爱和认真负责深深地影响了我们！您的这种语言力量，我们至今念念不忘，时刻鞭策着我们。"

谢美玲接着说："还有您那'男生要儒雅，女生要高贵'的班训，到现在都言犹在耳……"

德育主任郑老师对我说："韩校长，您的科代表艾韵慧同学被评为宜昌市新时代好少年。"

"感人心者，莫先乎情。"同学们的一番话语，让我感动到激动并湿润了眼眸。这感动，就是为师者对教育的那股强大的信念与热情。

遇见好师傅，带领我站稳讲台

走进教室容易，站稳讲台却难，"一年合格，三年成熟，五年成骨干"是我的第一任师傅常对我说的。

我的数学教学指导老师对贤超校长说："小韩，今天下班后，到我屋里来吃包面（类似饺子）。"

"好的，好的！"我忐忑又兴奋地回答。

来到向校长家里，"家"的温馨味道夹杂着包面的喷香扑面而来。向校长的妻子刘晓春也是老师，她亲切地招呼我坐下，端了一海碗热气腾腾的包面放到长阳烤火炉上，说道："小韩，这是腊肉包面，一个人在这里工作不容易，多吃点。"霎时，我激动万分，这是我第一次吃腊肉包面，也因此爱上了这独特的味道。

"昨天晚上进行单元测试了吧？试卷改完了吗？"向校长不经意地问我。

"改完了……"

"分析了吗？有质量分析吗？有反思性教学策略了吗？"向老师追问道。

一连三问，让初出茅庐的我一时语塞。

"你把试卷拿来，我教你如何分析。"向老师温暖的话语，总算缓解了我当时的不安。

拿到试卷后，他告诉我试卷讲评的"三步走"策略，一是统计好每个题做错了的学生名单；二是分别搜集同类题型的 2～3 题，让做错了的同学再做一次；三是再次分类测试，提高学生的解题能力。

听完后，我惊呆了！这是好办法，但也是"大工程"！向校长看着我瞪大的眼睛，语重心长地说："既然你在这个岗位上，就不能辜负孩子，要让自己毫无遗憾，让自己和学生一路成长、一路生花。"

那晚，我彻夜未眠。向校长坚定的眼神、语重心长的话语始终在我脑海中浮现。

俗话说：师傅领进门，修行靠个人。每次考试过后，我都会扎实地走好"三步"，同时借助课间和饭后时间与学生共同分析解题思路、数学学习方法。就这样，在当年秋季学期期末数学考试中，我执教的701班，共37名学生，有30名学生考了96分以上，有5名学生考了满分。

时光不负追梦人，我也被表彰为"长阳县优秀特岗教师"。向校长为我庆祝，再邀我去吃包面的时候，向老师笑了，我也笑了！

一纪杏坛，12个春夏。我从党员到基层党支部书记，从特岗资教生到宜昌市师德标兵，依然满带着青春的气息，和感恩同行。

遇见好学校，成就我的"先生"之梦

来到宜都市松木坪镇中小学后，我深知要做好学生的引路人，一个人的力量有限的，要一群人一起走，并将学校的教研理念"好学校就是好氛围，好同事就是好伙伴"牢记于心。

"韩老师，下次教研活动，你要执教展示课，都准备好了吗？"

"差不多了，刘老师还在帮我校对教学设计！"

一个人上课，一组人备课，真正实现有"备"而来，集体赋能。刘老师告诉我这个情景导入要降低难度，考虑学情……张老师告诉我PPT的行距太小，后面的学生看不见……陈老师告诉我例题分析要写板书，留点"痕"……

在执教宜昌市新课标培训会的现场示范课时，从钻研教材、备课、准备课堂器材、向哪位师傅请教……再到我第一次试讲，我的小伙伴王明婧老师，结合智能研修平台的大数据分析，告诉我老师讲的时间长了，学生学习的时间短了。回校后，我又听取了李校长和教导室小艳主任的建议，增加了小组学习的环节。

"韩校长，今天您去西湖中学试讲，我跟您一起去。"

"那好，那好，帮我计时、观察学生表现。"

第二次在西湖中学试讲，第三次在枝城中学试讲，第四次在创新实验学校……我从说课、试教、议课、反思、再试、评议、再反思、再上课、集体研讨、修改教案、观课议课、总结反思……"人磨课，课磨人"，相信能遇见最美的自己。一次又一次，我想说，成长从来不是"孤勇者"。如果不是好同伴的相助，我又怎能磨课千遍也不厌倦，又怎能获得会场500多人的点赞与认可呢！

"小韩不错，做事有条有理！"2013年在楼梯间偶然听到易校长和彭校长如此谈论我。时至今日，我也当校长了，更明白保护积极性比调动积极性更重要。一所好的学校，应能焕发师生美好的想象与自由的创造，能唤起师生对于美好教育的向往和创造的热情，从而唤醒、激励师生个性的共同生长。

我庆幸，我工作过的两所学校都是如此。

"今年办公经费紧张，报刊就不订了吧？"

"那不行，再穷不能穷知识，再苦不能苦教师，教师专业杂志一定要订。"

"好，领导发话，我照办！"袁会计风趣地说。学校订阅了很多有关教学的专业杂志，让教师多阅读、多理解、多守正创新，形成自己独特的教学风格；还可以让教师学会反思，自觉地进行理论和思想升华，不满足于现有的教学方式。"孤芳自赏"是不行的。

相遇是生活的本质。那日清晨，迎着初升的朝阳，沐浴着习习春风，我走进了校门，门外室的赵师傅叫住我。

"韩校长，您常看的那本杂志到了。"

他把杂志递给我，又关切地问："这一期上有您的大作吧？"

"是的，我也很期待呀！"我笑着说。

世间一切，都是遇见。就像冷遇见了暖，就有了雨；春遇见了冬，有了岁月；天遇见了地，有了永恒；人遇见了人，有了生命。于我，第一个12年……无悔选择，择一事，终一身。教书育人是我一生无悔的选择，故心之所向，无问东西，理想在彼岸，我必葆有初心，风雨兼程一往无前。"聚是一团火，散是满天星"是2011年时仟湖北省教育厅教师发展处赵耿处长对我所在这届资教生的鼓舞，我至今尤记。

作者简介：韩杰，中共党员，宜昌市师德标兵、优秀德育导师、卓越教师培养对象，宜都名师，初中道德与法治学科教育部部级优课获得者，宜昌市"习近平新时代中国特色社会主义思想"精品课一等奖获得者；在全国中文核心期刊《中学政治教学参考》上发表多篇论文；参与《班级文化概论》《诗吟绿色生活》等专著的编写工作；兼任宜都市中小学德育研究中心专家组成员，道德与法治讲堂宣讲团成员，党史、党的二十大精神宣讲员。

用伟大的情怀做平凡的细小

时光荏苒，不知不觉我已有 25 年的教龄。从考进师范的那天开始，"学高为师，身正为范"就深深烙在我的心底，我深知，教师吃的就是一碗良心饭，我也一直守护着自己的教育初心。我走着多数教师都走的路，坚守着多数教师都坚守的梦，没有惊天动地，也没有感人至深。如果非要问我做教师的心得，我想就是用伟大的情怀做平凡的细小。这是一次全体教师会上校长对我们的寄语。朴实的话语、深刻的道理，饱含校长对教育事业的一颗赤子之心，也激励着我在日复一日的教育细小中坚守自己的情怀。

信念，让我坚守方向

1998 年，宜都师范第一届音乐班毕业生的我，被分配到松木坪镇徐家湾小学。正式上班之前，我无数次地在脑海中勾画自己的教育梦，直到真正踏上讲台，才知道现实与理想的差别。

当时的我承担三年级语文、思品，四年级数学、自然，一至三年级音乐的教学，还担任三年级班主任和学校大队辅导员职务，一个周只有一节课的空堂。面对这样的分工，我几乎惊呆了。失落、沮丧，甚至打起了退堂鼓。幸好，还有一台录音机和一架风琴与我做伴。老校长郑重地对我说："小学老师就是万金油，就是革命的那块砖。"我咬咬牙，默默地对自己说："没有做不好的，只有不想做的！"读课文、练粉笔字、做数学题……在听课与被听课中不断修炼，在被批评与坚持中不断成长。我给自己规定，每学期必上一节公开课，主动请学校领导和老师们听我的课，给予我指导。我时刻铭记自己的音乐专职梦，每逢"六一"，全校各班的节目都由我排练，自己掏钱给孩子们租衣服、买乐器，一个人既是编导又是教练，既是指挥又是钢伴，既是服装师又是化妆师，忙着、累着，也快乐着。

激励我坚持的是那些顽皮又单纯可爱的农村娃，是那些两鬓斑白仍激情不退的老教师，是他们沉迷教育的质朴情怀。身边的同事笑我，除了体育没教过，其他都教过，堪称"全能选手"。回首过往，优质课竞赛、普通话比赛、计算机操作竞赛、教师基本功竞赛、师德辩论赛，赛赛有我的身影；班主任、大队辅导员、教导主任、政教主任，步步脚印，滴滴汗水。没有会与不会，只有服从大局，学习学习再学习，把不会的事学着会做，把会做的事用心做好。不求事事完美，但求问心无愧。多年前一位老班主任告诉我，要做一个好老师，必须把每个孩子当作自己的孩子。起初我似懂非懂，当老师时间越长我对这句话的感悟越深。你爱孩子，孩子也会爱你；你爱工作，工作也会偏爱你！

　　多年来的苦苦坚守换来了丰富的人生积淀，我想正是这些宝贵的经历坚定了我的理想信念，磨炼了我的意志品质，丰富了我的教育教学经验，让我在后面的工作中越来越得心应手。

团队，推我不断向上

　　真正让自己成熟的不仅是一个又一个的信念支撑，还是一批又一批的同行人给予的无穷力量。只要我们稍稍用心，总能从别人身上学到很多。在农村学校工作了18年，学校音乐专职教师只有我一个人，学科教学上只能单打独斗，于是我经常请其他学科的教师听我的课。尽管他们谦虚地说隔行如隔山，但总能一针见血地指出我的问题，总能启发我以旁观者的视角来看待自己的问题。

　　后来我被调往实验小学。在那里，我如鱼得水，在音乐教研组这个团队中开始进行系统化的校本研修，理论学习、专业阅读、基本功操练、课堂研讨、论文撰写、梳理案例……我不断汲取营养，向下扎根、向上生长。2016至2021年，我承担地、市级研讨课共15节，每节课都不低于五次团队磨课。以前我不理解磨课的意义，认为一节好课不应该是教师和学生的自然生成吗？但当我真正沉醉其中，我才明白，磨课是磨我对学生的了解，是磨我对教材的解读，是磨我对设计的思考，是磨我对课堂的把控，是让我越来越成熟、越来越理性、越来越智慧的过程。磨课的同时，我更加明白了自己的不足，给了自己不断学习、深度思考的动力，也让我的眼界更宽，不再拘泥于一节课，而能站在学生的角度、教材的角度，甚至教育的角度去思考我的每一个设计、每一句话语，从而为学生打开一片更为广阔的天地，引导他们自由飞翔。

　　有实践才会有思考，有思考才会有方向，有方向才会有动力，有动力才会继续实践。就这样，我在团队的带领下进入了一个专业成长的良性循环。事实证明，我在这样的过程中成长得很快。五年时间，我发表了 10 多篇论文，30 多篇论文获奖；我被评为湖北好课堂辅导教师、宜昌市优秀学科教师、宜都音乐兼职教研员。其实让我最欣慰的不是我取得的这些荣誉，而是我现在能比较轻松地上好每一节课，能真正享受和孩子们在一起的每一个 40 分钟，能体会到一个普通音乐教师的职业幸福。我想上好每一节常规课是每一个教师真正追求的终极目标，只有上好每一节常规课，我们才算没有辜负孩子们的时光。

磨课也好、做科研也好、写论文也好、成名师也好、评职称也好，无非都是让自己更加优秀。我们只有成为更好的自己，才能成就更多孩子的精彩！我相信，越努力越幸运！

引领，助我飞得更高

2018 年，为推进少先队改革工作落地落实，宜都市成立了首个少先队名师工作室，我被推荐担任工作室主持人，理由是我担任辅导员年限最长，也是全市最年长的辅导员。一开始，我不愿接这个担子，一是怕精力不够，二是自己没有底气。在领导和同事的鼓励下，我接过了担子，将工作室取名为"星星之火"。我想从此刻开始，我不仅要成为自己的光，更要成为点亮别人的光。

然而起跑就是冲刺，2018 年 12 月，工作室由湖北省少工委直接联系，指导工作。我们离省少工委的要求相差甚远，总是被各种通知活动牵着走，被批评、被质疑，一度感到迷茫、焦虑甚至不知所措。我开始停下脚步认真思考，不求榜上有名，只求脚下有路。我开始带领工作室的成员学习各种少先队必读文件，恶补少先队理论知识；也慢慢明白自己为什么做、要做什么、该怎么做。

喊破嗓子不如做出样子。年轻辅导员面对繁杂的工作，难免会有畏难情绪。从工作到生活，从为人到处事，我都以身作则。我向他们承诺，只要有需要，随时随地，我都有求必应；会的大胆做，不会的努力学。2020 年，工作室两名青年辅导员参加宜昌市少先队辅导员技能大赛，我为他们开通了智囊团微信在线服务，随时呼叫，随时解疑，不分日夜，耐心解答，陪伴他们一路过关斩将，最终获得技能大赛小学组和初中组的第一名，并顺利拿到入围省赛的入场券，成了宜都第一批参加省级辅导员大赛的选手。赛后他们对我说："很幸运有工作室做靠山，再大的困难只要有雷老师，我们就安心，您可是我们的定海神针。"其实在成就他们的同时，我也在成长，我的内心更加坚定、淡然，待人更加平和、谦逊，处事更加大气、智慧。

做出了这些成绩，让工作室成员有了信心、有了决心。我鼓励他们勇敢地走出去，从技能大赛到省级课题，从新队员入队的规范到红领巾奖章的推行，从坐在台下听讲座到走到台上展风采，一步一步脚踏实地。身边的辅导员一个个地加入了中国共产党，工作室的成员一个个地走上了学校重要的管理岗位，也吸引着一批又一批的年轻辅导员的加入。2021年，工作室被命名为"湖北省少先队名师工作室"。星星之火，已成燎原之势，前路漫漫亦灿灿！

我本凡人，一颗凡心做凡事。我相信只要坚守情怀，立足细小，我亦能成为白日里的太阳、黑夜里的星辰、平凡生活里抬头就可见的光！

作者简介：雷梅玲，中共党员，高级教师，湖北省少先队名师工作室带头人，现任宜都市实验小学教育集团副校长、宜都市少先队副总辅导员；坚持"以音育德、以乐化人"教育思想，将德育有机渗透于学科教学；部级优课获得者，先后被表彰为全国"双有"先进个人、宜昌市优秀少先队辅导员、宜昌市优秀学科教师、宜昌市基础教育"1+1+N"（小学音乐）学科中心骨干教师、宜都名师、宜都市星星之火少先队工作室主持人、宜都市优秀共产党员、师德标兵。

立身立教，唯学唯师

不知不觉我已在教师这个岗位上工作了 40 余年，回头看走过的路，真想重新来过。起初，教师并不是我梦想中的职业。1980 年高考结束后，我虽考了全校第二名，收到的却是宜都市师范学校的入学通知书。当时的我，心中虽然没有特别宏大的志向，但当老师不是我的梦想。我的第一想法就是复读，参加明年的高考，重新规划我的人生。我的想法没有得到家人的支持。迫于家庭的思想和经济压力，我没有能力坚持自己的想法，只好就此"跳出农门"。1982 年师范毕业后，我被分配回自己家乡的一所乡村小学任教，我的心情再一次跌到谷底。

从茫然到热爱

18 岁的我就这样心不甘情不愿地走上讲台，从学生到老师，年轻气盛又无可奈何。那时的我心中一片茫然，对待教学也随心所欲。记得一次教研员来听我的一节数学课，授课内容是异分母分数加减法，课后教研员现场出题让学生回答什么是异分母分数，竟然没有一个学生能回答上来。这件事对我产生了很大的触动，让我看到了教与学的差距。作为一个老师，我感到莫大的羞辱。后来，我逐步改变教案，把学情分析作为备课的一个重要内容，在课堂上讲解得更细致一些，课堂教学的效果逐渐有所提高。

三年后，我所任教的班级在小升初考试中有两名学生升入当时的重点初中——西湖中学，全公社 18 所学校只有四人考入重点初中。作为班主任和数学老师，我开始小有名气，被调到乡村中学教数学。

能够当一名中学教师，我不再感到委屈，却感到有些心有余而力不足，因为有时学生问的题目我现场解答不出来。

从此，我除了认认真真备课、上课、批改作业、辅导学生外，还细心钻研教材，把初中数学书中所有习题完整地解答一遍，以此来提高自己的业务素质，教学质量也不断提升，逐步成长为一名比较合格的初中数学教师。

从青涩到成熟

1995 年，我因拿到物理专业本科文凭，学校安排我教初中物理。由此，我不得不放弃刚刚比较熟练的数学教学，转向物理学科。从熟悉教材、教纲开始，又要做物理实验、物理题目，对我来说又是一次挑战。因为是山区中学，学校实验室里的实验器材严重不足，好多实验不能做，为了加强物理课堂的直观效果，提高学生的感性认识，我采用自己购买实验器材加自己制作实验器材的办法，弥补实验器材不足的问题，做到上课必实验，实验必精彩，激发学生的学习兴趣，调动学生学习的积极性，收到了较好的教学效果。

经过两个轮回，我很快成为一名初三物理把关教师。当时，没有现成的复习资料，也没有现成的考试试卷，更没有现在的打印设备。我几乎每天晚上都要用蜡纸在钢板上刻写复习资料、试卷，还要用老式的油印机一张一张地油印出来（至今还保存着当年的一本线装的近百页的物理复习资料），学生一天一张复习资料，从资料的收集编写到刻写油印，再从资料的讲解到批改，都凝聚着教师的热血和青春。

功夫不负有心人，我任教的班级在中考中取得了全市 20 所中学中排名第二的骄人成绩。作为全市最偏僻的山区中学，我校超越了几所有名的城镇中学，这在当时引起较大的反响，更加坚定了我当一名好教师的信念。在山区工作的 20 年，我最大的收获就是锤炼了能吃苦、愿吃苦的坚毅品格。

从坚守到蝶变

2002 年，宜都市创办外国语学校，面向全市公开招聘教师，我有幸成为外国语学校的第一位物理老师，从农村到城镇，在新的平台继续学习。

进入外校后，面对思维活泼的学生以及对学生充满无限希望的家长，我深感压力巨大，以前曾经采用的时间加汗水、背诵加过关的教学方法已经不能适应当前的学生。我的第一想法就是要学习先进的教学思想，更新教学理念，改进教学方法。虽然我当时任教三个班级的物理，还兼任班主任，但总是利用一切可以学习的时间系统地学习皮亚杰的建构主义教学思想，在教学思想、理念、方法上进行一场"自我革命"。通过对原来的教学方式方法进行反思，摒弃陈旧的教学观念，积极探索新的教学模式，经过几年的探索实践逐步形成"提出问题—猜想假设—探究发现—讨论交流—知识建构—应用创新"的探究式教学模式，创建绿色高效课堂，形成自己的教学风格，2003 年执教的"电动机"在湖北省教学改革创新大赛中荣获一等奖。

在一次课题为"串联和并联"的公开课上，当学生探究总结出串联电路和并联电路的特点后，为了让学生真正理解串联和并联电路的特点，我提出一个开放的问题："你能否用一个生活实例来形象比喻串联电路和并联电路？"A同学说："串联电路像独木桥，一夫当关，万夫莫开。"B同学说："并联电路像城市的供水系统，主水管相当于干路，总阀门相当于干路开关，到一家一户的支水管相当于支路，各家各户的阀门相当于支路开关，各家各户可以独立用水。"C同学说："并联电路像一棵树，树干相当于干路，树枝相当于支路。"D同学说："并联电路像人的血管，动脉和静脉相当于干路，毛细血管相当于支路，心脏相当于电源。"E同学说："串联电路像成功的大道，勤奋就是开关。"E同学的话音刚落，全班响起雷鸣般的掌声，没想到这一问题不仅强化了学生对知识的理解，还激发了学生的情感态度价值观，起到锦上添花的作用。课后我将本节课堂实录进行整理，荣获湖北省课堂实录一等奖。

2005 年，松木坪中学刘以华老师准备参加宜昌市优质课竞赛，特意请我去指导。经过交流，我否定了他原有的备课，按照探究式教学模式为他确定了新的教学方案和实验设计，经过反复试讲和修改，加上刘以华老师的出色表现，他在宜昌市优质课竞赛中一举荣获第一名，被宜昌市选送参加湖北省优质课竞赛，在湖北省也荣获第一名，又被湖北省选送参加全国优质课竞赛，最终摘得全国初中物理优质课竞赛一等奖的桂冠。

通过对刘以华老师的指导，我更加坚定了自己对探究式教学模式探索与实践的信心，并把平时的教学案例及反思撰写成系列论文，如《实施科学探究 推进课程改革》发表于《中学物理》，《把握科学探究的目标要求 整合课堂教学的过程方法》发表于《试教通讯》（初中物理科学探究专辑），使我成长为一个既有教学实践经验又有理论支撑的"明"师。

2004 年开始我一直担任学校总务室主任，作为一个规模为 50 多个班级的既有初中又有高中的中学，其后勤保障工作任务之艰巨可想而知。虽然繁杂的事务性工作花费了我大量的精力，但我一直坚守课堂教学不放松，教学质量首屈一指，荣获了上十张中考质量奖证。在前不久的一次物理课上，当讲到超导体时，我说："目前，超导体还停留在实验室阶段，也就是说，还没有发现常温下的超导体，若你能发现，那么你对人类的贡献绝不亚于牛顿。"话说到这里有同学立即提问："老师，那能否获得诺贝尔奖？"我说："那是必须的，当你站在领奖台上时别忘了我是你的启蒙老师。"这时，教室里一下炸开了锅，同学们议论纷纷，我那一席话激发了他们探索发现的欲望，起到了润物细无声的作用。就像去年教师节一位同学在贺卡上写给我的话一样："老师，您以辛勤为杠杆，以付出为支点，我们知道老师想翘起的不是庞大的地球，而是我们触手可及的明天。"

马克思说："如果我们选择了最能为人类福利而劳动的职业，那么重担就不能把我们压倒，因为这是为大家而献身。"40多年的教书生涯，虽不能说桃李满天下，但我的课堂成就了许多学生，也成就了我自己；与学生共成长，是我人生最美好的精神旅行！

作者简介：李荣国，中共党员，现任教于宜都市外国语学校，2009年被评为首届宜昌名师，2014年被评为湖北省特级教师，2016年被评为宜都市拔尖人才，2018年被评为正高级教师，2020年组建李荣国名师工作室。

一路解决问题，须在事中磨砺

一个人的成长过程，就是不断解决问题的过程。解决问题的大小与难易程度，决定着人的成长高度，教师的成长更是如此。

刚参加工作时，每次上课，我都感觉自己的导入不能吸引学生。于是，我独自坐在空荡荡的、简陋的大办公室里，在略显黯淡的灯光下，用了一个晚上的时间，针对一篇课文，揣摩出了十多种开篇导入的方法——字词引入、成语、古诗、故事、相关事件评价、历史知识、人文地理、人的成长、新闻事件、联系相关篇目、回顾已学知识、表演、朗诵等。试用后，我又想，这些导入方式，只要与所学篇目有关，与教学目的有关，其他的教材篇目都可以套用。

"学习语言语感教学派"的创派和代表人物洪镇涛先生来我校进行讲学，洪先生在我校给学生们上了节示范课。这节课对我触动很大，让我知道了自己今后在语文教学中努力的方向。

洪先生在上课之前，并没有与学生见过面，预习是我校教师代为准备的。这种做法，即使在今天，也是让人称道的事情了。连上的两节课，既没有精心预习，也没有做课，而是真实堂课的呈现。这得有多强的课堂掌控能力，这种掌控能力源自哪里？显然，源于教学环节的精心设计。

洪先生的模拟发声能力让人惊叹。《荷花淀》中有一个几位青年妇女聚在一起讨论探视丈夫的对话场景，洪先生在课堂上模拟发声，一个人读几个不同性格的青年妇女的话语，课堂瞬间"炸裂"了，学生的兴趣一下子就上来了。对语文教师而言，听、说、读、写是基本功，朗读做好了，教师就能在课堂上增加一种引导学生的有效手段，指导学生进行演讲什么的也就不在话下。从这节课以后，我开始对自己的朗读进行针对性的长期训练。教师自身的教学基本功，是支撑一节课上精彩的必备条件。

在洪先生上课的第一个环节，学生在概括情节时明显没有达到相应标准，但洪先生依旧圆转自如，引导学生完成了设定的教学任务，并依序展开后续的教学环节，学生的表现可圈可点。

多年以后，我才明白，洪先生在课堂推进流程方面显然准备了非常多的预备方案，这样的预备方案至少包括学生回答不出来怎么办？重心偏离怎么办？学生回答的半对半错怎么办？学生知识缺漏怎么办？设定问题的切入关键点在哪里？学生回答后该如何评价？等等。这些预备方案教师是不会写进教学设计的，我们能看到的也只是凝固下来的核心问题。这也就能解释为什么在互联网时代发达、获取资料容易的今天，我们拿着别人全国特等奖的教学设计，却怎么也上不好课的原因之所在了。即使是教学实录，也只是课堂流程平稳推进下的一种情况罢了。

在当时，我体悟到语文课堂教学模块化架构的重要性，也初步解决了自己课堂教学模块化设计、层层推进的教学难题。听了洪先生的课后，我在图书室找了一套《中国特级教师教学思想录》，照搬里面的教学实录。结果，自己部分能力不足的问题一下子就显现出来了——某些环节操作不了，还有些教学实录在课堂上流程根本走不下去。

有了收获，我便去践行，并用这一标准去评价别人的课堂，但也为此挨了一次批评。当时的教研组长习平老师带领我们几个年轻教师到宜昌听课，听了一节文言文课后，在礼堂外中途休息的时候，我跟另一位青年教师说："这节课讲得真好。要知道，在今天，文言文教学依然是难点。"结果，没有料到习平老师在旁边，直接批评说："这节课好什么好，除了读了几遍，啥东西也没讲，文言文怎么能这样教呢？"事后我进行了反思，习平老师批评得对，我只看到了课堂的模块化结构，却没有看到每个板块必须承载相应的教学意义，同时要进行精细化操作。

至于每一个模块的精细化操作，这也是教师基本功的体现，即提问的能力。对一篇文章、一段文字、一句话、一个词，语文教师都要有从不同角度、不同层面、带有不同目的进行提问的能力。提问分为核心问题及由核心问题拆解成的连环小问题，这样，教师的主导性才能在课堂上真正呈现。当时深感自己提问能力不足，我特意到图书馆借了一本很薄的、一线教师写的关于课堂提问的艺术，读后我深以为然，情不自禁地将这本书拿到办公室反复学习，结果，被学校领导误以为我没有好好备课。当我把书的封面高高举起的时候，领导还是瞪大眼睛仔细看了一眼。

在成长的过程中，或参悟，或学习，或借鉴，或印证，才能不断解决自身遇到的教学问题。

刚开始我以为教研组长只是一个职位，后来当了才知道，教研组长是一个做实在事情的职位。教研组长的岗位职责有很多，核心职责包括学科上课水平、学科高考成绩、自身专业能力发展等。

就上课而言，学科各种竞赛课不断，作为教研组长，我必须在一线指导。选手的上课水准必须达到宜昌市级最高水平才行，而教师们看重的也是宜昌市及以上的高等级获奖。

我第一次给老师磨课，就吃了一场大大的败仗。事后我进行了反思，不是作文课设计得不好，是自己底气不足，有依赖心理，没有坚持自己的正确主张。在后来的指导中，我一对一指导青年教师，他们亦多次获得宜昌市课堂教学竞赛一等奖、省部级优课、省级精品课一等奖等荣誉。与此同时，我对语文课堂教学的理解，也不断深入。语文本来是一门很生活化的学科，但现在很多人把语文课上成了知识传授课，上成了复习考试课，趣味没有了，更没有引导学生进入由语言文本建构的不同的虚拟生活场景，进行生活实践的演练，导致学生的心智无法得到有效提升。不同阶段的语文教材，对学生认知社会、理解生活的要求不同，能够引导学生透过文本认知社会、理解生活，最终学会生活，成为一个对社会、对国家有用的人，这才是语文教学的根本价值，也就是现在所说的"立德树人"。

考试成绩是任何一个教师都绕不开的话题。多年前，有学校领导评价我所在的语文组："你们语文组，怎么看都是一个大美女，可惜是个跛腿子。"那时，校长对语文组大会批、小会批，批得大家都抬不起头。经全组努力，语文组的高考成绩一直保持在全市二等奖的水准，没再拖学校的后腿。2022年，语文组高考成绩获得了宜昌市二类学校第一名。教研员决定在宜都一中召开高考复习备考会，毕竟，宜都一中语文学科很多年没有取得这样好的成绩了。

关于语文高考成绩，我当教研组长后，采取的是"两条腿走路"的策略，一是学习新课标、新教材不放松，二是高考复习训练不能去。采取这样的策略，原因在于教师们还没有把考点能力的训练真正融入日常的课堂教学中去。教师只有将语文教学与高考能力二者衔接融合，日常教学的考试功能才能凸显出来。

成为名师工作室主持人之后，与其说是荣誉，不如说是一份责任。不仅要进一步提升自我专业能力，还要提升团队管理能力；不仅要做事，还要做成事。做事的过程，幸运与痛苦相伴而行。幸运的是，教师能跟随教学的不断深入而成长；痛苦的是，不停被磨砺有时会痛彻心扉，但唯有经历蜕变，方能破茧成蝶。

只有在事中不断被磨砺，人的成长才会快一些。正如曾国藩所说："人须在事上磨炼，熬得住方成大器，人生之路，风雨无数，只有熬过苦寒，才能看见雨后彩虹，窥见人生更美的风景。"

作者简介：李政，宜昌名师，宜昌市"1+1+N"高中语文核心成员，宜都名师工作室主持人，长期担任宜都一中语文教研组长、宜都市中心组语文组长；获教育部国家级教学成果奖、省语文学科优秀教师等荣誉；任宜昌市级评课专家、审命题专家。

种花陌上，玉壶冰心

煦日春光，和风细雨。握一卷书，牵一束光，引一室人，翱翔学习的天空，耕耘教育的原野，种花陌上，玉壶冰心，四季芬芳。

为学：如痴如醉

中师陌上，矻矻以求。1989 年的夏天，屋前屋后的夜来香开得泼泼洒洒，一色的紫红，举着小喇叭，似在吹着我的 16 岁正欲飞翔的梦。温和的母亲看我欢快的样子，便知我准考得不错，一如既往地催促着"别忘了看书，去了高一级学校，好的人更多了哩"。她也忙着跟我置办新衣行装了。

直到取回录取通知书，我才知晓我的梦被国家的梦取代，我和两年前的哥哥一样，被择优选拔，光荣地成为一名中师生，将被培育成蒲公英的种子，撒向中国最广大的农村，去振兴国家的基础教育。我们家成了全村的骄傲。

三年的中师陌上，全然打开了我的学习视野。丰富的课程、专业的老师、严格的管理、素养的发展、全能的培育……我步入了学习的殿堂。文选与写作、语基、教育学、心理学、哲学、口语、教材教法等近 30 门文化课；体育（跳山羊跳木箱，单双杠，篮球、足球，体育游戏、赛程编排）、音乐（乐理、视唱、琴法、编曲、舞蹈）、美术（绘画、图案、美术鉴赏）、美育、三笔字（钢笔、毛笔、粉笔）；天天看新闻联播，天天练字，天天说普通话，天天练琴，天天练声，周周文艺晚会，班班排练分场，月月看电影，年年军训运动会，期期黑板报，创办文学社刊，刻钢板印蜡纸，编写班级日报，加入管弦乐队，跑画室舞蹈房，泡图书室阅览室，制标语牌，做校园规划沙盘……见习实习，课上课下，周末假期，我在美丽的校园，矻矻以求，痴醉其里，学成那时的全知、全能、全才的优秀毕业生。

教学生涯，终身以学。1992 年 8 月，我又回到了那片生我养我的乡村土地。高大的乌桕树撒下细密的花，铺满了那栋我读六年级时建成的二层三间的砖瓦房的顶，旁边是一层五间教室的土坯房，教师宿舍是更小的一层对间五室的土坯房，室与室间的土墙没有屋顶，而是在相通的上边铺了细竹子以示隔开，还未满 19 岁的我就在这里开启了我的教学生涯。

我教五年级语文和体育，兼任班主任、大队部辅导员以及二至六年级的音乐与美术老师。每日晨曦微露时，我和大队部鼓号队的同学们便吹开一天的序幕，接着开始白天的忙碌。忙里偷闲间，我搬着凳子去听师姐的课，学习她随文识字的教学方法；夜晚备课，手写教案，我从市里同学的学校图书室借来教学杂志，学习前沿的教学理念；周末，我复习备考宜昌师专大专函授班；寒暑假，我便奔赴宜昌开始续接我的大学梦。

一年后，我被调到初中，从我的母校潘家湾中学开始，辗转余家桥中学、枝城中学。九年后，我来到城里，正值市外国语学校创办，一直到现在，从事语文教学 31 年，兼任政治、历史教学，由备课组长、教研组长到名师工作室主持人。几十年如一日，我素读每一篇课文，每一本教材都批注满满，每一课都设计详案；节假日去宜昌、武汉等大城市的书店买书、订阅教学杂志……语文的学习，教育的天空，浩瀚无际，我需要不断提升自己。2000 年，我考入三峡大学汉语言文学专业本科函授班进行学习，再次积淀专业知识，由中师、大专的广而薄探向专业更深处。至今，我仍不断参加省、市级研修班的培训，提炼自己的教学思想……在学习的天空，我迷醉其中，教学不止，终身以学。

为师：如切如琢

学生之师，亦师亦友。"罗老师，明天您在学校吧？我们来看您……""罗老师您明天是第几节课啊？我想来听课……"QQ 滴响不断，我知道，每年的 9 月和高考季，总有一波又一波毕业的学生回来。他们爱我和我的课堂，亦如我爱着他们。

校园的荷塘满是荷叶的清香，想着同学们的练笔一定会有不错的惊喜。周二的惯例——语文早自习连着第一节课，我一进教室便看见两个大家伙坐在后排巷子里，拿着本和笔，狡黠地笑。他们不知道，这并非他们首创，这样的情景每年都会上演。我也笑着开课。

"留五分钟。"他们张开五指示意，我秒懂。

帅气的小为用诗词展示语文在生活中的美丽，然后深情演讲：

"你们可要好好跟着罗老师学语文，好好珍惜和她在一起的时光，她哪里只是教我们语文啦，她在教我们生活，她让我们觉得语文就如生活那样亲切，她用爱和美教我们前行，她每天都在我们心里种花……罗老师带领我们动情地读课文、读名著，大胆质疑，安静思考，热情地讨论，激烈地辩说，给我们讲生活中的语文，大街小巷、田间地头、烟火日常，让我们认知：语文就是我们的美丽生活，我们就是美丽生活中的美丽风景……

"我们不舍得让罗老师生气，她是那么用心、公正地对待我们每一个人，我们也要真心对她，不把她的宽容当拖拉、懒惰的借口……她在我练笔本上写的评语比我的作文还长，你们中间一定有人也享受了这样的待遇……如果你们有什么心事就去找她，她会像朋友一样倾听、帮你……"不善言辞的小雯今儿也动了真情。

研究每一节课、每一个作业反馈、每一个学生状态，我如切如磋。

师者之师，亦教亦范

月亮穿过香樟林搁在窗棂，清风摇曳桂枝的影，米黄的香一阵一阵，多少个夜晚，我的工作室里灯火通明。

学校刚招来的森儿老师要参加校、市两级优课赛，选课、备课、试讲。她有着较好的语文基本功——流利的普通话、漂亮的粉笔字，助力她在学校青年教师中一举夺魁。若要进军市级比赛，还需打磨。竞赛指定了单元，课文自选，举棋难定。

"想想你的特长是什么？"我启发她。

"朗读……他们都说我读得很好，这是我擅长的，我一朗读就深情沉醉于课文里了。"她略微想了一下说。

"好啊，语文课堂就是要有琅琅读书声。你看哪篇课文最适合……"我不动声色地引导她。

"《天上的街市》，诗歌最适合指导朗读。"她的脸上绽开出如花的笑容。

"好。"我果断肯定。但诗歌不易讲出彩，要不就会变成朗读、分析两张皮，毫无诗意。

"诗歌怎么讲啊？"她问。

"诗歌就要讲出诗歌的样子。诗歌什么样？……这首诗歌的特质是什么……"我慢慢地讲，引导着她的思考……

最终这堂课获得"宜都好课堂"特等奖。她激动地写下赛后感言：

"罗老师告诉我，朗读中的'重音'并不是都要加强音量重读，也有把气息轻轻吐出来重音轻读的……到现在我都记得她示范朗读'明了''现了''缥缈的'那种激动和陶醉,那种轻柔语调被放大化了带给我的冲击力和感染力……

在挑选词语概括画面的环节中，学生所挑的词语超出我的预想，罗老师带领我明晰诗歌就是通过意象来营造意境进而抒发情感的，建议我给定学生概括的方法和方向,用'意象＋意象''意象＋情节'的方法引导。'意象—意境—情感'的诗歌鉴赏思维方式我是知道的，但是能如此巧妙地用此诗歌特质解决学生的课堂疑难问题，真是绝妙！……这都是罗老师对我的言传身教，这种对后生小辈的殷殷身教，我将铭记一生……"

我们的课堂就这样一节节走向宜昌、省、国家的，老师亦一个个成熟起来，成长为骨干、带头人。品语斟文，研教纳育，辐射引领，我如琢如磨，以勉为师者之师，亦教亦范。

盈盈湖光，静水流深。携一行人，袭一身月，养一心花，驰骋于学习的原野，徜徉于教育的天空，吟咏生命的书卷。种花陌上，玉壶冰心。

作者简介：罗凤芹，高级教师，宜都市外国语学校语文教师，宜昌名师，宜昌市中小学教育质量综合评价研究课题组成员、基础教育"1+1+N"学科中心组骨干教师、优秀教研组长、宜都市初中语文名师工作室主持人、学科中心组兼职教研员、党外知识分子联谊会副会长、最美教育工作者；课堂教学先后获省、市级一等奖、首届"部优"课奖。

星光不问赶路人，时光不负有心人

初夏之际，阴雨绵绵，病榻上的我终于有时间回顾过往。从走上工作岗位算起，一晃25个年头过去了，回忆来时的路，我仍历历在目，感慨万千。

1998年大学毕业后，我签约进了一家国企，先从事行政管理，后因初出茅庐、年轻气盛，更确切地说是自以为是、逃避约束，我在工作了几个月后申请到公司教育中心工作。接下来的四年里，我曾在初中教政治，在高中教历史，在电大教政治经济学，在物资中专教电工，在化工学院教法学概论。我当过区域历史教研员，获得湖北省石化厅"十佳青年"、地区优质课一等奖、教学能手等称号。同事们都说我是"通才"，我也因此沾沾自喜、自以为是。

2002年夏天，为解决我和妻子两地分居的问题，我放弃了国企优厚的待遇，调入妻子所在的学校——宜都市松木坪中学，一所偏僻的农村学校。这是个矿区，灰尘大、空气质量差，到处灰蒙蒙的。矿区的水质差，每天用水需预先澄清，锅炉房打的开水里有五分之一是水垢。住宿条件也差，几个年轻教师挤在一间房里，既是卧室又是厨房，墙壁上到处是油垢和烟尘。就连上厕所，也要下几层楼，没有路灯，还要结伴而行。工资待遇更是与我之前工作的国企单位无法相比。我清楚地记得我第一个月的工资是258元，巨大的落差让我一时间变得消极和颓废。

那一年正赶上教育机构改革，裁撤乡镇街办教育组，将其更名为乡镇街办中心学校，工作人员被分流到各中小学从事教学工作。突然间，人员富余导致教学岗位紧张，我服从组织安排选择了待岗。

没有工作的时候，我整天无所事事，颓废又消极。

在最失落的时候，我遇到了改变我一生的恩师、知己和挚友——张厚林老师。他是一位和蔼可亲、豁达不羁、治学严谨且富有探究精神的老教师。

"小肖，我发现你是个人才，但这样玩下去你可能就废掉了！好的教师靠的是课堂和教学质量，而不是什么科目都懂一些。过去的成绩不能当作资本，现在你得证明自己。"张老师的话让我很震惊，也触动了我的内心。"你想不想挑战一下物理教学？我给你匀一个班，我当你师傅。"急于做事、想证明自己的我没有丝毫犹豫便愉快地答应了。

在第一次走上物理课堂的讲台的时候，我遇到了一件事。

我上的第一堂物理课，全组教师都来听课。评课的时候，张老师对我说："你虽然在教学上有许多优点，但物理教学的这扇大门在哪里，你还不知道呢！讲得很花哨，但只能算是自娱自乐，我没听懂，相信学生也没啥感受。坐在你面前的是一个个鲜活的生命，是有思想的，也有不同的接受能力。你得跟他们对话，得走进他们的世界。教学是一门艺术，不能照本宣科。文科和理科教学是有区别的，你得换换思维，换换教学方式。"我第一次听到这么直白的、毫不留情的批评，犹如五雷轰顶：作为一名物理教师，门都没找到，我是不合格的？从那一刻起，我下定决心要振作，不仅要找到物理教学的大门，还要登堂入室，成为行家。于是，白天，我只要没课，就去听其他老师是怎么上课的，先模仿后设计；晚上，我苦读从张老师那里借来的参考书、教案、课后记，并仔细琢磨。课前跟着张老师研究、讨论和设计物理实验，自己设计和制作实验器材并分析和认识生活中的种种物理现象。渐渐地，一个非物理"科班出身"的老师，把教研组里其他六位老师的长处都学来了。为了提高业务水平，不到一学期的时间，我自修了中学物理的全部课程。为了提高学生的成绩，不给物理组拖后腿，课间我会走进教室为学生答疑解惑、培优辅差。"既要埋头看路，又要抬头看天。你要争取机会跳出去，到更广阔的环境中去施展你的才华！"为此，张老师经常带我参加各种教研活动、培训会和竞赛。2004年，我参加宜都市物理优质课竞赛获得一等奖；2002至2005年，我连续四年斩获中考质量奖；2005年，参加宜昌市物理探究课大赛获得一等奖；2006年，在宜昌青少年科技节获最佳辅导员奖。

"以后不管自己从事什么工作，要对自己严格要求""心中始终装着两把尺子，一把尺子用来量别人的长处，一把尺子用来量自己的不足"。从那时起，我每堂课都要写课后记，主要记两部分：一是学生的闪光点，二是自己的不足。我告诉自己："没有十全十美的教师，也没有十全十美的课。"这既是我追求完美的愿望、永不满足的精神，又是对自己教学活动每一点深刻的总结与反思。这个习惯我一直坚持到今天。

"安于现状，只会磨平你的棱角，让你变得碌碌无为。"在张老师的提醒和激励下，我报考取得了高中教师资格证，参加研究生课程班学习，通过中学一级职称晋升，2006年顺利通过宜都市高中教师招聘考试并进入外国语学校高中部担任历史教学。我的生活又开启了一个新的起点。

转眼间，我在外校的工作已有八个年头，随着教育教学工作经验的不断积累，尤其是课程改革工作的逐步深入，知识储备及教研能力不足带来的困惑让我突然有了危机意识。我充分认识到只有不断地学习、提升，于反思和总结中大胆创新，才能成长为骨干型教师，否则就会落后。于是，我除了在课堂上以学生为主体，努力实现真正意义上的高效课堂，还更加深入地进行教学研究，一边和组内成员充分交流、研讨、凝练创新型教法与学法，一边研读工具书，优化教学设计，撰写教学论文……珍惜学校搭建的各类平台：积极参加市级以上研究课、优质课、示范课……在多次的历练、反思与小结后，经学校推荐，我以优异的成绩获得了宜都市骨干教师、宜都市优秀教师、宜昌市优秀教师等称号。随着多种荣誉纷沓而来，我成长并收获着，也愈发感到自己的责任重大。多年来的辛苦和劳累、汗水与泪水、鼓励与肯定化为更大的动力，鼓舞着自己在骨干型教师的路上走得坚定、有力。

2014年，我被调到宜都一中工作。近年来，在教育局的指导下，我成立了自己的工作室，有了自己的教科研团队。我身先士卒，通过名师引领、青蓝结对、教师培训、课题研究、落实学科核心素养等工作对自己提出了更高的要求，迎来了更大的挑战：做一名专家型教师，给别人一杯水自己就要有一桶水甚至更多。一时间，压力像一座大山让我透不过气来，是前进还是后退？是面对还是逃离？犹豫与彷徨间，我想到那么多比自己优秀的人还在努力，而我有什么理由后退或逃离？于是我及时调整心态，变压力为动力，抓住一切学习的机会，以课促教，和青年教师共同成长；在教研过程中深挖课程标准与学科核心素养；在课题研究中创新教学模式；在培训教师时提升个人站位，拓展专业领域，与大家一起成长；在为区域内不同学段教师上示范课、做讲座的同时，分享并推广"主题对话教学模式"及"历史教学中提高育人价值"等做法，指导并帮扶青年教师成长。

尽管奋斗的过程相当辛苦，但对自己来说是一次又一次难得的磨砺与成长。那些日日夜夜的备课和磨课、练习与反思、比赛时的全力以赴及成功时的热泪盈眶，教师培训时一双双渴望成长的眼睛，新课程改革带来的压力和挑战，无不再一次提醒我要以更加积极向上的态度在教书育人的道路上倾情奉献，不负众望。

　　回首来路，仰望星空是为了找准奋斗的方向，只有脚踏实地才能一步步实现理想。教书育人的道路上，我将始终以一棵树的姿态，在阳光和风雨里更加坚强，在四季轮回中不断成长！

　　作者简介：肖何，宜都一中历史教师，宜都市第二届名师工作室主持人，中国教育科学研究院学科优秀教师、科研学科带头人、教学能手，湖北省课改先进个人、网络研修专家、"好课堂"优秀指导教师，宜昌市名师、优秀教师、学科优秀教师、第二届学科带头人、"1+1+N"学科中心组核心成员，发表了多篇论文，主持并参与了多项课题研究。

坚守初心育桃李，扎根山乡献芳华

出生于大山的我，从小接触最有本事的人是老师，每次在远方当老师的小舅回家时，乡亲们的眼神和话语中的崇敬之情，让我从小就萌生了也要当一名老师的愿望。1994年6月师专毕业后，我被分配到了生养我的家乡潘家湾，当上了一名乡村教师，圆了儿时的梦想。

因为初心，坚守做山乡教育的接班人

刚参加工作回到老家任教，面对班上73名学生，加上初为人师的懵懂、大山深处的闭塞、家长们不放心的眼神和话语，我一度感到无所适从，很焦虑。但孩子们天真的笑脸、渴求知识的眼神，让我难以放弃，骨子里不服输的劲头始终支撑着我，我相信只要付诸行动，去努力，就一定能让更多的孩子走出大山，让更多的家长放心。

山里的孩子大多住校，学习生活的问题、健康安全等问题，班上几十个孩子的成长，让我这个初入教坛的"大姐姐"迅速成长为关怀备至的"杨妈妈"。学生病了，我送他们去医院；学生没有饭吃了，我和学生同吃一份饭。我通过各种形式的班队活动和学生记周记的方式培养学生，帮助他们树立信心，一是培养学生积极向上、不放弃的健康品质和团结合作的精神，二是让学生通过周记记录一周来的学习收获和不足，有些平时不方便倾诉的话也可通过周记向班主任诉说。不是语文老师的我每周都会批阅学生的周记，在批阅中用悄悄话的形式指出他们的不足或留下鼓励的话语。学生的周记成了我和学生沟通的桥梁，拉近学生与我的距离，学生与老师的感情深了，学生管理工作就更容易了。

我带的第一届学生升至初三时，是我刚结婚成家之时，是正常休婚假还是继续上班？我一度很纠结，我们夫妻二人带有相同的班级，且自己是班主任，如果休假，对学生的影响肯定很大。为了让学生能够安心学习，为了自己能够放心地将他们送毕业，我和丈夫商议后毅然放弃了当年半个月的婚假，将人生中最美好的假期送给了我带的第一届毕业班的孩子们。事实证明，我用行动和努力换来了最好的回报，我教的第一届毕业生在中考中，化学取得了全市第一名，学生高中上线率超越往年，所带班级学生成绩位居学校前列，成绩一下轰动了整个学校，让我成了学校里最年轻的名师。

1998年的春季学期，我在家休产假，当时孩子才两个月大，由于学校毕业班的教学遇到困难，刘校长找到我，希望我能够提前回学校上班，解决学校的燃眉之急。我得知情况后二话没说，带上两个月的孩子和70多岁的太婆回到学校。最终在当年的中考中，化学再次取得全市第一的好成绩，我和丈夫也成为学校至今唯一一对没有休过婚假、没有休完产假的夫妻。

就这样，我一直为追寻自己的初心，为乡村学校孩子们的成长继续努力着。

因为热爱，坚持做教育事业的追梦人

当一名人民教师让我圆梦，追梦教育才是我一生的职业目标。

20世纪90年代，潘家湾的道路和交通都不方便，信息也很闭塞，农村中学教师的教学方法、教学理念和教学手段都很落后，要把孩子们的成绩提高，老师们需要付出更多的时间和汗水。所幸，学校的几任校长都大力支持老师们外出学习和培训，从而提升教学水平。只要有与化学教学相关的培训，我都会积极参加学习，并且始终坚持真正的埋头学习。

我在学习中发现，在不同的环境里成长的学生是存在差异性的，什么样的教学方法适合自己所教的学生？怎样让农村的孩子有真正的发展？我带头申报了宜昌市化学课题"九年级学生化学学习发展性评价"，开始了课题研究工作，走上了科研兴教、兴学之路。我从最开始的茫然无知到后来主持或参与了七个课题的研究，引领了一批年轻教师加入课题研究，为学校的教学研究起了带动和促进作用。从最初的苦干到培养学生的学习兴趣和学科素养的过程，也是我积累教学经验和成长的历程。

做课题离不开教学研究，上好每一节课，让学生真正喜欢上化学课，是我做课题的目标，也是让学生学好化学知识的目标。那时，为了让农村的孩子认识天然气，我带着塑料瓶，到城里的同学家里装了一瓶气体，带进课堂；为了让学生看到生石灰的样子，我四处打听，最终找到实物，让化学知识变成了学生眼前的实验现象，给他们留下了深刻的记忆。我从了解学生做起，基于学生的学习能力和学习情况进行备课，基于学生能高效地参与学习去备课。坚持写每节课的课后反思，是我对课题研究积累的素材，也是对教学方法的总结，更是我对教学能力的积淀和提升。从 1997 年下半年怀着身孕参加宜都市优质课比赛开始，到后来获得宜都市优质课比赛一等奖和特等奖、宜昌市课内比教学一等奖、湖北省优质课比赛一等奖等，每一次的课堂教学比赛，我都经历着无数次地修改教案、上课磨课，甚至把所有的准备推倒重来的过程，是痛苦、煎熬的过程，也是我历练、成长、蜕变的过程，还是让我实现教育初心的过程。教化学以来，我连续 25 年获得宜都市中考化学教学质量一等奖。这就是对我教学工作最大的认可。曾经有学生说："杨老师的课堂有一种无形的魔力，让我特别专注！"我的学生非常喜欢上化学课，他们在中考中取得了优异的成绩，这是我前进的动力。

"不忘初心，方得始终""功崇惟志，业广惟勤"是我一直坚守的教育信念和工作作风。作为一名党员教师，我用自己的坚韧与执着、敬业与奉献以及骄人的成果，诠释了党员教师应有的担当和内涵，让教育有信念亦有温度。

作者简介：杨爱萍，高级教师，湖北省特级教师，荣获湖北省优秀化学教师、湖北省农村中学骨干教师、宜昌市第一至第三届宜昌名师、宜都市优秀老师、最美教师、优秀共产党员等称号，连续两届担任宜都市名师工作室主持人，宜昌市未来教育家"英才计划"成员、基础学科"1+1+N"初中化学学科核心组成员。

坚守初心，做幸福的幼教人

有人说，所有的学习，最开始都像在照镜子，学到了再换一位老师，换一面镜子，直到有一天你发现，新镜子里是你自己，你就有自己的方法了，你就可以做别人的镜子了。回首自己的从教经历，我也像在照镜子，在不断对照的过程中成长……

跟紧一位老师，拜师学艺

1997年，我带着对幼教事业的向往，成为一名"孩子王"。刚开始上课时，面对一群"小不点"，我总是手忙脚乱、手足无措。看到我课堂上的窘境，老教师言传身教，园领导谆谆教诲，告诉我要想成为一名好老师，首先要做孩子的朋友，光靠知识远远不够。我开始理清工作思路，带着细心、耐心和爱心，观察、帮助、陪同孩子一起成长。一边给他们穿衣、梳小辫、讲故事、玩游戏；一边看专业书籍，琢磨各年龄段孩子的特点，希望孩子们能喜欢和接纳我。

我的第一任师傅是我们班的班主任，每天早晨，她都会早早来到幼儿园，整理准备一日工作所需的教具，站在班级门口亲切地迎接每一位幼儿，带领大家做早操、吃早饭、唱歌、做游戏，……她一丝不苟、严谨的工作作风，以及对职业的热爱，到现在还深深地影响着我。

于是，我开始坚持"嘴勤、手勤、眼勤、脚勤"的带班"四勤法则"。哪个孩子有湿疹不能吃鸡蛋，哪个孩子容易感冒，哪个孩子肠胃不好，喝牛奶前要提前温热，我心里装着每个孩子的生活档案。这份爱，让我走进孩子内心，成为他们的大朋友、家长认可的杨老师。

参加一次比赛，精益求精

为了提高自己的教学能力，我订阅了很多专业杂志和幼儿读物，在阅读中，我开始关注如何上好课，并组织好每一次活动。我有幸遇到了我的第二位师傅何谊蓉。2000年，我参加宜昌市幼儿教师优质课赛，她从设计意图、活动环节、教学方法等方面耐心指导我，通过不断地试讲、磨课让我的教学活动与教学水平得到很大的提升。比赛前一天，她帮忙准备教具到深夜，细心检查，比赛时她一直在我旁边。有师傅压阵，我一点也不慌张。就这样，在不断地打磨与改进后，我的第一节优质课"胡萝卜变变变"亮相了。从那时起我意识到，上一节课很简单，但上好一节课好难，不仅要调动幼儿的学习兴趣，课堂语言要生动，教学方法要得当，还要注重幼儿主体性，让活动游戏化等。慢慢地，我迎来了更多的机会，从"小鸭找朋友"到"彩纸飘飘"再到"藤蔓花开"，每一次我都注重细节、认真研磨，这些经历对我来说弥足珍贵。

扎根一线的教学和实践，让我从刚参加工作不知如何组织教学到获得宜昌市优质课一等奖；从毫无教学经验到教学论文在国家级期刊上发表；从没有经验的青年教师到获得宜昌市幼儿园教师技能赛全能一等奖，我在工作中破蛹、蜕变和成长。

带好一个班级，用心用情

2006年我接手一个新中班，这些孩子没上过小班，好哭、好闹、好发脾气，缺乏集体感。如何带好这个班？我逐一家访，精心设计了为期一个月的"好朋友"主题教学活动方案，帮助孩子们更快地适应幼儿园。

粤粤是班里进步最大的一个孩子，她入园时性格孤僻，从来不直视别人的眼睛。我每天逗她笑，还抓住她喜欢画画的特长，夸她是个"小画家"，辅导她参加绘画比赛并获得了省级银奖。两个月后的一个早晨，"杨老师早！"粤粤一边蹦跳一边向我问好。她那银铃般的声音，让清晨的阳光变得格外灿烂。粤粤妈妈拉着我的手说："杨老师，我女儿进步这么大，在您班里我好放心！"这句话是一个家长对我最大的褒奖。我将当月的主题实践方案整理成稿，参赛并获得了宜昌市优秀案例一等奖，让我感受到教师职业带给自己的发自内心的幸福。

引领一支队伍，巧思实干

2012年8月，我被调到杨守敬幼儿园担任业务园长，从此，我多了一个称呼"杨大姐"。我突然意识到自己的肩上多了一份带着青年教师前行的责任。为了让教师们迅速成长，我和园长罗清萍一起，一周一培训，一月一竞赛，每一次活动我都是陪练加教练，经常不见星星不回家。有老师开玩笑说："加班后再回家，正好不堵车，我们是错峰通行。"虽然每天很累，但我能真切地感受到"奋斗的青春"。

做好青年教师领路人，要巧思实干。2018年，我带队参加宜昌组织的幼儿园自制玩教具大赛，从收集资料、查阅理论书籍到观察幼儿游戏，短短一个星期，我记录了满满一本笔记。在确定用木板制作玩具后，我陪着孩子们一起摆弄、推倒、重塑。在陪孩子们做游戏的过程中，我找到了灵感，用纸绘制了十几页草图，和团队老师一起将木板切割、钻孔、拼接、打磨、上色，一直干到凌晨四点……经过一个多月的设计和制作，我们带着自制玩具，从宜昌赛到湖北赛再到全国，当我在比赛现场用五分钟阐述完设计理念和游戏价值后，评委频频点头。最终，我们的作品在31个省自治区、直辖市的900余件作品中脱颖而出，获全国一等奖。

做好青年教师领路人，追求卓越永无止境。2020年，我被聘为宜都学前教育杨洁名师工作室主持人。作为工作室的领头人，我的肩上又多了一份责任。我带领团队围绕自然生长课程，以培养"敬畏生命，灵动自然"的儿童为目标，提出"让每个孩子像种子一样拥有自然生长力量"的理念，开展"采摘乐""收获节""生活小能手"等主题活动和项目式学习，成功申报宜昌市课题并实施，获宜昌市园长技能展示一等奖。如今，和我师徒结对的青年教师，也成长为宜昌名班主任、宜都名师；我指导的20多节优质课在湖北省、宜昌、宜都竞赛中获奖。

从教26年，我一步一步扎扎实实地走过。回顾过往，我有幸做自己热爱的幼儿园教师，有幸遇到那么多志同道合的人。感恩我遇见的每个孩子，他们让我遇见美好的生活、美好的自己，也感谢我遇见的每一位老师，他们陪伴并引领我成长，让我坚守初心，做一个幸福的幼教人，笃定前行，并充满力量。

作者简介：杨洁，高级教师，宜都市杨守敬幼儿园执行园长，宜都市学前杨洁名师工作室主持人；获宜昌市幼儿教师技能赛一等奖、园长技能展示一等奖；被评为宜昌市第一届"e教能手"，第二届、第三届"宜昌名师"；荣获宜都市优秀教师、师德标兵、优秀教育工作者等称号；秉承"律己、公正、宽容、尊重、真爱"的从教理念，让每个孩子成为最好的自己，共同体味生命与成长的美好。

行走在童心的世界里

用最美的心态去面对孩子，让孩子的世界更加精彩！工作 26 年来，我悄悄地播撒，静静地等待，细细地品味着孩子的成长，默默地享受着属于自己的幸福。我把工作当成乐趣，体验到了生活的欢乐；把职业当成责任，坚定了从教的信念；把幼儿当成儿女，收获了家长的尊重！

倾注爱心，做无私奉献的育花人

在与孩子朝夕相处的日子里，我明白了"没有爱就不能从事幼教工作"。爱孩子，就是他哭的时候，你懂得安慰他；他遇到困难时，你乐于帮助他；他难过时，你愿意抱抱他。不管面对的孩子是长相俊俏还是长相一般，是乖巧还是调皮，是反应灵敏还是稍显迟钝，我对他们都满腔热忱地付出我全部的爱。

我班的城城在刚入园时情绪一直不稳定，经常掉眼泪，也不好好吃饭。我每天早上热情地蹲下和他打招呼，牵着他的手去拿玩具，邀请其他小朋友和他一起玩，消除他对陌生环境的不适应，每餐我都会耐心地喂他。慢慢地，他看到我就露出灿烂的笑容，开始学着自己吃饭、穿衣、穿鞋。有一天他拉肚子，一下午拉了三次，我帮他换了三次衣服，为他打来温水擦洗，抱着他轻轻揉肚子，帮助他消除痛苦。他妈妈来接他时，看着干干净净的孩子以及洗干净的三条裤子，感动得不知说什么好。

对于"特殊"儿童，我更是拿出了百倍的爱心、包容和理解。欣然是一个语言存在严重障碍的孩子，看着她那活泼可爱的面庞，听着她那令人不解的话语，我爱在心头疼在心头，暗下决心，一定要帮助这个可爱的孩子，让她和其他孩子一样，能表达内心感受。我主动找欣然家长了解情况，原来欣然从小在农村跟着爷爷奶奶生活，老人不善言辞，很少与欣然交流。加之，欣然出生时因为难产缺氧，导致其脑部神经受到损伤。得知情况以后，我会结合日常生活中的事物教欣然学发音。带她到户外，指着花，和她一起说"花"；指着树，和她一起说"树";指着蓝天,和她一起说"蓝天"。一遍又一遍,一天又一天……担心班里的孩子笑话欣然,故意疏远她,我自称是她的姨妈。这些看起来不谙世事的小不点,也格外关照欣然。两年的陪伴,两年的交流,我和欣然的感情与日俱增,她的语言表达能力也有了质的提高。毕业时,我把欣然拥入怀中,她泣不成声……我一直认为,虽然老师的专业不能为孩子提供一个直接"治疗"的平台,但老师的细心、关爱和执着,会是孩子一生受益的源头。

饱含热情,做幼教经验的积累者

我经常问自己:作为一名幼儿教师,我最应该关注的是什么?最需要努力的是什么?我想,我最应该关注的是孩子的生活和身心发展规律,最需要努力的是对事业的执着以及对专业技能的提高。

我从一个上课突然会"脑袋空白"的新幼师,成长为一名在课堂上能从容应对各种突发事件的老教师,从一个一听到有任务就害怕、无从下手的新幼师,成长为一名接过工作能实实在在、一步一步分析完成的老教师……这些年我总是秉承着一句话:脚踏实地、用心付出。有人说:专心的姿态最美。确实是这样,记得刚转岗时,我不知道怎么跟孩子交流,不知道怎么保证正常的教育教学,成人看起来很简单的问题,对孩子们来说有时像"天书"一样复杂。于是我反复琢磨,提炼自己的语言,让它更儿童化,更便于孩子理解。我虚心向老教师请教,反复思考。白天,一有时间我就去听优秀教师的课,一字一句地聆听,下午孩子离园后,我就一个人站在活动室里,一遍一遍地试讲。因为明白"笨鸟先飞早入林"的道理,所以我就自我加压,挤时间,多投入,高标准,严要求,每天抽时间学习幼教理论,阅读各类教育书籍,认真做好读书笔记和反思记录,与同事多交流,提升智慧。我尝试摸索出了幼儿语言"渗透式支持"的教育模式,在各个环节中渗透对幼儿语言能力的培养,让教育"有声无痕",形成了自己独特的语言教学风格;多次组织地市级公开课教学观摩活动,并获得一致好评。

潜心钻研,做幼儿教育的研究者

幼儿教育充满挑战。有的家长会因为别的小朋友说了不礼貌的话来询问,会因为小红花没发给他的孩子而来"讨公道",会因为孩子在园里磕了要说法。每到此时,我都诚心诚意地向家长解释并向他们传输幼教理论,帮他们分析孩子的心理，教他们处理的方法。

东东刚来到我班时，很是与众不同：他不吃幼儿园的饭菜，不敢在户外玩，不愿意和别人交流……我先和他约定并尝试使用简单的语言、动作进行交流，解决了沟通的难题后，我诚恳地向其家长建议：加强运动锻炼。就这样，每周六东东爸爸会带着东东到我家，我引领他们父子一起玩游戏，教东东基本的生活自理能力。付出终有回报，东东从刚来时不敢在户外玩，到现在能在草地上快乐踢球，从总是一个人到喜欢和小朋友嬉戏打闹，从不吃幼儿园的饭菜到在幼儿园吃得又香又甜……他逐渐开朗活泼起来，家长连连称奇。多年以后，收到大学录取通知书的那一天，东东和家人第一时间向我报喜，分享他们的喜悦！我常想：幼儿教师，带着浓浓的爱和精湛的专业技能，与家长同行，一定会在孩子的成长过程中留下美妙的痕迹。

从教数年，每一次外出、每一次游戏、每一次和孩子们的互动，我都会在拾取意趣之余，记录下自己的感悟，慢慢品味。我坚持用手机记录孩子们每一个美丽的瞬间，坚持用笔记下孩子们的成长和自己的收获。渐渐地，我发现，当我把孩子的一段段成长，用文字呈现给家长时，家长也回赠我"敬业和专业"的评价；渐渐地，我发现，当我遇到不同的孩子时，聪明的办法越来越多；渐渐地，我发现，我越来越懂孩子的心……

发挥作用，做青年教师的领路人

有人说：与智者同行，你会不同凡响；与高人为伍，你能登上巅峰。我很幸运，遇到了一群志同道合的朋友。2021年11月，我很荣幸地成为宜都市名师工作室主持人，与12名来自不同幼儿园的班主任组建了袁莉名班主任工作室。

第一次独立地组织教研活动，第一次独立地带成员外出，我们从最初的迷茫、不知所措，到逐渐理清思路，边干边学。凭着一种信念，凭着一股干劲，工作室的全体成员目标坚定地探求着幼儿教育的真谛：读书活动中，我们透过书本与大师对话，时时碰撞出心灵的火花；观摩活动中，我们与姊妹园所积极互动，真诚地学习；教研活动中，我们畅所欲言，百花齐放，教育智慧在一次次讨论中得以提升；学习活动中，我们聆听幼教前辈的点拨，汲取着源源不断的"甘泉"……

行走在童心的世界里，做幸福教师，育幸福儿童，让教育充溢幸福，我会一直走下去！

　　作者简介：袁莉，高级教师，宜都市幼儿园教育集团副园长，袁莉名班主任工作室主持人，宜昌名师，宜昌市优秀教师，宜都名师，宜都市十佳少先队辅导员、优秀女教职工、优秀教育工作者，积极践行"无限相信幼儿的潜能，努力做好幼儿成长路上的引路人"育人理念。

坚持终身学习的教育传承者

关爱学生、关注学生发展的老师，才能走进学生的心灵；敢于质疑自己、坚持终身学习的老师，才能唤醒学生的学习激情；锐意进取、追求卓越的老师，才能激励学生不断进步；博学多才、勇于突破的老师，才能启迪学生创新；潜心研究、善于反思的老师，才能实现教育的传承。

做关爱学生的教育生力军

1988年6月，我在宜都市红花套镇的一个只有三个班、十几个教职员工的山区中学任教。当时的我性格急躁，喜欢自由，不喜欢小孩子，只想快点逃离教育行业。当时，我担任初中二年级的班主任和数学教育工作。我带的班是全校出名的乱班，但在混乱的表象下我看到了学生渴望的眼神、求知的欲望、刻苦的状态。这些对我冲击很大，我的使命感油然而生，我决定认真对待工作、不做学生成长中的罪人。我深深地爱上了教育，把学生的成长和发展放在第一位，成了教育路上的追梦人与传承者。我深知自身条件和水平的不足，每天都向老教师学习教育学生的方法和技巧，认真研究教材和中考题目，努力训练教学技艺，反复练习刻蜡纸、油印资料……

我积极与学生做朋友，经常在校园里带领他们做游戏、谈未来……即便周末，他们也约我来校打球、下棋、学习。他们很多人要步行十多里山路才能到校；周末学校炊事员休息，学生得自带干粮，但是这些都没能阻挡他们来校。他们在轻松快乐的学习氛围中找到了学习的窍门，学习成绩突飞猛进，班级成绩由原来的红花套镇的最后一名成为第一名，很多学生后来发展得很好。班级数学中考成绩名列宜都市第三名。我们这个只有三个人的教研组被评为宜都市第一届优秀教研组。

做不断进取的教育孤勇者

在教育探索和个人成长的路上我忍住了孤独、耐住了寂寞、守住了清贫。一路走来，我很欣慰，也很幸福，更感激那些在我成长路上给予我支持和关爱的恩师和领导。我在红花中学任教的时候，我的高中班主任谢正海老师正好担任宜都市数学教研员，他像对待自己的孩子一样教我如何教书，在我们这样的山区初中，从来没有学生参加过宜都市及以上的数学竞赛，谢老师说给我一个参赛名额，但我找他要了四个参赛名额。结果可想而知，四个学生的成绩很差。谢老师把我叫到他的办公室严厉地批评了我，并给我一些数学竞赛的资料和书籍，要求我利用暑假研究数学竞赛，务必来年取得成功。我深知"一个对数学竞赛都不太懂的老师是不会教出高水平的学生"的道理，那个暑假我每天都在家里做题、研究，把初中数学竞赛题型、知识点和技能技巧研究个遍。谢老师在暑假从宜都坐车到红花对我进行了两次突击检查，我没有让老师失望。第二年我继续教毕业班，依然是四名同学参赛，结果我班四人包揽宜都市前四名，其中有一名同学获得宜昌地区第一名，宜都市第一个全国二等奖；另外三人均进入宜昌地区前十名。谢老师邀请教研室领导专门到校给我颁奖。工作的第四年，我参加了宜都市优质课比赛，进入决赛的其他三位老师都是我的大学同学。当时我们按要求精心打磨了一节课，谢老师通知我们在比赛前一天下午报到。报到后，谢老师让我们先抽签确定上课顺序，然后谢老师邀请我们去他家吃晚饭。吃饭的时候，谢老师宣布我们准备的课全部作废，饭后去上课学校统一备课。在学校里，谢老师给我们每人发了一本书、一块钢板、一支铁笔、蜡纸管够，要求我们备一节与上课进度无关的复习课，把教案、学生练习等内容用蜡纸刻出来交给他就可以休息了。每当回忆起这件事的时候，我都感慨万分。在后来调动工作、评特级教师、评正高级职称时，上课、答辩都与此类似，我很感激谢老师对我的教导。我们四人发展得都不错，出了两位特级教师、一位教育行政部门的领导。

自由散漫的我在前辈的指导和影响下踏上了终身学习和深入研究的教学之路，也学会了关爱学生、关注学生成长。刚参加工作没几年，我便一直担任毕业班的教学并取得了一些成果，这让我有点飘。当时的校长杨祖义看到了我的问题，他每年都安排一些快要退休的老教师与我搭班。每年从正月初四开始就邀请我一起骑自行车拜访搭班的老教师，在路上他给我介绍这些老教师辉煌的业绩、传奇的人生。在这些老教师的身上，我看到了差距，得到了启发，受到了激励。这些老教师的优点在我心里生根、发芽，终身学习已经成为我的习惯，成为我生命中的一部分。正是这些前辈的指导和培养促使我养成了终身学习的习惯。在教育教学的路上我不断进取，逐步实现了从一名初中老师到高中老师的跨越，从普通高中到重点高中的提升，从一位青年教师到特级教师、正高级教师的成长，从只关注学生成绩到关注学生终生发展的蝶变。

做终身学习的教育传承者

在教育探索的路上我不断学习、不断总结，逐步形成了"坚持立德树人，关爱每一个学生，致力学生健全人格形成和创新成长"的教育教学理念。有个同学连续几天早上迟到一点点，我得知她是因为早上学校附近的红绿灯堵车迟到的。于是，我交给她一个任务：给她一个星期的时间观察学校附近的红绿灯，运用数学知识设计一个潮汐红绿灯程序，使通过率最高。如果没有潮汐红绿灯，如何设计线路不迟到？最后这个同学用观察的数据和数学知识设计出了一个潮汐红绿灯系统并获得了宜昌市科技节一等奖。她合理规划了上学线路以后，早上很少迟到了。

作为特级教师、正高教师、宜昌名师和宜都市名师工作室主持人，我有责任做好教育的传承，通过磨课与评课、专题讲座、学术沙龙、同课异构、课题研究等教研活动实现对青年教师的专业引领，在与青年教师的交流中实现共同提升。我经常为名师工作室的青年教师推荐或购买一些专业论文和理论书籍，并针对学生的年龄、心理、兴趣、特长，以尊重学生的个性为前提，以激发学生的主动性、创造性为目的，精心创设了多种学习情境，充分激发学生的学习兴趣，调动学生主动学习的积极性。

2020年11月，我的名师工作室开展的"师徒三代同课异构"活动在宜昌市、宜都市数学界引起了很大的反响，湖北文明网还对此做了专题报道。

我是一个坚持终身学习、把学生发展放在首位、不断追求进步的教育传承者。

作者简介：周清，宜都市第一中学正高级教师，湖北省特级教师，宜昌市 c 类人才，宜昌名师，宜昌市高中数学学科带头人，宜都市周清名师工作室主持人，湖北大学和湖北师范大学校外硕士研究生导师；公开发表论文40多篇，出版专著1本，获宜昌市第三届社会科学成果优秀奖、宜昌市自然科学论文奖；在长期探索实践中逐步形成了"注重心灵交流、促成健全人格；注重体验活动、促就创新成长"的育人主张。

向美而行的教育之旅

追求向美而行的教育人生，穿花寻路，直入白云生处。34 年的教育旅途，一路芬芳，一路旖旎，美不胜收，现采撷几处，致敬美丽的教育人生。

牵着星儿去上课，是最美的风景

我长年担任班主任，始终铭记：教育就是用爱牵引学生，就是用温暖的小船把学生渡往美丽的彼岸！

最难忘的是牵着星儿去上课的情景。

星儿厌学、自闭，小学时，从不参加集体活动，从不上体育课，从不去音乐室、微机室、美术室等功能教室上课……

"星儿，走，我陪你去上音乐课！"经过家访、谈话，做了充足的准备工作后，我走近他，轻轻地牵起了他的手。或许是感受到了我掌心的温暖，或许是我满眼的真诚打动了他，短暂的犹豫后，他起身随我走了！

于是，学校支部书记的记事本里记下了一个动人的场景：一老一少，一高一矮，他们手牵着手，穿过走廊，推门走进三楼的音乐教室。七年级教师 QQ 群里出现了一张照片，是我牵着星儿穿过走廊时的背影，照片下方有一行文字：最美的风景。

34 年，我用心灵温暖心灵的风景还有很多：我为改掉赖床习惯的小航撰写热情洋溢的祝贺词；给独自留守的轩轩送去点赞造型的布艺礼物，并教会他为自己点赞；开启造星计划，一年内让全班同学先后当选为"班级明星""小组明星"；开学第一天，我对着学生的登记照死记硬背，用一个晚上记住了全班所有学生的相貌和姓名……

这些点点滴滴，犹如涓涓细流，汇集成一部 24 万字的《班级创意管理的108 个实用锦囊》，目前，书稿已完成二次审校。

2021 年，宜都市教育局、宜昌市教育局先后成立了周新班主任名师工作室、周新德育与班主任工作室。如今，我正引领 30 名班主任名师队伍，心手相牵，一路向前，寻觅带班育人的诗和远方！

千钧一发挽狂澜，是最美的呵护

探秘校园安全管理，缘于我和小威间那段惊心动魄的往事。

2001 年 5 月 21 日午休时，校园里突然传来声嘶力竭的哭喊，"我不想活了！我不想活了！"情绪失控的小威跑到学生宿舍楼顶的平台上，要跳楼。那是一座老式宿舍楼，楼顶没有任何遮挡物，情况极其危险。

我虽然万分焦急，但努力保持冷静，以最快的速度了解了事情的起因——妈妈批评他成绩差，说他考不上重点，让家长丢人。

"怎么能这么说呢？错了错了，妈妈的话大错特错！周老师当年也没有考上重点高中，可我从来不觉得丢人啊！"我故作生气，与小威共情！

他停止了哭喊，惊讶地望着我！我知道，我的话起作用了。

然后，我转换语气，故作轻松地说："放心吧，我马上就打电话，和你妈妈好好说说。"我一边说一边掏出纸巾，并很自然地向他靠近，"来，把眼泪擦擦！"在他犹豫要不要接纸巾的刹那，我一个箭步，跑到小威身边，把他拥进怀里……

小威是幸运的，但其他身处险境的孩子呢？比如遭遇溺水的孩子、遭遇校园欺凌的孩子、遭遇拥挤踩踏的孩子。我得做点什么，我必须做点什么，我不能眼看着孩子们处于不安全状态，我必须有所作为！

从此，我一头扎进校园安全的研究之中。十年的挑灯夜战，十年的实践验证，近千个真实案例，近百个安全密码，成就了两部校园安全学术专著，成就了四部安全教育校本教材。我应邀到天津、西安、南宁、郑州、海口、嘉兴等地开展校园安全讲座 140 多场。这些成果不仅造福万千学生，还变身为 28 个省级国培项目的必修课程，受到了全国各地参训教师的热情追捧，受到了安全教育机构的青睐，我也被多所学校聘为校园安全顾问。2023 年 3 月，周新安全教育名师工作室在西安市钜驰教育集团挂牌成立。

十年挑灯非寂寞，无惧青丝变白发，唯愿终身为生命护航，为安全护航。

春风夏雨润无声，是最美的助力

积跬步，虽漫长可至千里；积小流，虽微弱可成江海。34 年向美而行，为莘莘学子提供最美助力，终小有成就，2018年，我被遴选表彰为湖北省语文特级教师。

手捧滚烫的荣誉证书，我不禁心潮翻滚，追求卓越的往事，全都历历在目：我曾苦心钻研语文作业设计，为全国三个版本的语文教材设计出版了22册精美的语文作业，其中，2002年出版的语文阅读专项作业《中考语文阅读考点揭秘》一经问世，便备受欢迎；2009年，我重构初中语文教材的人文价值体系，在全国范围率先提出"双线组元"的初中语文教材编写理论，为教育部部编版语文教材的编写提供了有益的借鉴；创办丑小鸭文学社，编辑社刊《丑小鸭》，发明坐标审题法，撰写22万字的《中考个性化作文教程》，为学生的作文写作提供最美助力。

34年耕耘，沐雨栉风，授人以渔，为学生插上知识与能力的双翼，引领他们在语文的天空自由翱翔，欣赏蓝天白云，凝视朝辉夕阴。"因为周老师，我爱上了曾经最讨厌的作文课！"面对记者的采访，14岁的小欣腼腆地说。

34年助力，薪火相传，成人之美，引领年轻教师握紧勤奋与智慧的双桨，在语文教学的碧波里泛舟，去惊涛骇浪的大海里扬帆，成长为语文教学的中坚力量。

如今，我已满头白发，教学也好，研究也好，已不如当年之勇，但我豪情依旧、壮志犹存，只要组织需要，我便义不容辞。

2021年，陆逊中小学创建伊始，师资奇缺，教师们不愿去这所新办的学校。得知消息后，我主动请缨，愿为开拓者。在我的带动下，一大批优秀教师倾情加盟，共创美好事业。今天，我依然肩挑重担，担任八年级班主任，任教八年级语文，兼教授七年级历史，唯愿老当益壮。

临近退休时，最美夕阳红。退休前的日子，我愿继续春风夏雨，助力莘莘学子领略汉语言文字的神韵，吮吸民族文化的精髓；愿做良师益友，助力年轻教师耕耘于三尺讲台，享受循循善诱的美好，为向美而行的教育之旅增添一抹绚丽的霞光。

作者简介：周新，宜都市陆逊中小学语文教师，湖北省荆楚好老师，湖北省特级教师、正高级教师，宜昌市十大名师，全国生命教育教研员，中安协教育科技研究院客座教授，湖北省班主任专业学会常务理事，宜昌市初中德育与班主任工作室主持人，西安市钜驰教育周新安全教育名师工作室主持人；曾编著初中语文教师参考书、学生学习辅导用书、学生德育用书共24部，著有学生安全管理学术专著2部。

风里雨里，遇见特别的你

1995 年，我走上讲台，成了一名初中教师。我以为，我的教育生涯在这里开始，也将在这里结束。然而 2010 年，一纸调令，我从原来的初中进入特殊教育学校。面对新的工作岗位，我充满着期待，但事实告诉我，我面临的是更大的挑战。

当我满怀激情地走进教室，眼前的一幕让我惊呆了。面前的一个学生，嘴角的涎止不住地往下流，顺着下巴流到衣领上。他后面的那个学生"咿咿呀呀"想说些什么，但自始至终我也听不清他说了些什么。我试图走近其中一个学生，向其示意我的友好，他却躲到了教室的角落，用一种异样的目光偷偷看着我，生怕与我距离太近。我又走近另一个活泼一点的学生，他兴奋地跑来跑去，一刻也不能安静下来。那一刻，我的梦似乎破灭了，难道这就是我要面对的学生？我一次次地问自己：这样的学生还有教育的意义和价值吗？我的付出能有收获吗？经历一番思想斗争，我想通了，教育是碗良心饭，特殊教育亦不例外。

再苦也要坚持，让自己成为追梦人

特殊教育学校的课堂是特别的，普通中小学的学生可能一点就通，一学就会。但在特殊教育学校，更多考验的是教师的爱心和耐心。

上课铃声响了，我像往常一样走进培一班的教室。教室里乱哄哄的，有的在尖声怪叫，有的在跑来跑去，有的在地上打滚。这时候，要转入教学状态，必须安抚好每个学生的情绪。我走过去对喊叫的学生呢喃几句，拉住乱跑的学生拍拍他的肩，扶起地上的学生摸摸他的头，弹上一曲《小星星》，让他们慢慢地安静了下来。这个班有 13 人，4 人脑瘫（其中 1 人智障），1 人聋哑，其余 8 人全是孤独症，我教他们音乐。音乐能让人愉悦、使人安静，通过摸索，我发现奥尔夫的音乐很适合他们。于是，我根据音乐找出适合学生的切入点，让学生听出音乐中的简单节奏，跟着音乐敲击、打击乐器，训练节奏感；让学生试唱音乐中的简单旋律；根据歌词的内容，让学生做简单的律动等。慢慢地，他们听课认真了。每节课下来，虽然我很累，但看到他们在学习过程中收获了快乐，我有一种难得的满足感和幸福感。

　　一次次摸索着教育方式，一点点积累着课堂经验，一天天磨炼着教学技艺，我驾驭特殊教育课堂的能力日益提升。当我被选送到湖北省参加优质课说课竞赛时，当我一举夺得省一等奖时，同行老师见证了我的荣耀时刻，但这背后的艰辛与付出，只有我自己知晓。

再累也要学习，让自己成为追光人

　　随着特校学生残障类型的增多以及残障程度的加重，作为一名特教工作者，适应学生的需求及提升自身业务水平成为我迫切要做的事情。2016年，"全国优秀特教园丁"获得者杜红校长成立了宜昌市首个特殊教育名师工作室——杜红名师工作室，我有幸成为其中的一员，开始了以"医教结合、智慧康复"为研究主题的现代特殊教育实践与探索。在他的带领下，我们奔走在春天的温州特校，行进在上海的泰亿格培训中心，穿梭于宜昌市兄弟学校。记得那时，天边刚泛起鱼肚白，我们就已行进在路上，双休日本该沐浴温暖的阳光，我们还奔波在各地。女儿即将面临高考，作为陪伴人的我却顾不上。在学习言语康复知识的时候，为了熟练掌握言语评估及训练方法，顺利通过等级考试，我向专家及同行求教。纵有千辛万苦，每当想起学校那些需要帮助的学生，我就打起十二分精神。梦想的实现需要加倍的努力，经过三年的努力，我获得了"中级康复师"的证书，并且成为宜都市第一个特殊教育名师工作室的主持人。我为辛苦奔波取得的成果而激动，更为自己能为残疾学生的成长助力而高兴。

再难也要尝试，让自己成为追星人

　　"老师，我们奔走了很多的医院和康复机构，钱花了不少，可孩子没有什么进步，我们家长真是没一点办法了。""今天上课，梓茗在教室里跑来跑去，说了也不听，这可怎么上课啊？"见到梓茗，家长和老师的说法得以印证——说话他不理，叫他他不应。于是我拉住疯跑中的他，轻轻摸了下他的头，抱住他拍了拍他的肩，他突然安静下来，看了我一眼，然后又回到了自己的世界。看着这个帅气、好动的小家伙，我从心底里生出一种怜爱之情，那一刻，我有了挑战孤独症的念头，我决心对他做"一对一"的个别化训练。我开始有意识地走近他，陪他挠痒痒，和他一起玩球、做游戏，慢慢地，他似乎注意到了我，我看到了一丝希望。我开始尝试用食品及玩具等强化物训练他听指令的能力。慢慢地，他听到我喊他的名字有了反应，并且能举起手；在听到"站起来""坐下""开门"等指令时，他都能做出来。看到他的变化，我更坚定了孤独症的研究方向。他几乎没有语言能力，我开始训练他的唇、舌、下颌的运动能力。在我的引导下，他慢慢地能说出"爸爸""妈妈"等简单的语言，最近突然能卷起舌头发"奶奶"的音了，虽然不是很清晰，但这些进步足以让我骄傲，老师们也都反映梓茗有了很大的变化。

虽然孤独症是世界难题，但我不希望就此止步。梓茗等学生就是活教材，我也购买了孤独症相关资料。我将孤独症儿童行为的干预策略研究作为工作室的重心，以"医教结合"为手段，调查摸清学校所有患孤独症学生的情况，然后"一对一"安排工作室的成员开始着手干预。虽然前途未卜，但我始终相信，只要我们永不放弃，以宽容的心态对待学生的每次过失，用期待的心态等待学生的每一点进步，用欣赏的目光关注学生的每一个闪光点，用喜悦的心情赞许学生的每一次成功，我们总会离成功更进一步。我在陪伴学生的过程中，感觉他们又有了一些可喜的变化，比如他们爱笑了、他们听话了、他们主动亲近我了，尽管这种变化很慢很细微，但也许就在某时某刻，突然间发生了，你会发现你的付出是有价值的。目前我已成长为一名"宜昌名师"，但我不会停下前行的脚步，我要努力成为一名追星人。

特殊教育学校里的每一个学生都有自己的特别之处——特别的行为、特别的习惯、特别的沟通方式，就连喜怒哀乐的表达方式都各不相同。我们只有尝试着走进他们的内心，体会他们的痛苦，感受他们的快乐，才有可能成为他们的朋友。为了这些可爱又可怜的学生，我愿意用我的爱与执着去温暖一颗颗封闭的心灵。

作者简介：邹红艳，高级教师，中级康复师，特殊教育学段音乐教师，宜都市第五届骨干教师，宜昌市学科带头人，宜昌名师，宜昌市卓越计划之"英才计划"学员，宜都市名师工作室主持人；专注研究特殊教育12年，用心探索"医教结合，综合康复"的教育途径，用情助力残疾少儿的康复与成长。

修德养学，滋养灵魂

"修德养学"是实小的校训，从来没有人去刻意解读，但它深深地植根于每一个实小人的心中。学校教研是一片沃土，团队是教师成长的摇篮，每一位教师个体的成长都离不开这片沃土的营养供给，更离不开团队的扶持和指引。

我是 2006 年被调到实验小学的，学校每年都会为新教师安排一位经验丰富的指导教师，当时指导我的是宜昌市学科带头人刘怀念老师。刘老师很关注我的成长，多次听我的课，课后会问我许多问题，如教学目标是什么、设计哪些环节来实现教学目标。但我很少思考刘老师提出的问题。那时的我非常浮躁，根本没有静下心来去思考自己人生的意义，认为工作就是一份谋生的职业而已。但刘老师和学校领导并没有因此放弃对我的培养。2011 年，学校安排我参加市里的优质课竞赛，并为我组织了实力雄厚的磨课团队，老师们听了我的试教后给我提出了很多建议，但我没能领悟，课堂教学改变不大。当时的数学教研组长谢辉兰老师为了让我有更大的进步，利用其周末时间，让我到她家，带着我从解读教材开始学习，中午还做了丰盛的午餐，吃完饭后又陪着我一起研究每个环节应如何处理。谢老师全身心地为我付出，不计较任何回报，从无怨言。实小这个大家庭让我感受到集体的温暖与智慧，我在感动之余开始审视自己的内心，改变就这样悄无声息地发生了。

"并不是有兴趣才能做好，而是做好了才有兴趣。很多事情，做得多了，自然就擅长了；擅长了，就自然做得比别人好……"我深以为然。

10 年前我执教了一节数学课"数字编码"。这节课我在学校磨了好几遍，老师们觉得可以了，但小学数学教研员陈禄凤部长听了我的课后对我说："我觉得这节课学生学得很被动，你要尝试改变，不能这样上。"在她和其他老师的帮助下，我对这节课进行了重新设计。后来上课时孩子们的表现让我很吃惊，课堂上他们积极参与的状态感染了我，一个个有价值的发现和创意让听课的老师们赞叹不已，这样的课堂是我从未体验过的。下课后，我从孩子们的眼神中看到了不舍与兴奋。这节课让我体验到了强烈的职业幸福感，也让我真正找到了教学研究的兴趣。

一旦找到了兴趣，我便进入了如饥似渴的学习状态，老老实实地从新课标开始学习。学校也加大了对骨干教师的培养力度，为我们争取了许多外出学习的机会。随着学习的不断深入，我愈发认识到自己的不足，想学的越来越多，也越发爱学习。尤其是外出学习，让我见到了许多特级教师和名师，他们的智慧和勤奋让我深深感受到教育是慢的艺术，需要一颗活泼而宁静的心。只有把心归于宁静并坚守这份宁静，才能寻找到它的本真和美好。世界再嘈杂，师者的心也必须是宁静的，在宁静中找到力量，安于"寂寞"并使之具有生产力。

宜都市实验小学是成长者的摇篮。身处于这样一个关注师生品格和发展的环境中，身处于这样一个温暖向上的集体中，我和同事以及孩子们一同经历着心灵的洗礼，逐渐找到了前进的方向和动力，幸福和充盈滋润着我的心田。2015年8月，我被破格评为宜昌名师。在我成长的印记中，不仅有专业上的发展，更有无私奉献、倾心教育的师者情怀。

当我受到领导和同事为我的成长与发展给予的帮助、教导、支持时，我也希望能像他们帮助我那样去帮助更多渴望成长的教师。2016年2月，在学校的帮助下我成立了春妮工作室。工作室成立之初共有七名成员。作为工作室的主持人，我深感责任重大。学校搭建这么好的平台，面对这些优秀的教师，如何让他们的教育教学、教科研水平更上一级台阶，如何更好地促进学科教学质量的提高，是工作室要研究和解决的问题。经过一番调查后，我们决定从研究学生入手，利用课例研究的形式来开展工作。由于缺乏经验，我们在进行第一次课例研究时差点偃旗息鼓。当时我们选择了难度比较大的角的认识练习开展课例研究，教师们对于这节课的教学目标把握得不准，导致在课堂实施环节出现了许多意想不到的难题。例如：执教教师拒绝再磨课；当我拿出自认为精心准备的再教设计时，教师们无法理解和接受。眼看着刚刚建立起的团队人心涣散，那段时间我焦虑不已，整夜睡不好觉，不知道该怎样带领大家前进。我开始反思，为什么我的想法得不到他们的认可。我开始引导他们从解读课标、知识本质核心、学生学习障碍入手进行课例研究。从再教设计及反馈来看，他们的收获很大。这一次的经历不仅把我们凝聚在一起，也让我意识到，作为工作室的主持人，我不是应该给答案的那个人，而是应该带领大家一起寻找答案的人。

经过七年的发展，我们从一个当初仅七人的小团队成长为近 30 人的大团队。工作室的老师们经常说："就盼望着每两周一次的活动，每次活动都像经历了一场头脑风暴，活动后我们就像打了鸡血一样。"

真正的教育是用一棵树去摇动另一棵树，用一朵云去推动另一朵云，用一个灵魂去唤醒另一个灵魂。教育是慢的事业，是感染唤醒与共同成长的事业。我期待有一天，我的那棵树可以在历经百折千回之后依旧挺立在岁月之中，我将在风中向我的前辈致敬，并以一生的温柔关爱我的那些孩子。

作者简介：陈春妮，湖北省特级教师，宜昌名师，宜昌市职工创新工作室和宜都市名师工作室主持人，宜昌市卓越教育人才培养计划项目组导师，宜都市实验小学教育集团数学教师；获得部级优课，发表教育科研文章 23 篇，主编学术专著 1 部，主持省、市级研究课题，承担国家和省市级专题讲座 30 余场。

39年，我从职中学子成长为职教名师

我是宜都市职教中心的教师，于1985年进入宜都县清江职业高级中学就读，1988年对口升学考入咸宁师范专科学校学习，1991年毕业被分配至红花职高任教。职业教育陪伴我整整39年，成为我刻进骨子的坚守、熔铸血脉的悸动，伴随生命的追寻。

农村生长、农学专业、农校师资，我在梦想追寻中一路求索

我是在农村长大的孩子，有过吃不饱肚子的经历，深知农村之苦，跳出"农门"成为我读书求学的最大梦想。中考失利，考进职高后，我并没有气馁，选择了林果专业。一则林果专业学习的是柑橘、茶叶、食用菌栽培等实用技术，可以用于家庭，勤劳致富；二则有读大学的机会。天道酬勤，我用努力把自己送入大学校门，实现了跳出"农门"。

大学我就读的是农学系特产专业，专业培养方向是职业学校师资。大学期间，我听闻了"柑橘之父"章文才教授到宜都市红花套镇光明村下乡，培育出"光明13号"优质柑橘品种的先进事迹，以及宜都高级茶艺师翁寿楠、陈章华等茶艺科学技术人员，在全国著名茶叶专家、浙江农业大学博士生导师张堂恒教授的指导下，精心研制开发出宜都保健茶精品——天然富锌茶的先进事迹。他们扎根农村、潜心为农，是我心目中的榜样。做一名高级农艺师，成为我求学、追寻的梦想。

1991年，我走出大学校园，踏进红花职高，"传道受业解惑"的职业生涯由此开端。我用陶行知先生说的"教师最大的成功与快乐是培养出值得自己崇拜的学生"勉励自己一路前行。

面对经过市内三所普高筛选，对学习丧失信心，却对未来怀有憧憬的学子，我深感自己的肩头责任重大。为了调动学生学习专业的兴趣，培养学生的一技之长，我发挥所学，在班里组建了食用菌兴趣小组，向学校申请腾出一间闲置

库房当厂房，自掏50元购买原材料，带领学生进行平菇大床栽培实验，手把手教学生技术。三个月的辛勤汗水换来了丰收的成果，我们获得了200元利润，这极大地鼓舞了学生的学习兴趣。我将这200元利润上交学校，开创了建校以来，班级兴趣活动利润上交给学校的先河，推动了试验场地的扩大和班级兴趣活动在全校的开展。

培养技术、辐射农村、带活农业、致富农民是农口职业教育的使命。我利用业余时间带领学生深入乡村实地锻炼，在培养学生的专业兴趣和职业追求的同时，真心实意服务"三农"。我先后为红花套杨家畈村、窑坡垴村等50个乡村进行了柑橘修剪、平菇种植等农业技术培训，现场培训农民10 000余人，为柑橘种植大户、桑蚕种植大户发放农业技术资料、书籍5 000份（册）。湖北宜都网、《三峡日报》等曾以"教师进村上'桔课'""宜都市职教中心手把手传技术"等为题进行报道。

1994年，因农口专业学生生源下滑，农口专业师资出现富余，我及时"转舵"，报名参加湖北教育学院政治专业本科自学考试，并于1997年12月顺利毕业，转型成为一名思政课教师。2000年9月至2002年7月，我进入华中师范大学政治经济学专业研究生课程进修班学习，取得研究生课程班结业证书。自此，争当一位思政专业名师，成为我新的梦想和追求。

2006至2022年，我连续两届获评宜昌市学科带头人、三届获评宜昌名师，成为首届宜都名师工作室主持人和第五批宜昌名师工作室主持人；2021年，取得正高级讲师职称。梦想一次次在追寻中成真。

"豆腐块"、小论文、大专著，我在伏案笔耕中一路成长

主编教材四本，参编教材七本，发表教育教学文章100余篇，被多家媒体采用的新闻稿件达1 500余篇，这是迄今为止我的笔耕成果。但在1999年以前，我几乎颗粒无收。

1998年，因职业教育遭遇现实困境，出于发展需要，市委、市政府将原清江职高与红花职高、宜都电大合并，成立宜都市职业教育中心。1999年，我被提拔为学校办公室主任。我意识到宣传职教、引导舆论、纠正偏见的重要性。

尽管我此前在《农村百事通》等农业杂志上发表过几篇实用技术文章，但对通讯报道一窍不通，更别谈教育教学论文和论著了。

但我始终坚信，"一勤天下无难事"。白天忙完办公室繁杂的事务和教

学工作后，回到家里我就开始"爬格子"，白天收集掌握的新闻素材就是我晚上练笔的源头活水，稿件主攻《宜都报》。不会写，我就反复练；写不下去，我就上网查询，现场"临摹"。半夜两点我仍在写作，这是常态，困了、乏了我便用冷水冲一下头或擦点风油精继续写。文章未被采用，我就潜心钻研，读别人发表的文章，读编辑改过的稿子，找寻规律，琢磨方法，遇有空隙，就到宜都市报社向编辑请教。很快，我便摸到了"门道"。

2000年，学校将校内一名取得律师资格证书的思政课教师聘请为法律顾问，我捕捉到这是一条很有价值的新闻线索，连夜完稿，用方格纸誊工整，次日兴冲冲地送到宜都报社，但遭到编辑婉拒。不甘的我，抱着试试看的心态向上投寄，写上"中国教育报社收"，贴上邮票，投进邮箱。没想到，我真的收到了"惊喜"，2000年8月14日，《中国教育报》以"宜都职教中心聘请法律顾问"为题发表了我的通讯。这让我更加明白，付出必有回报，坚持定能成功。自此，我一发不可收，《三峡日报》《湖北日报》《中国教育报》《湖北教育》《教育时报》《教育与职业》等期刊成为我的创作平台。

"豆腐块"虽小，但它激发了我强烈的写作欲望，也为我打下了坚实的文字功底。渐渐地，我不满足于现状，开始捕捉教育教学中的"灵光一现"，进行教学论文的"尝鲜"。与新闻稿件相比，教学论文有着完全不同的写作要求，认真钻研后我很快上手，掌握了从文章标题、内容摘要、关键词、中图分类号、论文框架到参考资料的全流程方法。处女作《浅谈职业学校学困生的转化》于2003年在《思想政治课教学》上刊载。以平均每年发表四篇的成绩，我成为《思想政治课教学》《职业技术教育》《教育与职业》等权威期刊的"常客"。

小有成绩后，我不仅有了更强的实力，也有了更大的"胃口"，想在专著上有所突破。机会出现在2014年，我参与了宜昌市地方校本课程"追逐梦想"的编辑工作。之后，主编职业院校"十三五"规划教材《环境 生活 职业》，主编中等职业教育公共课精品教材《追逐职业梦想》，参编了全国职业院校通用教材《安全教育》等七本专著，参编了《中职生人文素养教育读本》等十本校本教材。

教师、优秀教师、名师，我在育才之路上一路燃烧

2006年我被评为宜昌市优秀教师，2015年成为宜昌市名师，盘点自己从一名普通教师成长为优秀教师、名师的历程，我认为坚持"三慧"、永葆"四

色"是我成长的动力之源。

坚持"三慧"图至远。

一是慧学习。首先，要向书本学习。卢梭的《爱弥尔》、詹姆斯·多伯森的《论家政——施爱与管教的艺术》、苏霍姆林斯基的《给教师的100条建议》、陶行知的《陶行知全集1～10卷》等都是教师学习首选的"心灵鸡汤"。其次，要向网络学习。在信息化时代，中国大学MOOC（慕课）、国家中小学智慧教育平台等是教师理想的网络学习"打卡地"，要根据自己的专业、兴趣和爱好，选择合适的网络平台进行"充电"和"补钙"。再次，要向同行学习，向身边的榜样学习。每一所学校、每一个学科都有最美教师和优秀教师，我们要向身边的榜样学习，找准自己专业发展的"坐标"。

二是慧整理。首先，要有电子档案意识。其次，要建立成长台账。最后，要善于收集典型教育案例。

三是慧运用。要善于把学习来的知识、收集到的素材及时应用到教育教学中，通过实践打造自己的教学特色和风格，形成自己的教学主张。

永葆"四色"勤培根。中等职业教育担负着培养德、智、体、美、劳全面发展的高素质劳动者和技术技能人才的任务，是国民教育体系的重要组成部分，与普通高中教育具有同等重要地位。因此，我认为中职思政课教师在培根铸魂、教书育人中应永葆红、蓝、绿、黄四种颜色。

一是永葆红色心向党。在新时代新征程上，思政课教师肩负为党育人、为国育才的时代重任，必须深刻理解党的二十大精神。中职思政课教师要在学生中厚植红色基因，培养学生政治认同的核心素养，培养学生"一颗红心跟党走，砥砺奋进志不移"的理想和信念。

二是永葆蓝色育工匠。中职思政课教师要传承中华优秀传统文化，着力开展劳动教育，突出劳动精神、劳模精神、工匠精神培育，培养学生的创新精神和实践能力；要教育学生成长为一个企业最需要的工匠级的"蓝领"，开拓出自己的事业蓝天，铸造自己的个人品牌，谱写优美的青春乐章。

三是永葆绿色护生态。中职生是社会建设和可持续发展的主力军，他们今天的生态意识和环保行为在很大程度上决定着未来社会生态意识的主流和未来生态环境保护工作的力度和强度。对中职生有针对性地开展与专业相关的环保教育，培养中职生环境保护的意识，思政课教师责无旁贷。

四是永葆黄色常警示。生命不保何谈教育，安全教育是一个久说不衰的话题，是素质教育的重要组成部分，是人生保障的基本教育，是学生健康成长过程中重要的一环，是建设和谐校园的坚实保障。学为人师，行为师范。教师的学识、言谈、举止会在无形中对学生产生影响。思政课教师要永葆黄色，常警示学生在公共安全、实训安全、人身安全、财产安全、食品安全、消防安全、交通安全、运动安全以及心理安全等方面规范做事，培养他们具备良好的安全习惯，增强他们的安全意识，让他们了解安全常识与预防技巧。

"捧着一颗心来，不带半根草去"，陶行知先生的真知灼见犹在耳畔。我深感身为一名人民教师的责任，也深感身为一名人民教师的光荣。成绩只能代表过去，前面的路还很远，为了宜都职业教育的高质量发展，我愿做出自己应有的贡献，勇于进取，不断创新，取得更大的成绩。

作者简介：黄卫平，中共党员，高级讲师，宜都市职教中心思政课教师；连续三届获评宜昌名师，第五批宜昌市名师工作室主持人，宜都市专业技术"拔尖人才"，湖北省职教学会德育专委会常务理事，第九届宜昌市中职思政学科中心教研组组长，全国中职生文明风采大赛优秀指导教师；主编《追逐职业梦想》等专著四本，参编《安全教育》等通用教材七本，参编《中职生人文素养教育读本》等校本教材十本，发表教育教学论文100余篇，主持国家级课题研究四项；获首届中国红色文化传承杰出功勋奖、全国教科成果一等奖。

名班主任之路

让学生感受阳光的温暖

我不是农民，却也是一个播种者，我是一个播洒阳光的人，我的阳光就是爱，我的田地就是学生的心灵。给每一个学生一缕阳光，让学生感受到阳光的温暖，是我作为一个教师的梦想。

一次家访，激起情感的波澜

2010 年秋，我的班里来了一个天生残疾的女学生，她走起路来有点歪歪倒倒，不能参加体育活动。平时体育课，她只能站在一边看别人做操、训练，眼里流露出一种羡慕和渴望。她学习很努力，但成绩很一般。她在校有时吃不上午饭（当时都是家长送饭到校，不知什么原因，她的家长没送饭来），于是我打听到她家的住址，决定对她进行一次家访。

这次家访一是为了给她送温暖，让她感受到老师心中有她。到她家后，她好高兴，给我端水、递水果，还告诉我这是她读书六年来老师第一次对她进行家访，并把她的残疾证递给我看。她笑着对我说："是三级。"在与她的妈妈交谈中我知道了他们带着孩子求医诊治的艰难与毫无效果的无奈。为了孩子有一个好的学习环境，她的爸爸妈妈便带着她一起从山区来到城镇。

这次家访二是想对她进行学习上的辅导。我先检查了她的作业，发现有少数作业出现错误，于是我耐心讲解，直到她弄懂。其实，学生有时就差老师这样一点点的帮助，就可能过了学习上的这道"坎"。出于同情和惋惜，我决定每大放学后为她义务辅导半小时，让她不留疑惑到明天。

这次家访三是想得到其家长的支持，希望家长能每天送饭，保证学生中午有饭吃。家长答应了每天送午饭，并且每天会与学生交流。

经过半年的努力，这个孩子的信心增强了，成绩也有了较大的提升。她在班级中交到了朋友，不再显得无助了。她在日记中写道："师爱，让我感受到了阳光般的温暖。" 原来一个教师所做的这些点滴小事，能在学生心中激起情感的波澜，在他们纷繁的记忆中留下深深的印迹。

残疾孩子就像不饱满的种子，如果有一双爱的大手，把这些种子播种在土壤里精心呵护，给予其一缕爱的阳光，驱散其心中的阴霾，或许这些种子就能长成参天的大树。

一次谈心，呵护早开的花朵

2016年春，我发现班里一名男同学听课时神情不够专注，上下课常常专注地看一名女同学，还在这名女同学的留言本上写道："我离不开你了！"这是不是早恋？我没让其他老师知道，也没在学生中宣扬，只是打电话通知了他的妈妈。我和家长商议一起对学生进行一次谈心，主题是让他"春天不做秋天的事"，别在动脑子的时候动感情。

我首先让他明白，事物的发展是有规律的。比如：春季耕种，夏季生成，秋季收割，冬季储藏，这是天时的正常运作规律。这一自然规律不可悖反，凡是违反自然规律的，即使一时成功，也终将失败。然后谈到现在的他正值身体成长期、智力发展期，处于学知识、强体魄的阶段，故不应该违背成长规律。我还告诉他，在成长过程中，他会经历小学、初中、高中、大学，他的朋友圈会变大，会接触到更优秀的人，视野会更开阔。只有自身优秀了，才能得到更多优秀的人对自己的认可。他渐渐地接受了我的观点。通过交谈，我知道他是因时间充裕，才产生闲思。于是我说："我推荐你参加学校体训队，让身体更强健，行不行？我为你每天布置一道数学思考题，让你思维能力更强，好不好？"他愉快地答应了。

为了更好地兑现谈心承诺，我在教室后面的黑板上写下班主任提醒，控制"三闲"：少讲闲话，少做闲事，少有闲思。

一次有准备的谈话加上一系列措施的实施，终于帮助他处理好了情感问题，直到毕业也未因此耽误学习。我的良苦用心给了他一缕阳光，他收获了一片灿烂。他是班级的数学科代表，在班级的"数学长跑"活动中获得第一名，在运动会800米长跑中获得年级第一名。毕业时，我为他写下了颁奖词："你是班里的体育健将，是班里'数学长跑'的领跑人……，祝愿你，熊骁同学，祝你飞得更高，走得更远！"2016年的毕业考试，他获得年级总分第一，顺利进入宜都市外校学习。他妈妈对我说："李老师，我佩服您，是您让我儿子走出了'朦胧'。我儿子也特别信任您！感谢您爱的阳光！"

成功的谈心教育，让我深受启发：只要功夫真，能育好学生。

一次表扬，慰藉渴求的心灵

2020 年 12 月的一个早晨，张嘉和杨奕向我跑来。张说："老师，我捡到三元钱。"杨说："他在厕所尿池里捡的。"张说："我用清水洗干净了。"我问："你想怎么处理？"张说："交政教处！"我做了一个舰载机起飞的手势，说："去吧，孩子！"他飞奔而去，很快又回到了座位。今日早读，他读得特别用心，有时还看一看窗外的我。

这几天，张总是怪怪的。课间操后、午餐后，他总要到校园公示栏前去逛逛。周五就要到了，他可能期待着什么。他看到一件件好人好事被公示出来，唯独没有他。这可能是他五年多来第一次用心地等待，因为其他表扬，总是与他相距甚远。

这天，是宪法日。我正好要进行一周总结，总结之前，我问他："上次你到政教处交捡到的钱，有人为你登记吗？"他说："没有，一位老师让我自己写，就是黑框眼镜老师！"我对他说："学校没有公示，没有表扬你，我表扬你！你是拾金不昧的好学生！"同时，我向他竖起了大拇指。"谢谢老师！"随后，他向我深深地鞠了一躬。这一周班会总结时，我向全班同学介绍了张嘉同学拾金不昧的事迹，宣布奖励他 5 分，记入其个人成长储蓄卡，并将他的拾金不昧的好人好事记入班务日志，填入他的素质报告册，期末将其提名为"班级文明学生"，全班同学用热烈的掌声表示祝贺。

在平凡的岗位上，我们多一些关心的行为，多一些信任的眼神，多一些激励的手势，多一些温暖的话语，就如同把爱的阳光洒进学生的心田。这是一名班主任应该努力追求的目标。也许与旅途的目的地相比，沿途的风景及看风景的心情更为重要。在教育旅途中，我愿做一个播洒阳光的人，让学生感受阳光的温暖，与学生共享生命旅途的无限风光和快乐！

作者简介：李德俊，中共党员，高级教师，2014 年被评为宜都市优秀班主任；2021 年被评为宜都市明星班主任，2023 年被评为宜都市"最美五老"；论文《向每一朵"花"微笑》《做播洒阳光的人》分别获国家级、省级一等奖，《枝城小学："小红帽"在行动》等 30 余篇文章发表在宜都教育网、宜昌教育网上，《做文明创城的守望者》被收入《宜都文史》第 33 期，著有个人文集《江边小渡》。

感恩每一次清晨的相遇

时光翩然而过，入学军训如在昨日，转眼高考已结束。回望 1 000 多个日子，感恩每一个清晨的相遇，感恩我们一起成长。犹记得自己在"百日誓师"上对学生们说的话："让我们一起感谢老师们的关爱、我们曾经受过的伤害、家长们漫长的等待。高考就要来了，高考从来没有什么了不起，就像太阳一定会升起。"

曾经，我们一起构建一个有温度的集体，温暖彼此，共同成长。

军训刚刚结束，潘同学把脚崴了，脚踝粉碎性骨折。紧急手术后的第三天，为了避免落下课，家长把他送到了学校，并带来了一把躺椅、一个饭盒、一副拐。于是，全班男同学忙碌了起来，承包了他吃喝拉撒一系列问题。男同学排着队打饭、洗碗。三个月下来，所有男生学会了用百米冲刺的速度下楼到食堂打好饭送回教室，再返回食堂吃饭，所有男生学会了洗碗，所有同学学会了如何面对困难。所有的活动，全员参加；所有的大事，一个不落。我们一起构建一个有温度的集体，在一个有温度的班级里，我们温暖彼此，共同成长。

三年来，我们班从最初的 63 人到后来的 50 人，再到 32 人，温暖相伴，记忆常新。正如杨同学在高三时的感言："我们是如此团结的集体，无论到了哪里，都能以我们的'社会'孤傲前行。我们所谓的社会，实际上是一种勇往直前、不畏白眼、心有猛虎、走自己的路的强悍。我们会记得高二足球比赛的第一，也不会忘记一年前 0:7 的失望；会记得篮球比赛战胜强队的惊喜，也不会忘记因失误而无缘决赛的悲伤。我们记得因打球被罚站的难兄难弟，我们记得被年级主任怼时的同仇敌忾，我们记得杰哥破了音还坚持唱完的《See You Again》，我们记得三四个因运动而瘸了腿的'竹杖芒鞋轻胜马'。"

曾经，我们一起仰望星空、砥砺前行，探寻生命的高度。

我们的班歌是《仰望星空》，"这一天 / 我开始仰望星空发现 / 心并不远 / 梦并不远 / 只要你踮起脚尖 / 我相信有一双手 / 把我轻轻牵到你的跟前 / 我相

信有一根线 / 将梦想与现实相连 / 我相信有一种缘 / 会把所有的偶然都实现。"开学之初，我们一起这样共勉：天将降大任于斯人，必先卸其 QQ，封其微博，删其微信，去其贴吧，收其电脑，夺其手机，摔其平板电脑，断其网络，剪其网线，使其百无聊赖。然后静坐、喝茶、思过、锻炼、读书、弹琴、练字、明智、开悟、精进，而后必成大器也。心有多高，路有多远。每个同学牢记心中的目标，并愿意为自己的目标付出艰辛的努力。人生有无限可能，只有踮起脚尖全身心付出，才能将梦想与现实相连。

当拿下难题变得不再轻而易举，你质疑过自己；当成绩达不到预期，所有人都洒下过泪滴。但因为心中有梦想，面对单调重复的练习，我们从来没有放弃，默默地完成了一本又一本的错题集。

当我说"让我们一起感谢曾经受过的伤害"时，有同学的泪水奔涌而出。只有用力付出过、用力深爱过，才会有这样的感受。

曾经，我们一起成人又成才，练就一双双飞翔的翅膀。

我们可能会遗忘知识，但意志和品质不会。所有的天使，只有插上爱的翅膀才能飞翔。

我们学会爱，爱父母、爱老师、爱同学、爱社会。

爱是无条件地付出。我们曾在课堂上探讨过父母对子女的爱，在学习外国小说《礼拜二午睡时刻》时，我抛出过问题"如果我们不够优秀甚至做过坏事，我们的父母就不爱我们了吗？"学生的答案是"不会"。我们的老师多年如一日，早自习督促陪伴，晚自习悉心辅导，课堂上精细讲解，为的是烛照未来。学生从老师身上读出了什么是爱。

爱是理解和沟通。当我讲对"父爱如山"的理解时，有同学说："所谓父爱如山，就是父亲拿着手机，杵在沙发上，像山一样一动不动。"哑然失笑之余我做出决定：下次家长会，尽量让爸爸们出席。当学生看到家长会上爸爸的身影时，他们激动得跳得老高。

爱是濡染。朗诵人赛上，我们齐声高诵《我骄傲，我是中国人》，声浪一阵阵涌来，内心奔涌的是深深的爱国情，有自豪，也有责任和担当。

我们也要学会爱自己。尊重科学，合理运动，保持身心健康。强健的体魄是迎接高强度挑战的前提。除了坚持跑操、上体育课之外，我还要求每一个学生熟练掌握一种球类运动。他们利用假期、周末积极锻炼。在球类运动会上，我们以少胜多，勇夺第一。

我们力图以高雅的兴趣爱好合理缓解学习压力，享受过程之美，永远积极、永远阳光、永远正能量。

犹记得第一次家长会上自己对家长说的话："受得了伤害、经得起等待，陪伴是最长情的告白。所以一路相伴，1 000多个日子，感恩每一次清晨的相遇。"

孩子们，雄鹰当展翅，看着你们越飞越高，去选择生命中无限的多种可能，我十分欣慰。我也将走进下一个阶段，迎接新的孩子的到来。

6月7日　　　　　　　　星期二　　　　　　　　天气：晴

首场语文，良好的开端是成功的一半

高考首日，校园外一如既往地聒噪：长枪短炮静候多日的自媒体聚集在校园外，家长的各式旗袍和手中高举的向日葵成了标配，有的还挂起了粽子。封路是必须的，各个职能部门联动为高考保驾护航。警戒线、屏蔽仪、警车、金属探测仪……校园内静得听得见蝉鸣。

学生要做的是保持定力，有条不紊地在考场上绽放自己。从南区到北区，7：30出发，8：20入场，时间是充裕的，警戒线外，我清点了三次人数，再次核对准考证、身份证、文具袋。压压节奏是为了避免楼道内安检时的拥挤，避免与外校学生接触。击掌入场，首场语文，作为班主任兼语文老师，我有自信，相信良好的开端是成功的一半。

数学，遭遇史上最难高考

中午，好多家长用足了人性化的高考假，孩子们吃上了丰盛的午餐。午休，我在教室里陪着孩子们，尽管趴在讲台上睡觉比较难受，但所幸我和孩子们都睡得挺香。

数学只有两个小时，一晃，又要到警戒线外等候孩子们散场了。语文考完最先奔向我的那个没来，他可是数学高手。第一个向我走来的是肖同学，他步履沉重，边走边摇头，我装作没看出什么，微笑着迎接他，他口里不停地念叨"好难！"从旁边小路上跑来的辛同学在说完"实在是太难了"后就猛地扇了自己一个耳光。陆续地，学生都来了，"我第三题以后都不会做""遇到不会做的我就跳，一直跳到最后一题""9月高四见"……说话的个个带着哭腔。

安慰的语言是乏力的，奇难的数学来得猝不及防，文理同卷、双减背景、两年网课，按理不应该，所有教师都蒙了。

好不容易将大部队带回，面对家长送来的美食，孩子们没了胃口，我试着尝了几家的饭菜，真香！稍微活跃了一下气氛，毕竟，高考拼的不是绝对分数，而是位次。尽管题目不友好，但要相信排名不会差。我努力地面带微笑讲笑话，孩子们勉为其难地挤出一点点笑容。物理老师进教室组织复习了，孩子们收拾好破碎的心继续埋头苦学。高考拼内心强大，也考心理素质。

6月8日　　　　　　　　星期三　　　　　　　天气：晴

物理，依然不那么友好

犹记三年前的高考，数学虽难，也可以轻松整个一百二十几，物理更是可以弄个一百零几，少有失分，这几年的物理高考也不是太难。相信物理能抚慰一下孩子们受伤的心灵。然而事与愿违，物理，依然不那么友好。没有数学的极难，但绝对不轻松，很难得高分。看来，两门分数都不会太理想，高分的预期很难达成。思维品质、灵活应对、临场应变能力成了考查的重点，高中教与学的新挑战来了。

人群中的艾同学出奇地沉默，他一直低头看脚尖。悄悄地靠近，他发现了我，带着哭腔偷偷地说："我答案漏涂了"。我心一沉，"天，我们的No.1。"

"不可能的，如何知道漏涂了？"

"打铃后我站起来，发现11题没涂，但我做完了的。"

"相信我，一题没涂而已，不影响大局。"

"肯定不止一题。"

"两题三题都没关系，只要大题做得好，高分跑不了。"来吧，一个大大的拥抱！我们约定，知道的人越少越好。

6月9日　　　　　　　　星期四　　　　　　　天气：晴

化学、生物，放飞自我

今天考的是两门赋分的选考科目，孩子们放松了很多。化学，历来出题习钻。散场后孩子们反馈，难度不大，但信息量大；计算量不大，但书写量大。应该可以得高分。

下午的考试17：00开始，18：15结束，担心考场上的孩子们会饿，我中午提前去了食堂，请求给孩子们的饭菜加量，主管食堂的陈老师欣然应允。孩子们个个添饭、加菜、盛汤，迎接最后一战。

　　考完，大家叽叽喳喳，有着说不完的话。

　　"我向监考老师提了个要求，请他还剩半小时时提醒我一下。他提醒我时，我已经做完。"好家伙，好高级的凡尔赛。

　　"要是数学、物理有这么简单就好了。"

　　"都考得好，高分该不会赋低吧？"

　　依然无法说再见，孩子们明天上午 9：00 回校收书，准备填报志愿。

　　作者简介：李巧云，高级教师，宜昌市明星班主任，宜昌名师，杨守敬教育奖获得者，师德标兵，宜都市教育高质量发展先进个人，长年担任班主任及火箭班语文教学工作，多次获高考质量奖，湖北省作文大赛优秀辅导老师；参编教材十多部，发表多篇文章。

十年成长，从"看着"到"看见"

试想一下，当你走进教室准备上课时，发现某个学生的课桌旁有垃圾。你问："是谁扔的？"全班鸦雀无声，没有一个学生愿意把垃圾捡起来。于是，你示意离垃圾最近的学生将其捡起。这个学生要么满脸委屈，表示这不是他扔的，要么迫于班主任的气势默默地捡起垃圾。这样的情况，你会如何处理？十年班主任，同样的问题，不同阶段的我，有着不同的想法和做法。

初当班主任，眼中是问题

2012年，我开始担任班主任，遇到的大大小小的问题远比想象中要多得多，劳动卫生问题就是一大难题。刚做班主任的我，眼里容不得沙子，认为学生既没有做好值日卫生，又没有承认问题的责任意识。我大发雷霆，组织班干部讨论，在班级里实行责任区域制度，劳动委员担任监督员，发现谁的位置上有垃圾，便扣谁的卫生分数，增加其值日量。一到课间，我总是在教室里转悠，时时刻刻盯着学生，看谁有乱扔垃圾的行为，并让班干部及时向我汇报班级卫生情况。果然，每当我走进教室，学生们会条件反射地看看自己周围有没有垃圾。我暗自窃喜，果然严盯严管才能出效果。

然而好景不长。不久，劳动委员便向我抱怨：班级卫生工作不好做，让他和很多同学的关系一度处于尴尬紧张的境地；学生们为了不被惩罚，做表面功夫，只在我在教室时做给我看看而已。这个阶段的我，在情绪上，表达了对学生的不满；在行为上，时时、事事不放心，用制度处罚压制学生，看似解决了问题，实则啥也没解决，甚至可能对学生的身心产生不良的影响。

再当班主任，脑中想方法

在自责与反思中，我迎来了我的第二届学生。同样面临卫生问题，我不再大发雷霆，也不再让一个无辜的学生陷入两难境地，而是选择以身作则。每次走进教室，看到哪里有垃圾，我便默默地弯腰捡起来放进垃圾桶。这个时候，周边的学生都很难为情。坚持了一段时间，卫生情况有所好转。

良好的时机就在学生意识到自己不对并想主动改变时。班级大扫除后，开展"班级最靓角落摄影"评比活动，让学生们把打扫之后的干净画面用照片的形式记录下来，在班会课上进行照片比拼。学生们深切地感受到干净整洁的教室能给大家营造舒适愉悦的学习环境。

我还引导卫生委员设计了"我为班级卫生问题献计献策"专栏，利用学生喜闻乐见的QQ、论坛等形式，让学生把心声说出来。卫生委员收集到了大量关于班级卫生问题的反馈和解决措施，在班长的协助下，采纳可行的措施，大家民主投票通过并实施。

再次当班主任，我庆幸自己在情绪上是平稳的；在行为上，我能做到以身示范；在策略上，我尝试把教育的主动权还给学生，相信学生的无限潜能，相信学生自我管理、自我教育的能力。但仅仅如此，就够了吗？我能否做得更好？

现当班主任，心里是学生

很快我就迎来了自己的第三届学生。我可以拥有一届又一届的学生，但是对于学生而言，他们的初中仅有一次。在他们的成长过程中，我要万分小心处理问题的方式，抓住关键节点，促进他们的发展与成长。

此时的我，不再把目光局限于盯着学生的课桌周围是否有垃圾，我在乎的重点是这个学生在班级里过得开心吗？遇到什么困难了吗？与以往带班不同的是，我组织了一系列的班级活动。其中有一些是与卫生劳动相关的活动，比如：最佳课桌评比；组队定期对教室进行大扫除；将班级里的废弃物收集起来卖掉，置办一些生活必需品去看望养老院的老人；在班级里发起爱心捐献活动，给大山里的贫困学生送去温暖。慢慢地，我发现不仅仅是卫生问题，纪律问题也逐渐得到了改善。

有一次，一个因为上学路上骑自行车摔倒受伤导致早上迟到被扣分的女生哭着跑到办公室和我道歉。她说因为她导致班级扣分了，大家这个礼拜的努力都白费了。我没有责怪她，还在课上解释了她迟到的原因。一个平日里比较调皮的男生主动站起来说："老师，小黎受伤了，她的处罚我帮她做吧。"值日班长说："小黎并非故意迟到，情有可原，不应该被处罚。"一个充满爱意的、互相支持、相互理解的班集体，焕发了学生们强烈的主人翁意识和集体责任感。我好像什么都不用做，但似乎什么都做了。当我解决的不是一个个细节的小问题，而是站在高处，看见学生的潜能，培养学生的道德能力，提升学生思维品质时，很多问题不攻自破了。

初当班主任，我眼里看到的都是问题，都是学生的缺点，不相信学生的潜能，想事事为学生操办，一味"看着"学生，而未"看见"学生，结果不仅事倍功半，还引起了学生强烈的逆反心理；再当班主任，我思考的是如何艺术地解决某个问题，起到四两拨千斤的作用；现在当班主任，我看见的是问题背后学生的根本诉求，学生的成长与成才到底需要什么。我告诉我自己，一个合格的班主任在解决学生问题的时候，一定要有三把尺子：我的做法是否遵循了学生身心发展的客观规律，是否发现了问题背后学生的根本诉求，是否能促进学生的终身成长。

十年班主任历程，让我见证了一个又一个学生的成长。从"看着"到"看见"，与爱同行，我也与学生共同成长！

作者简介：罗蝶，中共党员，宜都市外国语学校英语教师，一级教师，宜昌市第二届、第三届明星班主任，宜昌市"周新名师工作室"成员，宜昌市基础教育"1+1+N"学科骨干教师，宜昌市学科优秀教师。

"四颗糖"伴我成长

　　小时候一次犯错，爸爸为了教育我们知错就改，给我们讲了一个故事：一小孩用砖头打了一个同学，被校长看到了，校长请他去办公室。由于他认错态度好，校长奖给他四颗糖。这短短的故事一直回响在我耳边，在那个物资匮乏的年代，一年除了过年才难得吃上一颗糖，何况他一下子就得了四颗！在口水溢出嘴角的那一刻，我暗暗发誓一定要听父母的话，成为一个"乖孩子"就有糖吃。这是我第一次听"四颗糖"的故事，那时并不知道那位校长是谁，也并不知道在当时"棍棒之下出英雄"的年代，那个小孩为什么没有挨打，唯有"四颗糖"馋坏了我。

　　19岁那年，我走上三尺讲台，山里的孩子多数住得离学校远，山路不好走，即使下雨也没人接送，他们带着一身湿进校，顶着一身湿回家。看着他们的湿鞋袜，我给他们买袜子，找来自己的鞋子……十几年前的乡村，上不起初中的孩子大有人在。每学期开学，我翻山越岭步行几十公里的山路，到未到校的学生家里走访，给家长和学生做通思想工作；遇上经济上有困难的，我也总是尽自己所能，给钱给物，帮助学生渡过难关。我的一腔爱感动也感化了不少孩子，但也碰到许多调皮捣蛋的学生。起初在小学，那些调皮的毛头小子，都被我一一"驯服"了，可在我走上讲台的第四个年头，我遇到了几个初三的"愣头青"。那些年，山旮旯里交通不便、信息不通，请不了家长。我罚，他们就逃；我训，他们就顶嘴；我让写检讨，他们就拖……为了让他们守纪律，我与他们斗智斗勇，费尽口舌，但效果甚微，我为此苦恼不已。我的爸爸，又一次给我讲起了"四颗糖"的故事。这次，他不是让我学那个知错就改的孩子，他让我思考为什么那位校长没有责怪、打骂那个孩子，却给了他四颗糖。我若有所悟，这"四颗糖"不再是引得我口水直流的四颗糖果，我第一次觉得教育仅凭一腔热情是不够的，我应该向那位校长学习。那时我依然不知道那位校长是著名的陶校长，我依然以为爸爸讲的是他编造的一个故事。我不再是馋嘴小孩，而是一名教师了，理应从教育的角度思考这个故事。于是，我学着温和地和学生交流、学着真诚地帮助学生、学着就事论事、学着把表扬和批评分开、学着不放大学生的缺点……我成了他们的知心大姐。

一次教师培训，我再次听到"四颗糖"的故事，原来这个故事不是爸爸编的，我为自己的孤陋寡闻感到汗颜。做教育，做好教师，要多读书，这是我在那次培训中最大的收获。我第一次认真阅读了陶校长的这个故事，它引领着我开启了第一批专业书籍——教育故事的阅读。书中自有颜如玉，书中自有黄金屋！我贪婪地吮吸着教育故事中蕴含的一个个教育原则、一个个教育哲理，我也在一件件小事中反思，反省自己的教育过程，思考学生的真实行为动机。每当遇到困惑，我就去找那些相关的教育故事，以前读过的故事忽而有了新意，给了我解决问题的思路。渐渐地，我的班主任工作越来越顺畅并且随着年龄的增长，我教书育人的方法也更加丰富。

转眼，我成为学校"青蓝工程"的"师傅"了。一次，我的"徒弟"哭着向我求助，她碰到了一个入学半年还一点规矩都没有的学生，每天班上都因这个学生鸡飞狗跳，她十分恼火，甚至对三尺讲台产生了畏惧和排斥感，恨不得辞职……听着她的哭诉，我跟她讲了陶先生的"四颗糖"的故事以及我当年的教育故事，告诉她试试自己手中的糖——小小值日生、某某管理员等。她豁然开朗。我还推荐她读周泓老师的《赏识你的孩子》。再次与她交流时，她笑着说："你教我给的'糖'还真管用"。我对'四颗糖'的认识有了新的高度：那不仅仅是教师的爱心和鼓励，而是一种赏识教育的力量！"

赠人玫瑰，手有余香！帮助她的过程，我也获益良多，我将感悟汇成文字，著成了《花开有时》，发表在《三峡文学》上。这些更督促着我时时处处站在母亲的立场去关爱每个孩子。于是，我给调皮的学生留言写纸条、接留守生到家里做客、带不爱运动的学生外出野外锻炼、给单亲孩子送礼物、分批家访或数次家访一家……我愿我的爱不仅如阳光、如雨露，滋润孩子的心田；希望我的爱如一颗颗种子，播撒在孩子的心灵深处！

我在巧施"四颗糖"的同时先后获得宜都市最美教师、宜都市明星班主任、宜都市名师等称号。但我感觉自己与这些荣誉还有很大差距，于是我寻找着新的学习路径——有幸加入了宜都市周新名班主任工作室以及成了深圳市唐露名班主任工作室学员。工作室有"家"的感觉。

2022年有幸参加宜都市班主任大赛，我读着文件，头都大了，育人故事和班会听说过，但育人方略可是头一回听说，这让我再一次感受到自己的孤陋寡闻。正在我打退堂鼓时，周新老师的消息仿若一颗糖，让我感受到了力量。每晚挑灯夜战，现学现卖，可我总是徘徊于门外。我向唐老师求助，唐老师及其伙伴帮我理思路、看稿子，倾心尽力地帮我，我仿佛吃了蜜糖一般越干越带劲。周新老师的指点、各位伙伴的帮助让我感觉我不再是孤军奋战。两个多月的赛程，煎熬着也成长着，让我深深懂得了育人是一项重要的工程，教师需要专业化的发展。班主任大赛是助力班主任专业化成长的手段，走向专业化的路径有专著阅读和专业写作。

为了促使自己向专业化迈进，在周老师工作室，我和伙伴们一起进行案例研讨，从一次次讲座中汲取营养，思维在碰撞中擦出火花。我的分享也从工作室内部、学校辐射到周边学校，走向市级舞台。唐老师工作室有来自各地的主持人、名师，他们每天分享着全国各地的资源。

2023年，我参加了"良师共读"活动，在"圈子"打卡，居然在三个月内读完了五本专业书籍，知道了幽默表达、精细化管理以及班级管理中处理疑难问题的方法策略。我每期都被评为优秀读者，三次被评为优秀作者，获赠三本书。读书得以解惑，阅读后与同事讨论又有新的认知，我就这样乐此不疲地学着、读着、写着，属于我的教育故事越来越多。

如今我加入深圳陶行知班主任成长专业委员会，在群里系统学习陶先生的教育思想，远不止"四颗糖"的故事。我从听故事时的受教育者到不断践行"四颗糖"的教育者，渡人也渡己。我将继续在育人之路上且行且思，用一棵树摇动另一棵树，用一朵云推动另一朵云！

每个人的成长都要经历峰回路转的过程，我的成长从陶先生的"四颗糖"开始。

作者简介：周晓蓉，宜都市陆逊中小学教师，宜都市明星班主任，宜都市名师；25年摆渡学生的同时也摆渡自己，用一颗慈爱之心换得百千学子情。

遇　见

　　1997 年是我人生的第一个转折点。这一年，我的身份发生了巨大的转变：由学生变为一名光荣的人民教师，这意味着我应该肩负起自己该承担的那份责任。踏上讲台，透过环绕在教师这一职业周边的所有光环，我才真正明白：教师，特别是班主任，称呼的背后是一双双渴望被关注的眼睛，是一遍遍不厌其烦地叮咛和嘱托，是办公室抽屉里磨损的针线盒，也是架子上那不知道已经换了第几把的木梳子……我当了 22 年的班主任。班级管理道路上，我懵懵懂懂、跌跌撞撞地一路走过来，学会了淡定、从容，得到了学校领导、家长及宜都市和宜昌市的认可，也算是小有成就。

　　在多年的班级管理工作中，我深深地体会到：做班主任是苦的、累的，但也是快乐的、幸福的。做班主任，让我领略了一路美丽的风景。

遇见一个班——走进山里娃的心

　　师范毕业后，我被分配到一所村小。前往村小的路上满眼的翠绿，热情的村民将我紧紧包围，对于教书、对于未来，我热情高涨，却没想到我遇到的是一群仅小我六岁的孩子们。我被安排担任这个班的班主任，并教授五、六年级的数学。第一节课，当个子矮小的我走进闹哄哄的教室，用最大的声音请同学们安静下来的时候，班里 24 名同学没有一个搭理我，仅有二三人斜眼瞟了瞟，不等我反应，又与其他人聊得热火朝天。尴尬和难堪像潮水般向我涌来。最后，在王校长的帮助下，同学们才安静下来。课后回到办公室，我难过极了，擦干眼泪向王校长请教。王校长语重心长地说："你要想办法让学生服你。"听了王校长的话，我陷入了沉思。我该怎样让学生服我呢？

　　一名好老师必须是长流水，要有渊博的知识，能在那个知识的水桶里不断地注入"活水"。为了应对孩子们的刁钻古怪，也为了让自己更有内涵，我开始不断地学习，给自己"充电"，并时不时地在学生面前展示自己的学识、优点，用自己的"无所不知"去征服学生。此举果然激起了孩子们的好胜心。为了打败我，一开始，一些成绩优秀的孩子拿特别难的问题来问我，我一一解决，表现得游刃有余；渐渐地，越来越多的孩子坐不住了；直到后来，我成了孩子们的"万能钥匙"，他们一遇到问题就找我帮忙解决。

不仅如此，为了和他们"打"成一片，18岁的我，下课后会和同学们一起运动、一起游戏、一起开展各项活动。通过近距离的相处，展现自己的能力和魅力，拉近和他们之间的距离。我们不只是师生，更是朋友。通过自己的努力，我终于走进了这群山里娃的心。

遇见一群人——培养一批小帮手

"老师，×××打我。"

"老师，×××拿我的书。"

"老师，×××和×××在打架。"

"老师，……"

一年级和其他年级不一样，孩子们还不懂规矩，告状成了家常便饭。这不，头一次当一年级班主任的我，不停地为他们解决着一个又一个小问题，头都大了。坐在我对面的李老师告诉我："小曹老师，你这样带一年级会一直忙，你要从一年级开始，培养一批班干部来帮你，建立起良好的班风，你才能轻松一些。"是啊，以前担任其他年级的班主任觉得轻松，是因为有比较成熟的班委，通过一段时间的观察、了解、询问，我确定了五名表现优秀、自律性强、在同学中比较有号召力的同学，成为班干部。

我开始培养他们。首先，教他们该做些什么事情，比如：管理课间的纪律，教室的卫生，监督、提醒同学哪些事不能做，做老师的小帮手，随时向老师反映班上发生的事情。光有班干部还不行，这些班干部说的话同学们听才行。所以，接下来我要帮我的班干部树立威信。我将权力下放给班干部，做他们坚实的后盾。正所谓权力越大，滥用职权的危险就越大。为了制约班干部，我让全班同学监督他们的言行。经过培养，五名班干部逐渐成熟起来，我班的班风越来越好，班上告状的学生越来越少，我这个班主任也越来越轻松了。

正是因为与班干部的彼此信任、默契配合，教育之路越发顺畅。

遇见一个人——关爱特别的他

"咚咚咚"我正兴致勃勃地上着课,教室里传出了不和谐的声音。只见小程同学手拿一支铅笔,在课桌上不停地敲着,并不理会老师和同学望向他的目光。小程非常聪明,但上课总是不听讲,自己玩自己的,还时不时地制造点动静,作业也不能按时完成。对于老师的批评他毫不在乎,多次谈心后仍无济于事。只要问他上课为什么不听讲、不做作业,他总是无所谓地回答"不想听啊""我懒啊"。对于他,大家都无可奈何。我忧心万分,暗暗下决心:不能放弃,我一定要尽力改变小程!

周末上午,我踏进了小程的家门。通过详细的了解得知,小程家里有六口人,爸爸、妈妈、爷爷、奶奶和姐姐。爸爸妈妈在外打工,平时不常回来,也不怎么管他,他和姐姐跟着爷爷奶奶生活。前几天,整天忙碌的爷爷出了车祸,住院了。他是一个极度缺爱的孩子。他耍酷、疏远别人,是因为他想保护自己;他上课喜欢制造动静,是因为想得到别人的关注。于是,我再一次找他谈心,告诉他,我很关心他。从此以后,我每天都给予他更多的关心,时不时地给他一个拥抱。刚开始,他觉得特别不好意思,羞涩地笑笑。

后来,碰到我,他会主动走过来抱抱我。课堂上,我"表扬他"说:"看看我们的小程同学,他就要认真听讲了。"他一脸震惊,红着脸,竟开始听讲了。从那以后,我总是微笑着"表扬"他,每次他都能及时地改正错误。时间长了,小程变了,在我甜甜的批评下,他开始主动学习、完成任务了,受到的表扬越来越多。小程的转变,源于我对他特别的关爱。

小程奶奶在家长会后拉着我的手,对我说:"曹老师,遇到您,我的孩子太幸运了,太谢谢了!"其实我也想说感恩这次遇见,与小程的一次次"较量",让我懂得耐心、包容,注意措辞、方法等,这于我而言又何尝不是一种成长呢?

遇见最好的自己——做学生的榜样

我很庆幸,历时27年,在我最美好的年华里、在最喜欢的岗位上,我遇见了更好的自己。

子曰:"其身正,不令而行;其身不正,虽令不从。"教师,特别是和学生相处最多的班主任,不仅要以满腔热情和主人翁的精神对待本职工作,还要以良好的形象影响和教育学生。为了当好这面镜子，下课后我总会站在讲台上，细心整理粉笔盒、课本、教案等，告诉学生我们在下课后要把课桌整理好。以身垂范，学生受到启示，他们也会把自己的课桌、书包、铅笔盒收拾得整整齐齐。在教室里、走廊上发现有学生丢的垃圾时，我会弯腰把它捡起来，并告诉学生我们要爱清洁、讲卫生。丢垃圾的同学的脸会变红，慢慢地不丢了，他们学会了和我一样随手捡起地上的垃圾。是的，教师的行为举止对学生具有无声的示范作用，是一种无声教育。

做好一名班主任很累，但同时，我也享受着学生给予的快乐和幸福。课上听到学生精彩的回答时，我是快乐的；听到一声声稚嫩的"老师好"时，我是幸福的；学生取得进步时，我是快乐的；节假日收到学生的祝福时，我是幸福的；当毕业班的学生围在我身边不愿意离开时，我是幸福的；学生在毕业后，专程到我家去看我时，我是幸福的；毕业多年后的学生向我汇报自己的成绩时，我是幸福的……

有个同学在作文中这样写道："这就是我的班主任曹老师，一个在讲台上、课桌边、班级群里，寒来暑往不停'啰唆'的人。细细想来，她每一次的'啰唆'还不都是为了我们？"这番话，是我人生所有遇见中最美的答案！

作者简介：曹桂林，担任了22年班主任，8年少先队辅导员，4年教务主任；宜昌市优秀少先队辅导员，第二届宜昌市明星班主任，宜都市明星班主任，校优秀班主任。

做一个有目标的班主任

做班主任的第一年我感觉特别累。那时候的我像一个修理员，为了让学生更优秀，我尝试寻找他们需要改进的方面去完善，为了让学生的学习生活更加有序和方便，很多班级管理的事我亲力亲为，力求为他们创造最舒适的环境。时间一长我发现问题似乎越来越多，他们的成长也并不明显，焦虑中我开始怀疑自己是不是不适合做班主任。

2017 年，学校带领教师们梳理育人目标，倡导以目标为导向建构学校课程及评价体系。这项工作给我带来了灵感：一个班级是不是也应该在育人目标的导向下成长呢？班主任不应该是修理员的角色，而应该是船长，带领班级在"目标地图"上前进。接下来的几年，我潜心研究如何制定班级育人目标、如何落实班级育人目标、如何评价育人目标落实的情况……在这个过程中，我不断地学习、反思、梳理和总结，我发现当班级和我都有了目标，我们的成长就有了方向。

制定育人目标，做眼中有人的班主任

制定班级育人目标十分具有挑战性。谁来制定？依据是什么？班主任一个人来制定显然不合适，若目标是班主任的，那学生的主体性该如何发挥？家长会支持吗？一番思考下来，我决定尝试让学科教师、家长、学生一起制定班级育人目标，这样一来，目标制定的过程也是形成价值认同的过程。于是家长会上，我和家长们商量，询问他们希望把孩子培养成什么样的人；召开"我想成为什么样的人"主题班会，让学生梳理成长愿景；号召学科教师讨论：我们可以在哪些方面给学生成长助力？就这样，和班级有关的每个人都参与进来，"培养有温度、会发光的人"成了大家心中共同的目标。

很庆幸我做出了正确的选择，我体会到做一个眼中有人的班主任是多么重要。很多决策一旦少了学生和教育伙伴的参与就会有片面、专断的风险，在确定目标这件大事上更是如此。

班级管理，做会让位的班主任

目标的落实需要发生在育人活动的始终。在班级管理中，我曾以为教师制定规则更权威，但执行效果一般；班级管理中我曾亲力亲为，总担心学生做不好；我常把精力放在行为习惯的约束和纠正上，殊不知，当学生找到归属感和价值感的时候，那些好的行为会自然而然出现。在学习了马克思主义哲学中主体性的概念后，我开始尝试民主建班，让学生学会自主管理，如班级规则由学生说了算，自己制定的规则学生往往更愿意执行；人人都是班干部，一切事物都让学生充分参与；为了给班级建设添砖加瓦，学生自主开展班徽设计、种班花等活动，他们选择了象征幸福、乐观的向日葵作为班花。播种、施肥、浇水，班花在教室外面安家了，每个小组认领一盆悉心照料，一有时间他们就会蹲在花盆旁认真观察。为了让班花多晒太阳，每天早上他们将花盆移到阳光下，下午又移到另一边。当第一个花苞长出的时候，他们写了一篇新闻邀请全校师生来欣赏和爱护。第二天一早，教室里却传来惊天动地的哭声，原来那朵花苞不知被哪位爱花者摘去了。我很心疼，毕竟那是他们悉心照料几个月的成果。

当班级的每件事都与学生息息相关时，学生便能成为班级真正的主人。做事就是发展人，学会让位，学生才有更多的发展机会。

个性化育人，做会搭台的班主任

有了民主管理的体验，我越来越坚信，每个学生都是独一无二的，那怎样让每个学生都闪耀出自己独特的光芒呢？我尝试搭建平台让他们绽放自我，好书推荐、数学讲坛、社团活动等活动都是他们热爱的舞台。我鼓励学生参与校内外各种赛事，印象最深的是那场歌手大赛，因为知道他们胆小，我事先没告知是校级活动，等他们精心准备好、板上钉了钉才知道。他们半推半就上了台，有个女同学怎么也不敢上台，我便牵起她的手和她一起唱完整首歌，实现了她人生中第一场演出！

兴趣是最好的老师。这学期他们成立了彩虹诗社，在校园广播站创设诗词分享栏目，为诗香校园的建设贡献力量。社长本是一位默默无闻的同学，没想到经过一个月的锻炼，她就可以独当一面。她带领成员挑选诗词、赏析诗词、录制音频，还制定了社团活动规则。一时间，彩虹诗社火遍全校，社长成为班干部榜样，还被评为"创新学子"。

当班级因为有各种平台而变得立体，学生的个性化发展才能充分实施。原来班主任不能一味寻找短板修补，盯着学生的不足只会让我们陷入焦虑，学会搭建平台，用长板撬动学生成长，开启学生的发动机才是最有意义的助力。

牵手家长，做家校共育的班主任

在班级这个大家庭背后有很多个小家庭在支撑，引导家长改善教育方式、帮孩子建立良好的自我认知，是育人不可缺少的。我尝试带领家长开展育儿沙龙，共同交流孩子成长中遇到的问题，带领家长通过阅读转变理念，学习育儿方法。

2019 年，我班有个女同学品学兼优但十分不自信，说话时她从不看别人的眼睛，声音也极小，那种谨小慎微让人心疼。和家长交流后发现，问题在于她妈妈的抚养方式：无论女儿做什么她都喜欢在一边"指导"，总觉得孩子这也做不好、那也做不好。这种指导对孩子来讲简直就是"指手画脚"，让孩子无所适从。我推荐这位妈妈阅读《正面管教》，鼓励她试着信任孩子，让孩子独立解决生活和学习中的问题，多给予肯定。这位妈妈咬牙坚持了半个月，孩子开始发生变化，一个代表性的表现就是敢和妈妈说"不"了。她妈妈一开始受不了，我鼓励她尊重孩子的想法。孩子只有感受自己的力量，看到自己的优秀才能变得自信。当然，突然失去了管束，孩子可能会有一些习惯的退步，坚守底线让孩子学会为自己负责即可。大半学期后，她的妈妈告诉我，小区里的邻居都说孩子就像变了一个人。

教育是一棵树摇动另一棵树。当孩子成长于一整片绿意盎然的森林中，她更有机会成为参天大树；当我不断学着用专业知识去帮家长解决育儿难题，猛然发现，渡人渡己，家长不知不觉中成为我的伙伴甚至后盾。

做班主任这些年，育人目标成为我的法宝。基于育人目标下的班级成长研究和学习，让我把住了属于自己的舵。从班主任制定班级目标到发挥教师、学生、家长三方合力共同梳理班级目标，让班级目标内化为教育磁场中每个人的信念；从事无巨细的包办到让学生自主发展，我知道了成长只能是学生自己的事，旁人无可替代；从寻找短板、焦虑改造到搭建平台、绽放每一个学生，我知道了顺应学生个性发展弥足珍贵；从孤军奋战到拥有家长和学科教师的支持，我知道了好的教育从来都是双向奔赴……落实育人目标的过程并不是一蹴而就的，基于问题的学习和写作让我的思考更深入。我会努力做一个有目标的研究型班主任，带领一个有目标的班级共同成长，让我和学生成为彼此成长中的明灯。

作者简介：刘贝贝，宜都名师，明星班主任，宜昌市彭兰苏名师工作室成员，名师智库荣誉讲师，宜都创新实验学校数学教研组长，分享式教学项目组负责人。

爱润童心，共享成长

我喜欢做老师，喜欢当班主任，从教 27 年，我做了 25 年的班主任，同事和家长都称我"孩子王"。给我一个班，那便是我们师生患难与共、一同成长的精神乐园，是我们辛勤耕耘、用心打造的温馨家庭。

一年又一年，大家说我是浇灌祖国花朵、护其苗壮成长的辛勤园丁，但在我看来，在我用爱润泽童心成长的同时，孩子们又何尝不是我在教师路上不断丰富经验、突破自我的见证者呢。

走近学生，滋养师爱

自从 2007 年调入城镇当老师，喧嚣的闹市、紧张的生活、繁忙的工作一度让我失去了走村串户去家访的那份亲切感和幸福感，我常常以"请家长"这种固有的、严肃的方式维系着和学生家庭之间的联系。以老师自居成了我的教育陋习，让我失去了很多享受当老师的快乐的机会。

幸运的是，随着我重新拾起走街串巷、深入家庭的家访活动，我渐渐感受到要让学生懂得爱，老师要先拥有爱。只有滋养师爱，才能埋下一颗充满爱、播撒爱的种子，润泽一颗颗真善美的童心，给孩子们的人生涂上健康、积极、阳光、和善、正直的五彩底色。

一个名叫小宇的同学给我留下了深刻印象。因为经常迟到，我曾让小宇留校，下午五点多钟他便哭哭啼啼地说回家时天就黑了。当时我以为他找借口，又多留了他十分钟，心想坚决要让他印象深刻，从而保证教育效果。第二周，小宇的迟到问题仍未得到解决，我决定进行家访。下午五点我们准时从学校出发，沿着弯弯曲曲的乡村公路走了一个多小时，一路翻山越岭，天色摸黑我们才来到小宇在乡下的家。此时我才知道，因为家远，小宇每天早上只能由父亲骑摩托车在去县城打工的时候绕路载过来。

这次家访让我意识到自己的行为是多么自以为是，我也明白了，了解学生十分重要，老师一定要把学生放在心上，摸清他们的家庭、性格、心理、优点、缺点以及表现出的喜怒哀乐背后的原因。

在那之后，我每接一个班都坚持做到三个一：一周内给每位家长一封信（也可以是 QQ 或微信），介绍班级育人策略，征集班级管理公约，传递关爱孩子信息，分析每个学生的潜能，营造班级良好的育人氛围；一月内普访学生一次（包括家长到校），深入每个学生家庭，了解孩子的教育现状，整理、完善学生信息，为因材施教、全面育人做充分准备；一学期内共建班级文化，号召学生、携手家长、联动社区，共同打造班级环境，制定班级目标，建立班级管理细则，策划主题育人活动，构建起"家—校—社"全面育人网络。

通过多年不懈的努力，我所带的班级充满团队凝聚力，年年被评为校级优秀班级，被表彰为校级一星中队、宜都市级二星中队、宜昌市级三星中队。

协调家长，相互理解

教育是雕塑人心灵的艺术。俄国教育家乌申斯基说："如果教育者希望从一切方面去教育人，就必须从一切方面去了解人。"

还记得初做班主任时，我以为身处校园关注学生动态、把握学生成长情况便是承担起身上"班主任"的责任。可那几年我总觉得自己和学生之间有一堵隐形的"墙"：墙里，学生在班级中学习、成长，墙外，学生在校外的生活情况我一知半解。那时，我看着学生进教室时一个个迥异的小表情，却不知道表情背后发生了什么，帮助学生培养好习惯的过程也有些事倍功半。

问题出在哪里呢？我带着疑问向身边的老教师请教。我意识到家庭教育是学校教育的基础，教师的想法和措施再好，如果得不到家长的理解和配合，抑或家长与教师的想法、做法背道而驰，那么孩子教育的效果肯定会大打折扣。

自那之后，我每接一个新班都会把每个学生的具体家庭住址、爸妈的工作、电话号码、学生的身体状况做详细的登记，以方便平时的工作。学生来自不同的生活环境，有着不同的遗传禀赋和家庭教育背景，形成了不同的个性特点。因此，班主任要特别注意因材施教，对不同的学生使用不同的方法，在不同的场合使用不同的方法。慢慢熟悉后，每当学生出现一些问题，我都会根据他的家庭情况分析并找出原因，然后找家长配合我的工作，有的放矢。

在协调家长配合班主任工作的时候，我发现每个家庭各有不易，作为班主任，我应该站在家长的角度思考问题。家校合作不仅需要家长配合工作，班主任也需要理解家长的心情。

曾经我会因为放学开班会想多嘱咐学生几句而拖堂。但不固定的放学时间会给家长带来什么问题呢？夏天天热，家长在门口等，一晒一个多小时；冬天天冷，家长在门口揣兜搓手、冻得不行；有的学生因为放学晚了赶不上车，人身安全得不到保障。站在家长的角度考虑这些问题后，我便在班上特别注意按时放学，我会提前通知扫地的学生，让其跟家长说下周做卫生，免得家长来得太早等过长时间。这对于老师来说不过是一句话的事情，但对于家长来说能避免不必要的麻烦。

理解是相互的，只有班主任和家长彼此理解，才能心往一处想，劲往一处使，共同培养孩子健康成长。

自我赋能，共享成长

做一名班主任，心中有光才能照亮学生，自我赋能方可为学生成长奠基。我不断加强自身学习，促进专业发展，与学生共同成长。

2013年为了参加宜昌市小学数学优质课竞赛，我放弃了所有的休息日，每天加班加点地查阅资料，每个周末都把儿子带到学校，他在办公室做作业，我就在旁边一遍遍地修改教案，在教室里一遍遍地模拟课堂。功夫不负有心人，我的教学得到了认可，竞赛中我获得了宜昌市数学优质课竞赛一等奖。

如今，奔五的我依然站在课堂一线，与年轻教师一起参加宜都市"好课堂"优质课竞赛。在磨课组长李莉老师的指导下，我秉承着踏实肯学的态度一遍遍磨课，一次次向身边优秀教师请教。我相信，坚持下去，定有丰收的一天。

一路走来，我在教学之余既要陪伴孩子又要照顾老人，坎坎坷坷。很多次我都觉得自己坚持不下来了，但是面对班里一双双期待的眼睛，我知道他们承载着一个个家庭甚至是一个个家族的期望，我还是坚持了下来。

我乐做老师，爱做班主任，并立志为做一名最美班主任、优秀班主任而不懈努力。置身于"班主任"的角色，我感受着学生们的万千世界，见证着学生们的茁壮成长，也收获着属于自己的成长。

作者简介：刘玲，宜昌名师，宜都名师，宜昌市明星班主任，宜都市最美教师，优秀共产党员，优秀教师；优质课多次获宜都市、宜昌市一等奖；发表多篇论文；参编案例集《校本研修一路行》。

唯愿尽心育桃李，不问辛苦为谁忙

　　真正的教育当如水，是滋润；当如火，是点燃；当如风，是唤醒；真正的教育工作者应该有匠人之心，用心雕琢每一个孩子；真正的班主任应该用智慧和气度将教室的宽度无限延展。基于这样的理念，我已经专注小学教育26年。

　　1997年，18岁的我结束了在枝城师范的学习，被分配到楼子河小学。

　　这所山村小学坐落在靠长江边的山坳里，一来一回，免不了是"天晴一身灰，下雨一身泥"。学校是真的小，感觉每天阳光只在学校操场上做短暂的停留，不一会儿就被两面的高山挡住了。上完一节课，我满身都是粉笔灰，老校长告诉我，粉笔得省着点用。在简易的水泥乒乓球台的中间放几块砖头当球网，没有球拍，孩子们就用木板或书本代替。一下课，坑坑洼洼的操场上一片生龙活虎。

　　就在这么一小块地方，我学会了在课堂上倾心投入，学会了在办公室与孩子们促膝谈心；就在这么一小块地方，我最喜欢听孩子们远远地叫我"老师好"，我收获了节日里最质朴的问候，看到了孩子们成绩进步时的笑脸；就在这么一小块地方，我读懂了小舅的骄傲和期待；就在这么一小块地方，我完成了从失落到迷茫到坚持的蜕变。直到这所村小的使命完成，我才离开了这里——我梦想启航的地方。

　　带着新的梦想和期待，我先后扎根在罗家冲小学、庙桥小学，由当初的一名青年变为中年……

　　席慕蓉说："每一条走上来的路，都有它不得不那样跋涉的理由；每一条要走下去的路，都有它不得不那样选择的方向。"我的学生走了一批，一批又跟上，就像田里的庄稼，一茬黄了一茬又青了。2014年，我来到了清江小学。

　　尽管17年的乡村小学工作的打磨，我已渐渐成熟，但来到这样一所大学校，我依然压力倍增。我深知：唯有加强学习，才不会掉队。于是，我利用闲暇，向同事们取经；利用课余时间，向孩子们了解他们喜欢的课堂模式；利用八小时之外的时间，阅读多种专业杂志。足迹所到之处，皆是磨砺。在课堂示范中、在案例分享中、在教师互动中，我收获了阵阵掌声，但我时刻提醒自己：走多远，就要学多少。

有人说"做老师没当过班主任，就像当兵没摸过枪一样。这么多年一直当班主任，是我最开心的事情，因为我觉得班主任就是学生的另一位母亲，是一名全能战士：发通知、收回执时是秘书；打扫卫生时是保洁员；孩子流鼻血、磕碰时是医生；同桌起争执时是法官；丢东西时是警察；课间活动时是玩伴；孩子有小情绪时是知心姐姐……

累并快乐着的班主任工作，是爱，也是被爱。

还记得一次课堂上，我范读课文，在教室里来回走动，发现一个男同学总是有意无意地往课桌里面看。我暗中注意着他的举动，原来他在玩用彩泥捏的小机器人。读完课文，我悄悄走到他的身旁，他丝毫没有觉察。我顺势弯下腰，侧过脸凑近他，轻声问："乐乐，能把你的小机器人给我欣赏一下吗？"孩子反应过来，脸一下红到了耳根，很不好意思，小心翼翼地拿出了自己的宝贝，不舍地交到我手里，眼里有种就此诀别的留恋。我拿起捏得惟妙惟肖的小机器人，先是好好欣赏了一番，接下来我对孩子们说："同学们，刚刚我们读到的课文中，孩子们把鼓励和赞扬的掌声送给了因为腿脚有残疾而自卑的英子，改变了英子的人生。这是咱们班乐乐同学捏的机器人，如果大家认为这个小玩意捏得很不错，咱们把掌声送给乐乐！"教室里响起了热烈的掌声，乐乐由紧张变得不好意思，顺势，我接着说："我知道同学们最近都在玩这个，而且做得很棒，老师为你们高兴，你们又学会了一项技能。其实，老师像你们这样大的时候，也喜欢玩各种玩具，可是，老师要提醒大家，正确的做法是，玩的时候尽情玩，学的时候认真学。能答应老师吗？""能！"掷地有声的回答让我有了信心——我知道，这叫爱！

还记得，玩世不恭的章同学，最终蜕变，取得骄人的成绩而欢呼雀跃——我知道，这叫爱！

还记得，不想读书、把自己关在房间里好几天的晓艳，在我一次次的家访后，终于回到教室，我给了她一个大大的拥抱，晓艳哭了——我知道，这叫爱！

还记得，玥柯和思哲同学在"环保时装秀"上获得阵阵欢呼，我为他们喝彩，他们乐得像朵花儿——我知道，这叫爱！

还记得，校运会中，飞跃同学在800米比赛中以超常的毅力打破纪录，他第一个跑来告诉我——我知道，这叫爱！

　　还记得，思怡同学的父母离异了，母亲常年在外，只有年迈的外婆陪伴她，我常为这个孩子揪心、担忧——我知道，这叫爱！

　　就这样，我爱着，也被爱着：教室里站久了，有孩子主动为我搬凳子；嗓子哑了，有孩子在我的屉子里塞润喉片；请假在医院照顾生病的家人，有孩子打电话哭着问我什么时候回学校……

　　那一次，走在值班结束回家的路上，"邓老师！"一个健壮的小伙子骑着自行车停在我身旁，"邓老师，我一眼就认出您了，您还记得我吗？我是您的学生，庙桥的东伟啊。"我瞬间想起：那年我去家访的时候，东伟的妈妈正在挑粪，连忙洗手，坐下来和我详谈孩子的事情。东伟两岁时父母离异，六岁时有了现在的张妈妈。出于对孩子负责，张妈妈对孩子的管教很严格，而这却被他人视为继母的薄待。每到长假，东伟会到生母身边生活一段时间，大人之间的感情纠葛，影响了孩子的正常生活，就这样在一松一紧中，东伟的养成教育被做成了"夹生饭"，学习基本是自己管，也几乎不跟张妈妈交流，很是孤僻。我跟张妈妈详细介绍了东伟在学校的情况，还特意提出了孩子的眼睛近视问题，讲得最多的是希望家长能处理好和孩子的关系。孩子不是天生调皮，也不是天生孤僻，他需要成人的正确引导。从那后，我成了东伟家的常客。

　　"邓老师，您知道吗？我大学快毕业了，快要成为一名体育老师了呢！"我用力地拍了拍孩子的肩膀，当年的"熊孩子"也成了"我"，还有什么消息比这更让人兴奋？

　　我时常想：教室里的每一个孩子都由父母含辛茹苦养大，我的教室里坐着每个家庭的全世界。北京有位校长说过："关心孩子一辈子的教育，一定是素质教育；关心孩子一阵子的教育，一定是应试教育。"希望我们与孩子们用心学习、快乐生活的这一阵子，能影响孩子们的一辈子，哪怕只是一点点。

　　我既然做了老师，那就不能躺在过去的荣誉里，也不能虚妄未来，唯愿尽心育桃李，不问辛苦为谁忙。

作者简介：邓钰萍，宜都市清江小学教师，宜昌名师（明星班主任），宜都市最美教师，优秀班主任；所带班级被评为2018全国班级文化建设先进集体、宜都市优秀少先队中队。

做幸福的追梦人

花开花落，时间从不停留；教海泛舟，生命从不辜负；努力奔跑，梦想从未停止。我一直是幸福的追梦人。

沐浴杏雨，青衿之志

我至今仍清晰记得初中时的班主任吴老师。每每晨跑，她总是陪着我们一起呐喊、一起冲刺，不让我们掉队，在学习中更是不断鼓励我们，要迎难而上。因为家境贫寒、缺衣少食，有一天我病倒了。看着父母为我筹钱焦急的样子，我强忍着泪水决定放弃读书，减轻父母的负担。第二天一早，我迈着艰难的步子找到吴老师，告诉她我不想读书了。她听到此消息时痛心疾首，语重心长地对我说："人总有遇到困难的时候，但越困难越要坚持，有什么困难你说出来，我愿意帮助你。"我的眼泪夺眶而出，说出了自己的真实想法。在吴老师的开导下，我坚定了信念——要读下去。

也是从那以后，除了辅导学习、嘘寒问暖之外，吴老师还隔三岔五地让我陪她吃饭。那一句句暖心的话、一碗碗热腾腾的粥、一次次温情陪伴，激励着我不断前行，迎难而上，以优异的成绩毕业。

是她，在我最无助的时候给予了我无私的关爱，点亮了我的人生道路；是她，让我有了成为一名老师的梦想，梦想着和她一样做一个有温度的老师。

情系桑梓，追光启航

1997 年秋，寻着梦想，我成为一名家乡最偏远的一所农村小学教师。初上讲台，虽满腔热情，但面对农村硬件"短缺"、软件"麻痹"的情况，我陷入了困境。此时，我遇到了事业上的第一位贵人——何校长，他指引我迈出了专业成长的第一步。在何校长的指引下，白天，我激情飞扬，与学生为伴；晚上，我挑灯夜读，与书籍为伍。在理论和实践的循环往复中，我逐渐有了底气，也形成了一套自己的教育方法。

孩子们课间生活单一，我就教他们唱歌、舞蹈、书法、剪纸，丰富的课余生活让孩子们感受到了校园生活的快乐。当我得知班里有留守儿童时，我便利用课余时间逐一与他们谈心，给他们辅导，做他们的知心姐姐，让他们感受到集体的温暖。

由于农村收入低，重视教育程度不够，时常会有孩子因家庭原因影响学习，因此，家访成了我的重要工作。小丽同学经常迟到，上课无精打采，询问原因，她哭着说："我家离学校太远，爸爸要工作没办法送我，我每天起得很早，自己走到学校，但总迟到。"我没有责怪她，决定下班后到她家家访。那时村里没有路灯，手电筒成了家访路上的必备品。刚走了一半的路程，手电筒没电了，我心里害怕极了，心想这次家访就算了。正当我想退缩时，我想到了作为老师的责任——不能让一个学生落下。于是我鼓足勇气，冒着黑夜前行。当得知我只身一人冒着黑夜前来家访时，家长马上表示愿意挤时间接送孩子，保证孩子能正常上学。

渐渐地我和孩子们处成了朋友，总能收到他们的意外惊喜：一颗甜甜的奶糖、一个酸酸的橘子、一束清香的桂花……我和孩子们约定，我会陪他们读完小学。可我失约了！一纸调令，我要离开这里，到城里任教。临上车时，孩子们围着我，哭声一片。小丽紧紧地拽着我的衣角，用她那企盼的双眼看着我，用沙哑的声音说道："老师您能不能不走？我舍不得您！"当时我哽咽了，我何尝舍得离开他们呢！

回想起来，当年的场景历历在目，是孩子们让我收获了为师的幸福，明白了师爱的含义：用温暖换来的是更广阔的天地。

丹心一片，智慧点亮

带着对孩子们的不舍，我被调进城里的一所小学。地域和环境的改变，让我一下子失去了底气。朴实的衣着，再加上年纪小，家长对我产生了质疑。各种不适夹杂在一起，让我变得很失落，但生性倔强的我并没有被这些困难打倒，而是用对教育的执着和对孩子们的偏爱，收获了快乐。

刚入校，我就带了一个特殊的班级——所有孩子均不到法定上学年龄。他们不仅习惯差，还特别娇气；不是这个在哭，就是那个在闹！我每天都处于手忙脚乱中。班里还有一个特殊的小女孩。

她叫小琪，不仅是兔唇，还得了小儿麻痹症，走路东倒西歪。我最担心的是她的安全，婉言劝小琪爸爸让孩子读特殊学校。小琪爸爸听后泣不成声地说："这孩子已经够可怜了，如果再把她送到特殊学校，岂不是更可怜？！"我一句话也没有说，牵着小琪的手走了。从那一刻起，我决定把她当成我最特别的孩子，给她特别的爱，让她和其他孩子一样健康快乐。

我给她专门找了一套矮桌椅，让她坐在离我最近的地方。课上，我总是笑着让她回答问题，虽然听不清她说了什么，但我总会为她竖起大拇指。课下，我会轻轻地抚摸她的头，温柔地和她交流。我会把她当成正常的孩子，犯了错时批评她，表现好时奖励她。班会课上鼓励她走上台大胆表演，集体活动让她走在班级的最前面。为了更加了解她，我走进了她的家。去得次数多了，我和小琪的家长处成了朋友。他们说把孩子交给我很放心，愿意配合我一起帮助小琪。在我的引领下，同学们也改变了对她的看法，愿意和她玩。慢慢地，她变了，眼里有了光，脸上有了笑容，自信多了。

一只可怜的"丑小鸭"在爱的光环下蜕变为美丽的天鹅，一群稚嫩的天鹅羽翼也更加丰满。

带着对教育的执着，我走过了自己最美好的年华。成长的道路虽布满艰辛，但满园的芬芳带给我无比的快乐！我所带的班级多次被评为文明班级，我被表彰为学生最满意的老师。

同心前行，筑梦未来

"能用众力，则无敌于天下矣；能用众智，则无畏于圣人矣。"在成长的道路上，一个人可能走得更快，但一群人将走得更远。我很庆幸自己一直在优秀的集体里成长。遇到难题时，同事们总是帮我出谋划策；停滞不前、迷茫时，学校为我提供学习的平台，给我成长和锻炼的机会，让我从一个慢慢摸索的老师成长为学校的骨干，成长为宜昌市明星班主任。团队，永远是我成长的基石、坚强的后盾。

团队中成长的我，不忘感恩之情，愿将自己的所有经验分享给我的同路人，让他们和我一起筑梦前行。今年4月，学校为成功开好家长会，让我做经验交流。我欣然接受任务，精心组稿制作课件，为我们集团三个校区做了题为"家校合力，同心共育"的专题讲座。我从"确定主题，精心筹备""精选流程，巧设板块""精细入微，选择方式""有所作为，有所不为"四个方面进行了交流。希望年轻教师站在我的肩膀上，少走弯路，与家长合力，促进孩子健康成长。

筑梦的路上一个人虽快乐，但一群人前行才更幸福。姚老师是一位有思想、有自己特色的班主任，我很荣幸成为他的指导老师。我带的班和他的班是兄弟班，仅一墙之隔。当看到他处理学生矛盾棘手时，我献计献策；当看到他布置最美教室有些地方需改进时，我不忘点拨；当听说有家长不支持他的班级工作时，我及时解围。因为有着共同的梦想，他成长得非常迅速，所带班级被评为文明班级，姚老师也成长为优秀班主任。

在追寻教育梦想的道路上，我是幸运的，也是快乐的，更是幸福的！我的教育之路虽然平凡，但目光所及尽是触及芳草园的风景。作为学生心灵的点灯人，我愿自己的教育梦想，能带领学生健康成长，能引领学生不断奋进。无论何时，教育的这条修行道，定能染出芳草翠色，迎来花儿绽放，我始终是教育的追梦人。

作者简介：辛艳丽，宜都实验小学城南校区教师，宜昌市明星班主任，宜昌名师、优秀教师、优秀少先队辅导员、优秀指导老师、学生最满意的老师、优秀班主任。

春风化雨，静待花开

有人说，班主任是全国最小的主任，权力小、责任大，肩负着最繁杂的工作。此言不虚，班主任无职无权，早出晚归，每天有生不完的气、处理不完的问题。

斗转星移，时光荏苒，踏上三尺讲台至今，我已做了十几年的班主任。记得刚当班主任时什么都要从头开始，在学习中感悟、在实践中摸索、在反思中总结，我日益深刻地领悟到"凡事皆认真，用心俱可成"，正因为如此，我慢慢地爱上了班主任这个岗位，也逐渐形成了自己的管理风格。翻开记忆的心扉，展现难忘的记忆，在当班主任的道路上，有许多伤心、心酸、后悔的事，也有许多欣慰、激动、感动的故事，我至今记忆犹新。

助燃梦想

在我担任高三班主任的第二年，杜同学，一个来自偏远乡村的小姑娘，她羞涩但懂事、勤奋但缺乏动力，成绩高低起伏，波动较大。为让她胆子大起来，我让她做我的科代表，让她每天都与我沟通交流。她从开始见到我时的战战兢兢，慢慢地能问我题目、帮助我检查其他同学的背诵情况并记录考试成绩，直至能主动和我沟通、聊天。在相处中，我发现她学习信心不足，但各科平衡，有冲击本科院校的实力。因此，我经常和她谈话、交心，让她想想父母对她的殷切教诲——希望她高考金榜题名，今后能学有所成——借此鼓励她树立考本科的目标，并为之拼搏奋斗！一段时间后，她学习劲头更足，成绩也有了很大进步，但依然波动较大。为了激发她的学习潜能，我给她下了一剂"猛药"：给她的家长打电话，让她的家长每周六来校看望她，与她交流，给予关心及鼓励，同时给她送点菜，改善生活。我时常会笑着打趣道："你妈妈今天送的是什么？这可是你妈妈对你的殷切希望啊！"她每次都眼含热泪，笑着点点头，说："我晓得！"趁热打铁，我对她说："父母对子女的期望和要求，旨在帮助子女成长、壮大并挖掘自己的潜力，从而取得成功。父母也期望子女能够掌握正确的价值观、道德观和行为准则，遵守社会规范，成为一个自食其力的人。"她的高考成绩超过了本科录取线，虽因家庭经济困难，未能进入本科院校大门，而是选择了武汉职业技术学院，但她不后悔，因为高三学习的过程是她一生的财富，是她走向社会的一个非常好的起点！大学毕业后，她非常阳光、自信，不论在哪工作，都能融入群体，得到领导的好评和认可。

班主任要积极关注学生的成长和发展，引导他们树立责任感和担当精神，鼓励学生在其人生的每一个阶段积极勇敢、认真负责地对待每一件事情，发扬拼搏奋斗的精神，不断挑战自我、突破自我，做最好的自己！

唤起潜能

我还清晰地记得 2012 年 8 月底，我中途接手了高三一个班，当班主任。这个班比较活跃，但文化和专业基础较差，我以如何提高学生的基础知识为契机进行班级管理，要求学生每周必须问老师问题，并将此作为考核的依据。以学习为中心的转变让部分同学适应不了，产生了碰撞。让我印象最深的是杨同学，他非常喜欢摄影，自己在暑期打工买了一台二手单反相机。他拍的作品在学校的技能月活动中获得了摄影类一等奖，进了以高考为目的的东校区。他非常不乐意，总想进就业的中专班，去做自己喜欢的事。他家长希望他参加高考，考上大学继续深造。他与家长产生了很深的隔阂，他也因此产生了厌学情绪。针对该生，我多次进行了不厌其烦思想教育。首先，引导他确立"学习为主，兴趣爱好为辅"的原则。让他知道学习课本知识迎接高考是他这一时期最根本的、最要紧的任务。其次，让他统筹协调学习和兴趣爱好的发展。想让自己学习更进步、兴趣爱好得到发展，就必须统筹安排学习的时间和参与兴趣爱好的时间，不能顾此失彼。我鼓励他现在专心学习，今后可在大学里利用课余时间学习摄影技巧，并利用大学的资源发展自己的兴趣爱好。学习总有累的时候，此时如果继续高强度学习是事倍功半的，适当放松是必要的。这时做一做自己喜欢的事，可以放松紧绷的神经，神清气爽地再次投入学习。为了更好地教育学生，我到学生家中与其家长进行沟通，让他们理解孩子的兴趣爱好，并许诺若孩子考取本科，他们将满足孩子拥有新相机的要求。为此，杨同学获得了学习的动力，成绩突飞猛进，在高考中超常发挥，成功拿到大学本科的入场券，他父母也兑现了诺言。后来，他在大学里依然合理安排学习与兴趣的时间，获得了双丰收。

在班级管理中，班主任要全方位了解学生的需求和情况，特别是在学生做出非同寻常的举动时，要及时了解学生最真实的想法，对症下药，引导学生走上正确的道路。只有全面了解学生，才能更好地辅导和帮助他们，让他们实现自我价值。

爱的回归

覃同学，长阳大山里的男子汉，"妈妈"在他的心里就是一个概念——虽然给予了他生命，但缺席他成长的全过程。当我接到他母亲的电话，听她哭述她因为创业造成儿子不与自己相认后，我接受了她的请求——清除她儿子心中的芥蒂，让儿子接受她。我把事情想简单了，以为一两次的谈心就能消除他们母子之间的隔阂。但事与愿违，收效甚微，也可以说几乎没有效果，他依然排斥母亲，连他母亲每月抽出时间到学校来看他，他都躲着不见，还把他母亲买的零食扔在外面。铁杵都能磨成针，一个人的心肠不可能这么硬，可能是我没有找到方法。我转换了思路，通过网络查找方法，与他的交流开始由远及近、由古论今。我告诉他：人从出生到成长，母亲一直在默默地奉献，这是母爱的体现。母亲默默无闻地为我们付出，无论是在我们还是个孩子的时候，还是我们已经长大成人，她们都在尽自己最大的努力，为我们提供温暖和支持。母亲的奉献让我们感受到了无尽的爱和关怀，她们的爱像一盏明灯，照亮我们前行的路，给予我们支持和鼓励。母亲总是无私的、关怀的、理解的，她们的爱是我们一生中最珍贵的财富。我与他之间的沟通是缓慢推进的，慢慢地，他不再对母亲怀有敌意，但那句熟悉的"妈妈"他仍喊不出口。直到高考前，他感冒发烧，他母亲放下手边的工作，在宾馆订了房间照顾他，他才真正与母亲和解，知道了母亲的难处。在他收拾东西离开学校时，我听到了他喊出了他在心中默念了十几年的那句"妈妈"。母子俩抱头痛哭，远在教学楼的我见此场景也忍不住潸然泪下。

班主任需要保持冷静，不断学习和提高自己沟通和处理问题的能力，能够以平稳的心态同学生及家长进行有效的沟通，从而解决问题。

作为一名老师、一名班主任，特别是中职学校的班主任，我无比自豪，因为我的辛勤付出，让那些中考失利、丧失学习信心的职中学子，通过高职统考或技能高考踏上与普通高中一样的高等院校。相信岁月，耐心期待，静待花开。相信我们辛勤的耕耘定会换来收获时的甜蜜；相信学生，给他们成长的时间和空间。当我们用放松的心态去感受学生的喜怒哀乐，用微笑的表情去面对一张张青春的脸庞，那种发自内心的欣赏与关怀才会彰显我们的人格魅力，从而让每一颗年轻的心沐浴在温暖的阳光里。这就是春风化雨，静待花开！

作者简介：姚华，宜都市职教中心计算机专业教师，第九届宜昌市中职学校计算机类专业中心教研组教研员，优秀班主任，学生最满意班主任，最美教师；2020年12月荣获第二届宜昌市中小学明星班主任荣誉称号，2021年3月荣获宜都市明星班主任专业荣誉称号，2022年10月被宜昌市教育局认定为第三届宜昌市名师（班主任）。

一路风雨一路歌

班主任可能是世界上级别最低但责任最大的"官"了吧！但就是这样一个岗位，却成为千千万万教育人深深的情结。有多少人"衣带渐宽终不悔"，又有多少人"为伊消得人憔悴"。

20多年前，我踏上了教育这方热土，前辈的谆谆教诲至今犹在耳畔："小张，当老师一定要当班主任，只有当班主任才能真正体会到当老师的乐趣"，"不当班主任是老师的遗憾"。2006年，我加入了班主任的行列，磕磕绊绊，一路风雨，且行且歌。荆棘与鲜花同在，泪水伴欢笑齐飞。在和孩子们一起走过的岁月里，我有时脚步轻快，有时步履沉重。而今，我回头望去，细数路上的脚印……

用爱心温暖留守儿童

留守儿童是学校教育中的一个特殊群体。"留守儿童教育难！"成为老师们共同的心结。在工作中，我们发现留守儿童容易出现情感脆弱沟通难、溺爱放纵教育难、隔代管教监护难等问题。班主任应对留守儿童多一点关爱、多一点方法，让他们感受到老师的爱、同学的爱、集体的温暖，再对其导之以行就容易得多。

给留守儿童特殊的关爱。在担任班主任期间，我一直视自己为部分孩子的代理家长。经常与留守儿童交流，随时掌握他们的思想动态，经常与其监护人交流及反馈孩子的具体情况，帮助监护人做好孩子的思想工作。

她是一个冰雪聪慧的女孩，有着娇小的身材、清秀的面庞，举手投足间，透露出干练与坚韧。在担任班干部期间，她将班上的卫生工作管理得井井有条。但就是这样一个人见人爱的女孩，却有着令人心酸的经历。在她上小学时，她的父母就离婚了，她跟着妈妈一直住在外婆家。这些年，为了生计，她的妈妈常年在外打工。年迈的外婆除了要照顾她，还要照顾她小姨的女儿。当别的孩子还在享受"饭来张口，衣来伸手"的生活时，她已经能够一个人去银行取她妈妈给的生活费，并有计划地安排一个月的开支。

随着时间的推移，我渐渐发现这个过早懂事的女孩，虽然外表看起来很坚强，却有着极其细腻的情感。她不愿与人谈及自己的父母，常常在傍晚一个人坐在草坪上发呆……原来她坚强的外表下藏着的是一颗脆弱的心！

当我发现这些，一个念头油然而生——我要走近她，帮她找回本应属于她这个年龄的快乐与阳光。俗话说：心病还须心药医。我想走进她的内心世界，于是有了我和她之间的一次次促膝长谈，从父母、家庭到生活、理想。还记得那是一个晚自习，在空荡荡的办公室里，我和她相对而坐。看着她眼里噙满泪水，我揪心地痛。她向我倾诉她的委屈：爸爸妈妈连一个完整的家都给不了她，为什么还要生下她？爸爸有了新家，她是多余的；外婆年纪大了，既要照顾她们姐妹，还要干农活，她心疼……我将她轻揽入怀，帮她拭去眼角的泪水，一边听她诉说，一边开导她。那天，我们聊了很久。一段时间后，我在她的QQ空间里看到了这样的文字："我似乎有些理解父母的选择了，我想我应该慢慢减少对爸爸的敌意，试着接受他。"我欣喜万分，欣然留言："你长大了，为你加油！"平时，我总是留心和她多说说话，无论是在操场还是在教室。有一次，她告诉我，她爸爸又来看她了，还给她买了水果。不过，这一次，她没有将爸爸拒之门外，虽然气氛有些尴尬，但她从爸爸的问候和眼神中第一次读到了父爱。我由衷地向她竖起了大拇指，对她说："其实你是幸福的。"此后，从她口中，我又陆续听到关于她们父女的好消息：爸爸带她去玩了；她和爸爸一起过了生日……再一次进入她的QQ空间，这样一段文字跃入我的眼帘："人最大的敌人就是自己，我战胜了自己，彻底放下了心中的包袱，我也是幸福的孩子。我想，从今以后，我的每一天都会充满阳光。"文字的最后还有一张大大的笑脸。我留言："幸福着你的幸福。"

用耐心引导"熊孩子"

约翰逊说："伟大的作品不是靠力量，而是靠坚持完成的。"班主任在班级管理过程中会遇到各种"熊孩子"，此时，我们需要耐心、再耐心一些，相信我们总能找到一把打开他们心门的钥匙，助其重新找回自我。

刚带这个班时，我就发现了他的与众不同：脸上明明没伤，却贴着几道创可贴；明明是个男孩子，却将指甲涂上颜色；别人穿春装都犹有寒意，他却穿短袖。总而言之：另类。我心里直犯嘀咕：这一定又是个棘手的学生。果然不出我所料，他不光形象另类，行为也另类。起初，我对他抱有极大的耐心，我坚信：精诚所至，金石为开。我一次又一次地对他动之以情，晓之以理，给他讲礼仪常规，讲学校纪律，讲人生前途。可是，我每一次的努力都是徒劳。刚把他的"刺猬头"弄顺了，他的头发又变了颜色；刚把他的黑指甲洗干净了，他又戴上了耳钉；刚批评了他课堂上的小动作，下节课他又和老师顶上了……他一次又一次地挑战我的耐心。我与他的家长进行了沟通，家长也很苦恼，说孩子太叛逆，他们的话根本听不进去。无法取得援助，我真的有些"山穷水尽"了，我想放弃。然而，就这样败下阵来，我心有不甘。难道他真是一块顽石，一座冰山？就在我再一次寻找对策的时候，我突然想：他如此另类，是不是源于强烈的表现欲望？希望通过这种另类来引起别人的注意吗？也许我应该为他提供一个正常表现的机会。当时，各班正在筹备元旦的迎新春文艺晚会，我大胆交给他一个艰巨的任务：准备一个节目代表班级出演。他很惊讶，但随即异常兴奋，连声承诺，一定好好表现。在会演的那天，他表演得非常成功，赢得了同学们的阵阵掌声。我也不失时机地对他大加赞赏。这让在学习方面从没得到过认可的他着实风光了一把。后来，我听说他爱玩电脑，打字速度特快。于是，我有意把打印同学的优秀作文、班级座次表等工作交给他做。看着他娴熟地敲打键盘，脸上露出了自豪的笑容，我知道，他此刻正在享受一种真正被关注的幸福。

尽管他身上还有着这样那样的缺点，尽管他有时还会给我制造"惊喜"，但我从他的一举一动、一颦一笑中，渐渐发现他正在努力与过去的那个"他"告别。我庆幸，自己没有放弃；我高兴，他正在努力。

一路风雨一路歌！作为学生成长路上的引导者、陪伴者、见证者，我只是做了班主任应该做的工作，而正是这样一些琐碎而又平凡的工作，让我更深刻地体会到了为人师的幸福与快乐。所以，我想说："做班主任，我选择，我无悔！"

作者简介：张凤琴，中学一级教师，宜都市最美教育工作者，第二届宜昌市中小学明星班主任，获宜都市第一届班主任能力大赛二等级。

师心如水

　　水，无形无色无味。然而就因其无形，才可以无孔不入地滋润人干涸的心田；因其无色，才可以了无痕迹地洗净人眼中的迷尘；因其无味，才会不知不觉渗透人原本苍白的灵魂。在教育的路上，师傅对我的指引就如这无形无色无味的水，默默地浸润我的心田，一次次叩打我稚嫩的心灵之窗，引导我穿过山洞，绕过河滩，将我导归大海。时光匆匆，转眼我已当班主任九年。第一次当班主任带给我的种种感动我至今记忆犹新。师傅的帮助和指引，时时刻刻、实实在在地培养了我、塑造了我，使我不断成长。

　　2014 年 8 月，我怀着热情、梦想和期待踏上工作岗位，第一天上班的复杂心情我始终难以忘怀。当我正欣喜于优美的校园环境、全新的办公设备、高端的教学配置时，学校的工作布置让我的心情犹如坐过山车，瞬间从峰顶跌到了谷底。因为我还没完全从一个学生那富于幻想的年代里走出来，却要管理一个班级，还是面对一群有时上厕所都要向老师借纸的三年级的小娃娃。这个消息让我不知所措。除了硬着头皮上阵，我别无选择。虽然我很用心地向同年级的老班主任求教和学习，但由于没经验、方法不当，我常常跟不上节奏，几乎每天都加班到很晚。

　　就在这焦灼难耐之际，学校下起了"及时雨"——"青蓝工程"计划。而我也遇到了我的班主任师傅——工作兢兢业业、成果显赫的市骨干教师袁老师。我仿佛有了救命稻草。往后的日子，师傅对我的引导就如涓涓溪流，渗透到班级管理的每一个细小角落。他用透穿顽石的毅力和耐心指导我完成一个个任务、化解一道道难题。他精湛的管理方法令我佩服，他无时无刻、细致入微的指导让我感动。

　　我接手的是全年级中一个比较特殊的班，这些学生来自农村，住宿生有20 多个，单亲、留守子女和非独生子女人数均是全年级最多的。不少学生严重缺乏家庭教育，学习和行为习惯极差，这给我的工作增加了很大的难度。每当工作遇到困难，我都会第一时间向师傅寻求帮助，师傅总会给我出谋划策，直至解决。

记得第一学期期中考试后，学生的成绩很不理想。想想平时的教学中，备课、上课、批改作业我都全身心投入，这样的结果无疑给了我当头一棒，让我无法释怀。我找不出原因，更想不出办法，只好向师傅求教。师傅帮我分析了班级的学习情况，通过与其他班级各方面的对比，终于找到了症结——我班孩子的学习习惯和家庭教育最薄弱。这可不是小问题，该怎么解决呢？师傅开始支招了，他告诉我要想帮助学生养成好的学习习惯，必须从两方面着手：一是老师要严格要求，二是家长要配合教育。师傅首先指导我在班上建立了小组竞争制度，并在教室里教我组队——把全班学生分成七个大组，每个组由小组长自主管理，进行积分比拼，并一起制定积分规则，将学习、纪律、行为表现等学生在校的一系列表现都纳入积分的范畴。这样一来，学生为了给小组加分，学习更为积极、主动，学习兴趣更浓厚了，纪律、卫生习惯也有所变化。小宋同学在课堂上思维活跃、语言表达能力强，可就是不爱动手写作业，卫生习惯也不是很好，不爱收拾。自从实行小组加减分，小宋因为作业和卫生给小组抹黑受到小组长的几次批评之后，行为大有改观，不做作业的情况少了，收拾课桌的行为多了。以后每每遇到学生的行为问题，我就从小组管理、积分规则入手，总能找到对策，多数时候班干部就能起到班主任的作用。这让我明白：老师管得再多，不如学生自己管自己，应该让学生从管理者的角色中学会管理他人，学会自我管理。师傅这绝妙的管理方法让我逐渐找到了方向，焦虑的心情渐渐得以缓解。

可教育哪是老师单方面努力就可以完成好的呢？学生在学校培养的好习惯，总是一回到家就丢得一干二净。所以，让家长成为老师的同盟军才会事半功倍。刚开始和师傅共同带一个班时，家长们大事小事总是先跟师傅说，师傅再转达给我。可明明我是班主任呀，为什么家长总是把师傅当班主任呢？我很纳闷，于是我默默观察师傅，明白了要想取得家长的信任和配合、加强家庭教育，就要充分利用好家长群这个交流平台，多跟家长沟通，拉近和家长的距离。师傅常常将学生在校的学习和行为表现通过文字或图片反馈在家长群里，尤其是好的方面，他会大力表扬，出现问题，他会及时与家长在 QQ 上单线联系、交流。接着，我学师傅的样子几乎每天都在群里发各种表扬信息，不仅包括学习方面，还包括行为习惯方面。每位家长都希望自己的孩子能榜上有名，他们非常关注学生的在校情况。必要时，师傅还约我家访，近距离地走近孩子和家长。就这样，通过家长群、家访的引导作用，家长们了解了优秀学生的学习方法，也发现了自己孩子的问题，越来越多的家长在家有意识地帮助孩子养成良好的习惯。渐渐地，向我询问、与我联系的家长越来越多，而我也会尽我所能地提供一些家庭教育的方法。通过半学期的努力，孩子们在学习上有了明显的进步，这让我和学生都有了信心。

　　然而，第二学期开学后，当我还在为学生在学习上取得的进步欢喜时，却发现孩子们越来越沉默，似乎已经对小组竞争失去了兴趣；缺乏童年应有的朝气，思维也不够活跃，这让课堂失去了色彩。一次周五放学后，我将我的困惑和师傅进行了简单的交流。周六中午，几乎所有老师都在享受这一个星期中独有的属于自己的娱乐时间时，师傅却发来消息"思考一下，把你上课、班务管理是怎样加分的告诉我"。师傅的消息让正处于苦恼中的我无比感动，他建议我找一个突破口激发学生的兴趣，对学生来说不能太难，可以让学生自己主办一次才艺展示班会，让他们自己组织拿手节目排练，目的是让他们充分发挥自己的想象力，展示自己、活跃自己、锻炼自己，激发他们的潜能。

　　我将师傅的教导铭记于心，并立即付诸实践，活动效果很好。尽管由于条件的限制、学生的能力有限，节目不是很精致、很成熟，但对他们来说是一次突破，他们兴致高昂、思维活跃，完全展示出自己不一样的一面。最令我诧异的是班上的小高同学，他语文成绩平平，却在这次表演小品的活动中，感情十分丰富，像极了小品演员，赢得了全班同学的掌声，让我看到了他的过人之处。在之后的学习中，学生们显然热情高涨、思维活跃。接下来，他们自己创作了运动会的口号、设计主办了一期黑板报，让我收获了一份份惊喜。我逐渐意识到，每个学生都有闪光的一面，在班级管理中，班主任只有放手去爱，给学生一片施展才华的自由天空，让他们翱翔于蓝天，他们的闪光点才会发出万丈光芒，班级工作才会开展得卓有成效，学生也才会获得成长。这才是一个教育者最大的成功。

　　班主任管理工作是一项智慧工程。学生是一个个有思想的个体，班主任应智慧地对待和管理学生，这是师傅给我的最大启发。虽然师傅对我的指导只有一年，但他带给我的教育智慧和启迪让我受益无穷。

　　朱自清说："从此，我不再仰脸看青天，不再低头看白水，只谨慎着我双双的脚步，我要一步一步踏在泥土上，打上深深的脚印！"回首走过的路，没有轰轰烈烈的壮举，更没有值得称颂的大作为，留下的只有一串平淡、坚实的脚印。师傅的指引让这串脚印更平稳、更踏实。文字无法表达我所有的感动，我将这如水般的师爱传递给学生，用一颗纯净如水的师心去润泽心清如水的学生，用柔情似水的大爱去温暖学生的心灵，灌溉出聪慧的花朵，滋养出生命之树。

作者简介：祝亚玲，宜昌市优秀德育工作者，宜都市明星班主任。

时光不语，花开有期

回味 16 年的班主任经历，有苦涩，亦有回甘。一路走来，是学生纯真的眸子给了我力量，是领导关切的话语给了我鼓励，是同事赞赏的微笑给了我信心，是家长的信任给了我支持，让我勇敢地战胜一切困难，在班主任工作之路上逐步成长。再回首这段成长历程，是难忘的、幸福的、美好的。

有热爱，可抵岁月漫长

2002 年，我被分配到一所乡村小学担任双班语文和其他学科教学工作及一个班的班主任。刚入职的我面对人生地不熟的环境，有焦虑、有迷惘。一位民办老教师的话深深地触动了我，他说："从建校我就在这里，从民办教师干到公办教师，一晃几十年，我离不开这儿了，因为有了感情。"是啊，心中怀揣热爱，有了感情，还有什么不能坚持下去的呢？于是我在这所乡村小学开启了育人之旅，青春热血融入一腔热爱支撑着我走过这十几载。

爱渗透在细节中。爱有多深，工作就有多细，效果就有多好。我会在生活中给予学生细腻的爱：帮他们整一整衣服领子、系一系散了的鞋带、梳一梳凌乱的头发、兑一杯温热水……在相处中时时关注特殊情况，学生眼睛近视了，我是第一个发现的人；学生生病了，我是第一个觉察的人；学生情绪不佳，我是第一个开导的人……在特殊的日子里给予学生特殊的爱：儿童节、中秋节，我会悄悄给班级留守儿童送上一份礼物，安排一次亲情热线；每个月我会为当月过生日的学生送上一份祝福。眼里有生，心中有爱，拉近了我们彼此心灵的距离。

爱蕴藏在严格里。教育就是培养习惯，多年来，我把培养学生良好习惯放在教育首位，严格要求，科学指导，精细管理。新学期我会和学生们结合学校一日常规和班级学情来商定班规，形成十条约定，以此进行量化评比，每天自评互评，一周总评。低年级学生的好习惯养成具有反复性，我常常利用顺口溜来巩固他们的行为习惯，如晨读要求四步走：一放杯子，二拿作业，三准备书，四静阅读；课后整理口诀：一收书包摆桌上，二捡垃圾取水杯，三放凳子摆桌子，四背书包排好队。有了方法的指导后，我会严格要求学生落实，勤跟踪、勤反馈，及时表扬表现优秀的同学，让做得不好的同学反复操练，将习惯养成训练落实到位。爱在细微之处，严在该严之处，我尽力做到刚柔相济，学生对我既喜欢又敬畏。

经磨砺，终能遇见美好

2008年，我有幸加入实验小学这个温暖的集体，这里有太多太多优秀的榜样，他们时时激励我不能退缩，要与优秀者同行，积极进取，不断锤炼自己，在班主任岗位上迅速成熟起来。蹒跚前行的路上，我一边学习，一边摸索，渐渐有了自己的育人之道。

特色管理育能力。几年来，我采用"小管家轮岗制""分级管理制"来进行班级的日常管理工作，并取得了事半功倍的效果。

接手新班，我会根据自己的班情来设定班级岗位，引导学生观察班级存在的问题：如雨天里雨伞随意摆放、每天牛奶发放乱糟糟、离开教室后灯扇没人关，由此设立岗位。对于岗位名称的制定，我会让学生自己来取，激发他们的参与兴趣，在后面的岗位运行中，不断发现还需要优化、增设的岗位，让小小岗位涵盖班级方方面面的事务。岗位定好后，我会引导学生讨论每一个岗位的职责、培训技巧和方法，确保后面工作的顺利开展。在岗位培训后，学生根据自己的能力选岗上岗。一周一轮岗，上一周做得好的同学可以当小老师，指导下一轮的同学进行管理。第一周我会跟踪指导，发现问题及时提醒、帮助，后面会慢慢放手并及时总结反馈、积累经验；经常评价，巩固责任行为，消除不负责的作风。

开学民主竞选班干部后，我会结合班级小管家岗位尽可能地对班干部进行细化、分工，确定管理职责。例如：班长主管所有值日班干部一天的管理情况，学习委员主管早读领读员、各学习小组长的工作开展情况，体育委员主管两操管理员的工作开展情况，卫生委员主管卫生小管家的工作开展情况。采用这样分级监督、互相促进的方式，有助于小管家们更好地发挥能动作用。

几年下来，学生人人参与到班级事务管理中，他们服务同学、锻炼自己、表现自己，个人组织管理能力、责任意识都得到了提升，学生的行为和品德通过自我教育、自我管理不断成长，班集体也连年被学校表彰为文明班级。

育人活动促成长。我会根据学生的年龄特征，结合学校的实际情况，以丰富多彩的活动为载体，让学生在活动中成长。以重要节日为契机、结合学校"文明马拉松十二加油站"创造性地开展集体活动，如3月学雷锋月里，开展"争当小雷锋"活动；十一开展"传承美德，诵读经典"诗歌节活动；课余开展"我为校园植物做名片""亲子环保布袋""宝贝当家""致敬英雄"书签制作等系列实践活动；在中队里开展"最美队礼""最美红领巾"操练活动，涌现了一批"最美队员"；积极参与"动感中队"的建设，组织队员开展"五小"活动，推动读书会、歌咏赛、趣味运动等小活动常态化开展，队员的综合能力在活动中得到全面提高。

学与思，方能行稳致远

人到中年，班主任做得久了，管理班级越来越得心应手，有时会产生职业倦怠。可当我走进教室看到学生们那纯真可爱的笑脸，听到家长们的殷殷期盼，我不由得提醒自己：我是一名育花人，花朵的绽放需要持续的养分输入，我怎能成为干涸之源。于是，我告诉自己：要不断学习，给自己补充更多能量，当好育花人。

在学习中赋能。我从各种书籍、报刊中不断获取丰富的理论知识。每年我都订阅《班主任之友》，每次阅读后我都大有收获，里面的"治班锦囊"非常接地气，介绍了很多班级中出现的共性问题的解决办法。管建刚老师的《一线带班》，全而实、小而美的教育艺术给我的班级管理打开了一扇窗，许丹红老师的《不吼不叫做智慧班主任》中的60个锦囊妙计，让我佩服不已。阅读苏霍姆林斯基等教育家的教育教学论著极大地丰富了我的理论储备，给我的教学及班级管理带来很多启示。在平时的工作中，我会学习身边优秀班主任的班级管理经验，遇到困惑及时请教。如果说书籍能带我走很远的路，那么站在巨人的肩膀上，我会少走许多弯路，会走得更快。

在反思中成长。将学习的理论付诸实践，于实践中思考，勇于创新，可以加速个人成长。在平时的班级管理中，出现难题我会尝试运用他山之石来解决，在运用中我也会不断关注效果，不断结合班情调整策略，从而形成适合自己班的好办法。在每一次集体活动中，我会学习他人的好点子、好方案，去创新班级活动，获取更优的效果。在每一次的运用中，我不断地将此与自己过往的做法进行对比，提炼行之有效的方法，不断丰富自己的管理经验。在学习与反思的同时，我积极参加各项活动，在活动中锤炼自己。我撰写的《体验式德育的探索》《厚植绿色 助推成长》等德育论文获得了市级及以上奖项，我亦多次在学校德育工作会上做经验交流。2015年11月，我在宜都市小学教师读书活动中荣获一等奖；2018年10月，我在宜都市班主任专业能力大赛中获一等奖。

回望来时路，我一路播撒爱与汗水，一路收获成长的幸福与快乐。教育路上，没有最好，只有更好。这条路还很长，我将用最初的心，做永远的事，陪学生走最远的路！

作者简介：习桂林，中共党员，一级教师，现任教于宜都市实验小学教育集团，第二、三届宜昌市中小学明星班主任，宜昌市优秀德育导师，宜都市优秀少先队辅导员、优秀教师、最美教育工作者；获宜昌市"一师一优课"一等奖、宜都市班主任专业能力大赛一等奖；发表文章30多篇。

不忘初心，快乐前行

教师是最光辉的职业之一，我为选择这一职业而自豪。教育工作平凡而辛劳，但苦中有乐，我愿一路耕耘。

学习伴我不断进步

学习是人生的一种需要，是生命中不可缺少的一部分。1992年7月，我从师专毕业，被分配到余家桥中学工作。为了提高自身的教育水平，我积极参加本科函授，于2003年7月完成学业。学历的提升使我有机会进入宜都市二中从事高中教学。高中教学无论是教学水平还是教学方式，都对教师提出了更高的要求。唯有学习才能提升自己，我利用业余时间不断学习教育理论，深化专业知识，积极参加校内外业务培训和教学交流活动，虚心向年长教师学习，观摩课堂，取长补短，提高自己的教学水平。

作为一名"80后"教师，我经历了从黑板、投影仪向多媒体、智慧黑板的过渡。为了掌握现代教学技术，我积极参加计算机培训，虚心向其他老师学习，利用网络学习课件制作。为了提高课件制作水平，我牺牲了很多课余时间，有时甚至工作到深夜。功夫不负有心人，我从不了解电脑到能熟练掌握现代教学技术。我还积极参加课件制作竞赛，并多次获奖。2006年，我制作的"全球性大气环流"课件获宜昌市二等奖；2019年，我制作的"风沙地貌"课件获《中学地理教学参考》中学地理教研成果评比一等奖。

学习让我不断进步，让我跟上教育改革的步伐，我的教学水平有了较大提高。我多次被学校评为优秀教师，2019年、2021年被评为宜都市优秀教师。

生命课堂绽放光彩

课堂教学是教师的生命线，离开课堂，教师的生命也就失去了风采。生命课堂应以人为本，教师应关注学生的终身发展。在教学中，我不断转变教育观念，改进教学方式，倡导"学生为主体，教师为主导"的教学理念。我还精心设计导言，激发学生的兴趣和求知欲；重视课堂情景创设，精心安排活动，引导学生积极参与，在活动中体验和探究，在活动中发展和创新，给学生快乐的课堂生活。

生命课堂对教师提出了更高的要求，需要教师不断研究学情、探究教法，在课下做足功课。现在网上教育平台有很多现成的教学设计、课件，我从不照搬，而是结合学生的实际自主设计。地理教学中我时常利用板图教学，直观并富有成效，每逢遇到毕业多年的学生，他们说印象最深的就是课堂上的一幅幅板图。虽然现在教学媒体多样，但传统教具在教学中的作用仍不可替代，我时常利用业余时间制作教具。为演示地球公转昼夜长短的变化规律，我用生活材料制作了简易的教具，直观演示效果相当好，得到了全组老师的称赞，后来学校请专业木匠师傅照着我的简易教具做了两个，地理组的老师在教学中使用了好几年。

多年的课堂教学使我积累了丰富的教学经验，教学效果也不断提高。我多次被评为学校最佳教学业绩教师，多次获宜昌市高考质量优秀奖。2021年，我获得了宜昌市高中教学综合评比二等奖。

教研教改促我成长

教研活动为教师提供了学习、交流和锻炼的机会，成为促进教师专业成长的重要途径。1998年10月，我到兴山实验中学参加宜昌市地理初中优质课竞赛。那时我还在余家桥中学工作，作为农村中学的一名普通教师，我对有机会参赛深感荣幸。面对城区重点中学的众多参赛能手，我顿感压力很大。想到学校领导的大力支持、教研员的信任、宜都地理同仁的鼓励，我勇气大增，认真钻研教材、制作教具、精心设计教学环节，努力拼搏喜获优质课一等奖。2015年11月，我到秭归二中参加宜昌市高三地理高考复习备考会，经过精心准备、多次打磨，我主讲的示范课"河流地貌的发育"得到了众多地理专家的好评。通过课堂竞赛活动，我增长了知识，锻炼了自己的能力，提升了教学水平。

近些年，我多次参加校本教材的编写工作，多次参与课题研究，教研成果显著。2010年8月、2016年5月参与校本教材《宜都人口与生育文明》和《环境保护科普读本》的编写工作；2011年12月、2019年11月参与宜昌市级课题"农村普通高中地理乡土教材开发实验研究"和"高中学校垃圾分类回收现状调查与对策研究"；2021 年 10 月，我撰写的地理论文《走进新课程，增强地理课堂活力》在省级期刊《读与写》上发表。通过教研教改活动，我提升了自身的专业素质，拓展了知识视野，实现了不断成长。

享受育人快乐生活

担任班主任多年，我积累了一些经验，取得了一些成效。在工作中坚持面向全体学生，尊重个性，平等对待每个学生，促使学生学习、身心健康发展。在工作中强化班级管理，营造优良班风，塑造健康向上的班集体，良好的班风自然促进学习成绩的提升。

班主任工作是一门凝聚着爱心的艺术。当学生在学习、生活中遇到困难时，我总是尽可能地给予他们帮助；当学生遇到挫折时，我及时给他们鼓励；当学生取得成功时，我及时给他们点赞，分享快乐。在一次秋季运动会上，我班的一名同学因跳高不慎摔倒，致右手腕骨折。我和班上同学一起把他送到市二医院检查。受伤同学的父母在宜昌打工，不能及时赶到医院，我带他看门诊、缴费、拍片……后医生确诊为轻微骨折。我听从医生建议，电话征询受伤同学的家长，在家长赶来之前对他进行治疗。我全程陪伴三个多小时，直至他父母赶来。由于医治处理及时，减轻了伤痛，非常有利于后期的康复。

班主任事多责任重，我将很多时间和精力都放在工作上，对别人的孩子付出很多，对自己的孩子和家人难免关心和照顾不够，有时感到愧对家人。2019年 11 月，我的妻子生病住院需手术治疗，当时正值期中考试的关键时期，一边是需要护理的妻子，另一边是一双双渴求知识的眼睛，学生的学习丝毫不能放松。好在医院距离学校较近，为了班集体的成长，我没有请假，向学校申请弹性坐班照顾妻子。辗转于学校、医院和家庭之间，尽管很辛苦，但看到班级一切活动照常，看到期中考试的满意成绩，我倍感欣慰。

班主任工作让我辛苦着、收获着、快乐着。我得到了领导、老师和家长的肯定。2018 年度、2019 年度、2021 年度，我均被学校评为优秀班主任，并于 2021 年 3 月获第五届宜都市明星班主任荣誉称号。

路漫漫其修远兮，吾将上下而求索。既然选择当老师，我会义无反顾，一路走下去。我会充满激情，将青春挥洒在自己热爱的教育事业上，不忘初心，快乐前行！

作者简介：宋明东，宜都二中地理教师，宜都市优秀教师，第五届宜都市明星班主任。

春天的呐喊

那一年春天，我第一次当班主任。

"杨老师！杨老师！晓月的100块钱不见啦！"一个孩子风风火火地跑来报告。"什么？"我不由得皱起了眉。居然遇到这样一件麻烦事，可真是恼火。这样的事不好查，怎么办？我紧随着这位同学往教室赶，心急如焚。

晓月正趴在座位上哭。我边安慰边问钱是怎么丢的。从她的描述中，我可以断定不是她自己弄"丢"了，的确是有同学偷偷拿了。搜课桌？搜身？不行！这会侵犯孩子们的隐私权，怎么办？

"有哪位同学捡到了晓月的100块钱？"我平静地说，同学们面面相觑，不一会儿，开始交头接耳。没有一个人主动举手，更没有人提供线索。

同学们炸了锅似的议论声如重锤一样撞击着我的鼓膜，我心里的火一下子蹿了上来。新学期伊始，领导让我担任这个班的班主任，我是硬着头皮答应的，但心里多少是带着点情绪的。因为这个班在全校早已"臭名远扬"——纪律差、学习成绩一塌糊涂。每天夜里想到班上的事，我除了心烦就是头疼。

"啪！"教鞭重重敲在讲台上，教室里终于安静了。显然这样问，是不会有结果的。于是我让同学们用纸条写。我想只要有人撒谎，那他就一定是"小偷"了。有点"黔驴技穷"的我自以为此法高妙，此案即日可破。

读着孩子们写的海量信息，我心烦意乱、头疼不已。结果，一无所获。

"小杨，你的情绪好像不对劲啊，是遇到什么事儿了吗？"师傅——向老师（学校"青蓝工程"结对师傅）坐在对面问我。有点倔强、爱面子的我，本想着一定要破了这个"大案"，露一手给师傅看的，结果只能求助了。师傅沉吟片刻，微微一笑，教了我一个办法。

第二天，我微笑着站上讲台。师傅的话言犹在耳。

第三天，晓月笑嘻嘻地向我跑来报告，说她的钱回到她的文具盒中了！

"师傅，您可真神！"我高兴地拥抱了师傅。"神什么神！当班主任一定要走进学生心里。"我以为师傅会来一番鸿篇大论，哪知她只是将这样一句话送给了我。

其实，两天前我在讲台上只是冲着孩子们说："每个人在成长的过程中都会犯错。我相信，我们班的这位同学只是一时糊涂，只要你悄悄地把'捡'到的钱还回去，你仍然是个好孩子。我们也不会知道你是谁……"我没有想到，就是这样一段简短的话，不仅给了那个犯错的孩子一个改正的机会，且了无痕迹地呵护了一颗幼小的、懵懂的心。我至今也不知道这只"迷途的羔羊"是谁，同学们也不知道，但我知道，这是最好的结局。

一份信任，似一缕春光，透过一扇门，照亮了孩子的心。从此，我们班再也没有出现过类似的事。

第二年春天，我翻开一个孩子的日记本，一行字跃入眼帘："外公长得很胖，我常常趴在外公那圆圆软软的肚皮上，听他讲一些稀奇的故事，外公讲着讲着，我就迷迷糊糊睡着了……外公走了，我再也不能趴在外公的肚皮上听故事了……"我鼻子一酸，知道这是阿峰写的。这孩子平时顽皮得很，上星期做的"坏事儿"我还历历在目呢！

"杨老师，刘学峰在厕所把尿撒在拖把上了。"有学生来报告。

我起身走出办公室，还未迈出门槛，就闻到好大的尿臊味。只见阿峰正撅着屁股，挥舞着拖把，在走廊上"浓墨重彩"般"绘画"，"绘"得正欢。

"刘学峰！"我短呵一声。其他学生都停下手中的活，敛声屏息，刚才还在"忘我"之中的阿峰停了下来。"你闻到异味了没有？"我紧皱眉头，按捺住心头怒火。阿峰望着我，摇摇头，黑葡萄般的眸子里满是得意与狡黠。

"没有？好。那你放学后等我"，我扔下这句话。

放学时，阿峰站在最后，有点焦急。我盯着他，他没有逃或者溜。

"好了，同学们都走了。我们可以开始清理你的'杰作'了。"我拿起拖把，阿峰也顺从地拿起拖把……半小时后，异味淡了，阿峰的小脸上满是汗水，我的发丝上也有汗珠。

"杨老师，我错了！"阿峰背着书包，在我面前低着头小声说。"知道错了就好！"望着他一蹦一跳地下了楼，我笑了。

一说起他干的"坏事儿"，老师们"如数家珍"。为了转移他的注意力，减少他干"坏事儿"的机会，我特地从家里带了几本书送给他。

但当我读到日记里这些文字时，我才发现自己从没走进阿峰的心里！

"孩子，外公走了，你还有我们！外公一定在天堂里默默守望着你！期待着你能长成一个坚强的男子汉！……"我希望这些温暖的文字能为他幼小的心带去一丝抚慰。

"老师，谢谢您……"第二天，阿峰在日记本里写了感谢的话语。

从此，日记本成了我和阿峰交流的载体。慢慢地，阿峰变了。

阿峰的转变让我看到了这个班的"曙光"。当有孩子情绪低落时，我会轻轻地摸摸他（她）的头，俯身问他（她）怎么啦；当孩子受伤了，我会关切地询问伤情，用碘附为他（她）涂抹伤口；当有孩子述说他（她）心里的伤痛时，我会给他（她）一个拥抱；当有孩子因与别人闹矛盾，犯倔不吃午餐时，我会买了面包悄悄塞到他（她）的手里……

生活中小小的一份关爱，似一缕春风，融化了冰雪，萌生了希望。渐渐地，班风转变了，学风也好了。

第三年春天里的某个早上，刚走进校门口，我便隐约听到一群"小麻雀"的声音——"杨老师来了！""杨老师来了！"声音里透着兴奋，"快回教室！""快回教室！"有人在命令。当我抬头的一刹那，伴随着一阵嬉笑声，我看到教室走廊栏杆处几个孩子迅速地消失了。我的心不由得"咯噔"一下，该不会是班里出了啥事吧。我边想边小跑着上了楼梯。

当我走到教室门口，看见孩子们双臂交叠，端端正正地坐着，我纳闷了。以往晨读前的时间段，教室里总是热闹的，有交作业的，有匆匆走进教室的，有在一起兴致勃勃地讨论什么问题的……

突然，孩子们在一句"起立"声中齐刷刷地站起来。"杨老师，母亲节快乐！"孩子们的身子前倾，深深地鞠躬。我愣住了！转过身，只见黑板上写着几个大字：杨老师，节日快乐！粉色的爱心气球围绕在四周，还画着精美的插图。"让我怎样感谢您 / 当我走向您的时候 / 我原想收获一缕春风 / 您却给了我整个春天……"孩子们齐声诵读，我的眼眶湿润了。我不知道，是什么时候，孩子们"排练"了眼前的这一切。接着，孩子们一个接一个地走向我，手握便笺，那上面写着祝福的话语，孩子们稚嫩的嗓音在教室里回荡，我眼里早已噙满了泪。末了，一个孩子将所有便笺装到一只粉色收纳袋里，双手捧到我的面前，我郑重地接过这 56 颗"心"。"谢谢你们……"我哽咽着，眼泪再也止不住，心里涌起幸福的暖流。我背过身，抬头望向天花板。有孩子碰碰我的手，递给我纸巾。望着孩子们天真可爱的笑脸，望着他们一双双明亮得可以说话的眼睛，我站在讲台上深深地鞠躬致谢。

走出教室，春风拂面，阳光如丝如缕，苗圃中的小树苗显得愈发鲜亮挺拔。

回到办公室，我告诉同事们今天是母亲节。同事们都笑我，说这个周末才是，我恍然大悟，又一次湿了眼眶。师傅知道了这件事，笑着向我竖起了大拇指。

那年，孩子们毕业。阳光向上的他们，成绩遥遥领先。在家长会上，孩子们眼里噙着泪，与我一一拥抱、话别。有家长说着感谢的话语，说着说着眼眶就红了。也有家长说，孩子们不愿跟他们说的话，都写在日记本里跟我说了。而我，就像妈妈一样。

再后来，有位妈妈将孩子写的作文拍了图片发给我。题目是《我最牵挂的一个人》，而我是作文中的主角。读着孩子的习作，我流泪了。我知道，我走进了孩子们的心里……

转眼间，我当班主任已20余载。坐在窗边，听着春雷滚滚，我知道，这是春天在呐喊……

作者简介：杨大芹，宜都市陆城第一小学教师，宜都市明星班主任，发表《樱桃红了》《与春天的约会》等多篇文章。

追寻光，散发光

岁月流转，不知不觉，我已工作 28 年。回想 1995 年 8 月，怀着对三尺讲台的无限憧憬，我走进姚家店乡张家冲小学的大门。光阴荏苒，一路走来，虽然没有光芒万丈，但我一直在追寻光，散发光。

爱与被爱，是班主任的序章

初入职场，我既紧张又不安，生怕自己的声如洪钟、健步如飞吓到同学、笑坏同事。妈妈提醒我"对学生好点儿"，我记住了妈妈的话，"对学生好"成了我追光的底色。在农村土生土长的我，与农村孩子有着相同的特质——不怕苦，也不怕脏。在追寻光的过程中，我背过摔伤的孩子回家，帮拉裤子的孩子清洗……带上爱去追寻，拉开了我做班主任多彩的序章。每当孩子们的笑容如花朵般绽放；每当解决了小不点们"天大的"的烦恼；每当澄清了孩子们哭哭啼啼的"悬案"，我愈加感觉班主任是多么重要，爱的力量是多么强大。

被爱更是像一股暖流，它让我迅速成长。在乡村学校当全科老师的自己，被学生当姐姐，被家长当孩子，让我感觉自己生活在一个个小家庭中。记得有一天，一个小女孩从家里给我带来了熟透的柿子，悄悄放在我寝室的床上，等我中午回寝室时，发现床单上的柿子渗出了一层厚厚的柿子汁，让我又好哭又好笑。被爱的花絮，从眼前一一掠过，很多、很暖，让我沉醉在幸福里的同时，义无反顾地接受了一年又一年的班主任工作。

爱与被爱在岁月的磨合里，自己逐渐得到沉淀。在付出与得到之间，我渐渐懂得，一朵花不是必须长成玫瑰或向日葵，我只要让花成花，让树成树，让我成我就好。

倾听信任，是班主任的修为

年轻时的自己总是血气方刚，还带着一丝毛躁，有时会让班主任的工作充满火药味。记得那是在杨守敬小学教一年级的日子，有个特别调皮的男孩叫皓皓，他一度让我头疼得厉害。上课他会随意走动，为此我罚过他的站；作业总是拖拉不想交，我找家长告过状；每天都要拉扯别的同学，我罚过他抄生字。可是，越罚他越出格。

有一天，学校池塘里一只乌龟不明原因地死了，同学们告状说是皓皓弄死的。我喊来皓皓，问其原因。他理直气壮地说："不是我弄死的，我看它爬出来了，就想把它送回池子里。我没有弄死它。"他边说边做动作向我解释。我忍着火气听他说完，耐心地和他一起分析："看来，乌龟确实经过你的手，对吗？"他没有反驳，我稍稍舒了口气说："乌龟死了，一条生命就这样结束了，你难不难过？"他点点头。我又说："你本来是想救它一命，但可能因为力量不合适，也可能是别的原因，导致它死了，你觉得你有没有责任呢？"我没有过多地责备他，让他回家把这件事如实讲给家长听，并说说自己的心情。

第二天，皓皓主动来到我的办公室，跟我说："老师，乌龟真的不是我弄死的，但我以后会更加爱护小动物的。"我相信他，并借此机会鼓励他："你讲的故事很好听，如果你讲故事的时候把口水抿紧，不让口水到处飞，同学们就会喜欢听你讲故事了。"乌龟事件之后，皓皓的内心发生了一些变化，他妈妈告诉我："皓皓知道做事要小心一些了。"我听了无比欣慰。

悉心呵护，是班主任的使命

师生之于遇见，是际遇中的一种缘分。遇见刺儿头，我学会了忍让与拿捏；遇到弱小，我学会了善待与尊重。

欣欣是个略带残疾的孩子，行走不便，发音困难，生活不能自理。来报名的时候，欣欣妈反复说，孩子小时生病耽误了治疗。她的言语中透着哀怜，让我心头一颤。走路颤颤巍巍的欣欣成了我的特别关注对象。课间，我扶着她上厕所；体育课时，我把她接到办公室和她聊天，陪她看课外书，握着她的小手教她写字。在班上，我号召同学们伸出友谊之手，帮助她、鼓励她。同学们很听话，如果我不在，总有同学陪伴在欣欣身边。运动会入场式，我牵着欣欣的手走在队伍的前排；诗朗诵时，一定会有欣欣的站位。教室里不能吃零食，但欣欣可以在教室里吃午饭。班级无论大小事情，我都会为她特别考虑一下，从不让她孤单受冷落。

备受呵护的欣欣在我和同学们的照顾下，脸上总是挂着无忧无虑的笑容，在班级里快乐地成长。后来欣欣长大了，在校园里遇到我时，会兴奋地朝我扑来，那种亲近感让我从心底感到幸福。

从容进退，是班主任的兵法

每一颗种子都需要光的照耀，也需要沃土的厚植。教师的成长也必定伴随着家长的陪伴与信任。教师和家长有着一样的心思，都希望学生成人成才、全面发展。

记得有一次，一个学生的笔被另一个学生踩坏了，晚上回家家长发现后，火气"嗖"地一下就上来了，给我打电话，数落着"前几天橡皮不见了，今天笔又坏了"，言语间尽是对我的责备。了解事情真相后，我觉得学生不是故意为之，就说了句"下次我看着点"。可那位笔坏了的学生家长不依不饶，觉得我没有严惩"凶手"，觉得我没有维护他，并将此事视为校园霸凌，还扬言"有亲戚在教育局，不是那个学生走，就是你这个老师走"。我冷处理了这件事，觉得孩子应该从小学会宽容他人。后来我才知道，那个爸爸当时刚和孩子妈妈离婚，心情不好。

班主任的进退法则，让我学会了与家长交流的尺度。家长良言一句，我便觉得三冬即暖；家长的不理解，会让我郁闷好几天。因此，我总结得出，只有取得家长的信任和配合，才会让班主任工作轻松许多。

我一直在学习和摸索中大胆前行，从不放弃。前行的路上，难忘那些相濡以沫的同事，他们的陪伴给平淡的工作增添了乐趣；难忘资深前辈、专家的指点，他们磨砺的每一节公开课、每一篇论文，都让我在迷雾中拨云见日；难忘给予我鼓励与赏识的领导，他们让我时刻保持热情与信心。所以，名师之重，载不动几多难忘与感恩。

岁月赠我白发，我让岁月生花。一路走来，从妙龄少女到如今人们口中的"中年少女"，从悦耳的嗓音到如今的"声带小结"，我从未后悔每一次的付出。成长的道路即使崎岖却也有趣，走得慢也好，步子小也罢，只要一直在前进，我便觉得万物鲜活、未来可期。

看着一批批学生走进高一级校园，我很有成就感。

作者简介：万鸿艳，一级教师，中共党员，第二届、第三届宜昌明星班主任，宜昌名师，宜都名师，宜都最美教师，国培优秀学员。

像星星一样闪闪发光

13年前初踏上三尺讲台那天，我满心欢喜雀跃着；乡下林间间或不断的蝉鸣仿佛在诉说着我紧张又激动的心情；办公室墙上"学高为师，身正为范"八个大字严肃又神圣，告诉着我双肩担起的责任。那时，我没有因带着黄泥巴的洗澡水而伤心难过，我知道，我捧在手里的不只是巴掌大的教科书，而是"十年树木，百年树人"的家国大业，是好多学生青春年少的人生未来。那一刻，我像极了傲娇的太阳，我想用太阳般炽热的心和行动去履行那国旗下的铮铮诺言。

初为人师，走迷宫般无措

那时我年轻，浑身是劲儿，抓紧一切时间为自己"充电"：读有关教育的理论书籍，研究成功的教学案例，分析教材、分析学情，听课、评课，向老教师请教……只要有学习的机会我都积极争取，只要领导交代的事情我都不打折扣地去完成，真正做到了让自己活在工作中。当然，这过于激进的做法很好地诠释了欲速则不达，暴露出我的很多缺点：学习无目标、工作无方法、事后无结果……这让我在工作中四处碰壁。

在专业课程方面，要让传统教学方法通通让路的想法禁锢了我很久。那时听课学习，我依然带着学生年代的情绪，用不带任何技术含量的眼光"审视"着前辈的课堂。"无趣""刻板""老套"这些字眼在很长一段时间里控制着我的大脑。我想用张扬、奔放、热烈的课堂营造不一样的学习氛围。现在回想起来，这样的想法大概没有错，只是过分地追求改变而忽略了班级的学情，导致结果很难看。一心想用创新方式比过前辈的我羞愧得满脸滚烫，不敢面对。

在班级管理方面，单薄的一腔热忱压制了全局观，少方法、缺技巧、欠务实让本以为可以很顺畅、很和谐的师生关系、家校关系如陷沼泥，困顿其中。尤其是在与学生的沟通交流过程方面，我总是以高高在上的姿态，想以号令的方式达到指东不往西的效果，学生给我取的"恶名"常让我怒不可遏又泪流满面；在家校沟通中缺乏求同存异，误以为一切都该以教师为中心，却未考虑到家家有本难念的经，这本经就是每个家庭带给孩子的陪伴、家庭教育观和生活现实情况。

记得有一次，小万同学又一次因为在课堂上坐不住被他身后的同学投诉了，我只觉着小万错了。那一次在被当众劈头盖脸教育一顿后，小万头一次流泪了，他愤愤地"教育"着我——人是会变的！一次尴尬的收场击碎了我自认为完美且不可辩驳的管理方式，我渐渐地放下了激进的做法，懂得了热烈不该是毫无章法的，滚烫的打脸只会事与愿违。

又磨三年，过荆棘般艰难

送走我的第一批毕业学生本应该是高兴的，可那一年的教师节我是落寞的。没有铺天盖地的信息问候，没有络绎不绝的登门问好，看着寥寥几条信息，我非常失落，我想我是失败的。谁都不愿意在同一个地方跌倒两次，我也一样。这一次，我想融入到学生中去，与他们多沟通交流。

课堂上我收起自己的那张苦瓜脸，一次次突破自己——用诙谐的方式尝试不一样的活泼、快乐。原本枯燥的英语教学似乎一下子就不一样了，中英夹杂的教学带来了不断的笑声、喝彩声，但是没有了英语语言学习环境的创设，很快，现实又给了我重重的一击。因缺少英语语言思维的构建和全英的语言表达，我班的学生渐渐地与别的班拉开了差距——不敢开口，不敢大声朗读。我的教学沉入一潭死水。

学生一口一声的"梦姐"渐渐地让我迷失了方向——缺乏威严的规则教育、集体意识教育，让班级管理一度变得混乱。经常会有学生借着各种名义不按既定班规行事；缺乏主观能动意识引导，过分照顾学生，让他们太依赖我，班级里的大小事务都需要我一个人事无巨细地忙着，占用了我大量的时间，限制了学生的发展。

渐渐地，在一次又一次的挫败中我意识到："亲其师，信其道"不是指毫无距离地融入；严中有爱，言而有度，严而有方才是一剂良方。这一跤我摔得很疼。我开始反思教育教学中的细节，反省该如何处理严与宽、管与放的关系，并发现：我该对自己的要求高一些。是高标准、高起点、高梦想，而不是好高骛远、高谈阔论；对学生的管理应该严而有度、严中有爱，不该不分主次，不该过分融入。

"打成一片"是建立在距离和秩序的基础上的，一味地退让实则就是放纵，这样的无边界感会让自己寸步难行。

走过十载，像星星般发光

走过两次坎坷的我，努力地总结着、对比着、规划着。这时的我开启了疯狂的过滤模式，不断在稀碎的记忆碎片中获取最有价值的信息并吸取精华；不断地在反思中发现问题、修补问题、更正问题，努力优化课堂教学过程，努力改革班级管理模式，努力扩展家校合作途径；积极落实因材施教、因人施教的教育原则，告诫自己要张弛有度地释放教育光芒，不过于热烈、不过于谨慎，要严而有度、严而有爱、严而有信、严而有理。

结合过往的经验与教训，我在教学工作上常学常新，最有心得的是根据学生的心理年龄和变化的处事态度不断优化教学模式，如七年级的新鲜感、八年级的倦怠期、九年级的紧迫感和进步意识。我开始注重利于学生终身发展的行为习惯和道德品质养成教育——力求真心理解学生，用耐心和细心教授知识、严格帮助学生改掉坏习惯，引导学生成长，促进学生树立积极进取的信心，形成良好的行为习惯和道德品质；在处理各项班级事务时，带动全班共同研究、商讨，开发学生自己的宝贵智力资源，提升他们的主观能动性、积极性和创造性；积极主动地与家长沟通交流，注重家庭、学校和社会教育的结合，帮助家长处理家庭教育难题，缓解家庭亲子矛盾，拉近家校心理距离，建立家校同盟。通过长期努力，我逐渐形成了激励与批评相结合的赏识教育班级管理特色，所带班级班风正、学风浓，得到师生和社会的一致好评。

11岁的果果是一个说话有障碍的孩子，经常反穿球鞋，纽扣扣不好，裤子前后不分，浑身脏兮兮的，大小同学都欺负他，叫他"叫花子"。果果爸爸想让他在学校"混几年"，我想试一试，试着与果果的命运搏一把。我手把手教他穿衣、扣纽扣、系鞋带，帮他洗脸、梳头发；带着所有学生比画着同他讲话；从最简单的字开始教他开口说话，教他认读生字；让他当班级卫生管理员……只用了一年时间，果果便学会说话、写字、交朋友甚至当小组长了。果果爸爸流着泪说："杨老师，您不但是一位好老师，还是一位好医生，是您医好了我的孩子，是您教他开口说话，是您让我们全家看到了希望。"

我想，班主任工作不限于为琐事奔忙、唯分数是从，我要做一个聪慧的"谋略家"，谋学生一生的成长，谋学生德、智、体、美、劳全面发展。我想，我应该像星星一样，有光，但不过分炽热、不过于渺茫，而是闪闪发光，能在黑暗中带给学生希望，指引他们前行。

　　作者简介：杨梦婕，中学一级教师，宜昌市优秀德育工作者，宜都名班主任，宜都市初中英语学科中心组成员，宜都市周新名师工作室成员；获宜都市教学"大比武"一等奖、"宜都好课堂"特等奖；被宜都市人民政府表彰为优秀教育工作者，荣获宜都市明星班主任荣誉称号；被宜昌教育科学研究院表彰为优秀德育工作者。

追风赶月莫停留，平芜尽处是春山

　　我在班主任岗位上一路摸索，寻得了许多的乐趣。回顾这九年的班主任经历，我的脑海里蹦出了三个词：向爱而生，向美而行，向深而耕。

引领，让班级管理向爱而生

　　带惯了初中的大孩子，面对一群活泼天真的小学生，刚开始我还真不习惯。第一天就闹了笑话，到了放学时间，我说了声"放学了，同学们可以走了"就准备出教室，结果同学们齐声喊住我："老师，要站队放学——"啊？怎么站队？我一头雾水，跑去问同年级的班主任曹光敏老师。她是高级教师，也是宜都市优秀班主任，很有经验。请教后我才知道，班主任要事先按同学们回家的方向分好路队，选出路队长。放学时要先按路队站好，再齐呼"放学路上，注意安全"才能由路队长带队走。班主任要每天带队到校门口，将孩子们交给家长。听完这一系列复杂程序，我叹道："没想到小学生放学这么麻烦啊。"曹老师很认真地对我说："这可不是麻烦，我们这么做，是对每一个学生的安全负责，要是路上出了问题那才是真麻烦。"这件事给了我很大的触动：原来看似麻烦的事情里，都藏着教育的真谛——对学生的爱和关怀。当班主任，不能怕麻烦，要关注每一个细节，细节最能体现老师的责任心、爱心。

　　因为有了曹老师这生动的第一课，我开始成为一个细心的班主任。不仅从学习习惯、卫生习惯、文明礼仪习惯等方面对学生细致要求、悉心指导，也开始细心观察他们性格、情绪、心理上的表现。

　　当时，我班学生有28人住宿，每天晚上8点，我都和曹老师结伴走半个小时的夜路去查寝。有一次我们边走边谈，我说我观察到班上住宿的很多学生情感比较脆弱，有些孤独自闭，容易和同学产生纠纷。曹老师告诉我："他们这么小就离开家人来学校寄宿，心智不够成熟，生活自理和人际交往的能力都很欠缺，最关键的是他们缺少和父母的交流，缺少父母的疏导。"怎么办呢？

我想，能不能在班里设一个心灵驿站，让他们用写小纸条的方式，把心里的烦恼写给我看，我来疏导安慰？得到曹老师的肯定后，我们班的心灵驿站就"开张"了。捧着一张张小纸条，我了解了他们的想法，发现了他们的渴望和期盼，知晓了他们的压力和苦闷。我利用周末时间给他们回复，希望他们可以从我的回复里得到安慰，得到指引，得到力量。

一个跟随父母从宜昌转学来的男孩写道："爸妈常常说为了我放弃了他们的事业和朋友，可他们想过没有，我比他们还孤独，一个认识的朋友都没有。"了解情况后，我和他爸妈进行了沟通，让其解孩子的想法。他们在孩子周末回家后，召开了一次家庭会议，诚恳地和孩子交流，孩子理解了父母，心里的委屈和别扭没有了，学习劲头特别足，整个人都阳光自信了。还有个女孩写道："老师，我把您写的话剪了下来，专门贴在一个本子里随身带着，难过了就拿出来读读，就又开心了！"

渐渐地，我赢得了学生的喜欢和信赖，我的班级形成了一个温暖上进的能量场，对于班级管理工作我也越来越得心应手了。在我这个新班主任的成长过程中，我特别感谢曹老师等老班主任的引领，他们教我用心做事、用爱育人，让我的班级管理向爱而生。

学习，让班级文化向美而行

来清江小学九年的时间里，学校给我提供了很多外出参加班主任专题培训学习的机会。这些培训让我大开眼界，专家教授的理论学习、名师校长的实践分享、优质学校的实地参观、学员间的交流探讨，每一次学习都是思想的风暴、心灵的震荡。我学习着，收获着，也反思着：不能只满足于日常管理，要做学习型的班主任，唯有不停学习，才会有对教育规律的正确把握，才会有笃定担当的教学智慧，才能形成自己独特的带班理念，打造独特的班级文化。

2022年年底，教育局组织了全市的班主任主题育人活动优课竞赛，学校征询是否报名的时候，我心里有点打退堂鼓，一是自己从来没上过班队公开课，二是担心自己在后期制作，如视频剪辑方面技巧不够。犹豫不决的时候，我想起了我的"女神"——长沙名师外训时给我们授课的章苏静老师。她50多岁的时候，从教物理转型教信息技术；60岁，她还在自学无人机驾驶技术。她说："不要给生命设限，要多挑战不可能。"后来我去学游泳、去西藏，都是受她的影响。最终，我决定挑战一下自己，一咬牙报了名，选了"运动"这个主题，开始了一个月艰难又充实的磨课之旅。不知班队课流程，学！全国少先队辅导员网络集体备课平台上发布的活动课，我足足听了几十节，好的创意一边听一边记。PPT制作技术不大行，不会剪辑视频，学！向年轻教师请教，利用网络学，后来终于把它们玩转了。我一遍一遍打磨教学设计，一稿、二稿、三稿……思考着如何让活动课内容更丰富、形式更新颖、效果更落实。期间恰逢参加A065国培，三峡大学田家炳学院组织了一次班主任论坛，我把这节活动课在会上做了交流，三峡大学副教授罗筱端老师进行了点评。她建议："我们还要在学生心中深植终身运动的理念。"她的建议让我深受启发，是啊，教学生一节课，要想到学生的一生，要真正唤醒他们对运动的热爱，培养他们爱运动的习惯。这次交流让我在教学理念上又前进了一步。后来，我的这节班主任育人活动课获得了特等奖。更可喜的是，这节课后，我们班的学生变得爱运动了！课前，我们跳跳课桌操；放学回家后，我们相约运动打卡；周末，家长带着孩子晨跑。学习，能将未知变成已知，将无变为有，将不可能变成可能，是多么快乐的事啊！

有了主动学习的意识后，我发现处处都是学习的资源。有一次我发现了金东方高新区小学校长山哥的公众号，发现他的一项"悦读计划"非常有趣：被评为"悦读达人"的学生，山哥校长会为其下厨，甚至有一次山哥校长还背着"达人"在操场跑了三圈。为了建设书香校园，山哥可谓煞费苦心。我如法炮制，在自己的班里打造"书香班级"，取得了非常好的效果，我们班还被中国班级文化论坛组委会评为班级文化建设"优秀班集体"。

动若脱兔，运动场上挥洒汗水；静若处子，图书角里细嗅书香。运动和阅读，成就着学生身体和心灵的成长。培养爱运动、爱读书的学生，不正是最好的班级文化建设吗？不断学习，让我找到了自己的方向，向美而行。

突破，让班本课程向深而耕

"我宣布，现在开庭！"随着"法官"手里的法槌落下，一场模拟庭审正式开始。庭审现场，清江小学六（4）班的同学们通过扮演审判长、审判员、书记员、公诉人、辩护人、被告人和法警的角色，深入案情，感受一场"真实"的审判全过程，深刻认识到不遵守交通规则带来的严重后果。身着法袍的小法官端坐在审判台上，控辩双方举证、质证，交锋激烈；被告人认罪悔罪，真诚反省。

以上情景，是我们班开发的班本课程中的一个活动环节。2023年初，我参加了宜都市教师发展中心组织的班主任主题式研修的培训，第一次接触了"班本课程"这个全新的理念。回来后，我接到了完成一个班本课程案例的任务。我经历了很长时间的迷茫与困惑，该以什么主题来挖掘我们的班本课程呢？说来也巧，学了"学写倡议书"一课后，一个孩子写的《向高空抛物说"不"》让我灵机一动：我们的班本课程能不能不囿于班级和学校，向外而行呢？于是我迅速联系锦江社区，和他们商讨后，共同开展"童议事，共治理"的校、社协同育人活动，以儿童视角发现身边问题，参与职业微体验，再成立儿童议事会建言献策。真的不能小瞧学生，他们看问题有时比大人更细致，解决问题的方法更独特。一学期的活动下来，学生收获了许多在教室里不会有的体验。打造3D斑马线、向高空抛物说"NO"、模拟庭审、环卫工人职业微体验被省、市多家媒体宣传报道。

带领学生开发班本课程，培养他们的参与意识和社会责任感，让我找到了新的突破点，实现了班级品质的继续提升，让我的班主任工作向深而耕。

"追风赶月莫停留，平芜尽处是春山"。虽然成长的脚步很慢很慢，但我一定会坚定地向爱而生，向美而行，向更专业而行，永不停止追逐，不停止成长，做更优秀、更幸福的班主任！

作者简介：彭丽华，一级教师，现任教于宜都市清江小学，宜都市优秀班主任，明星班主任，最美教师，宜都名师，宜昌市第一届优秀德育导师，全国班级文化建设优秀班主任；班主任主题育人活动课获宜都市特等奖；先后12次获优秀园丁奖。

时光不老，江河奋楫

又是一年毕业季。儿童节那天，为缓解备考的紧张压力，学校给九年级的每个班订了一个儿童节蛋糕。已经十四五岁的学生们分外惊喜，切着蛋糕，欢声笑语。猛然间有个学生问我："老师，您怎么不吃？"一石激起千层浪，很多学生嚷嚷起来。其实我心里想的是，你们没给我分呀，但这话不好说，我就摇了摇头，笑道："我不是儿童了呀！"。一个学生反应过来，马上冲到前面，切了一块蛋糕往我手里塞。其他学生七嘴八舌，认真地劝我："老师，我们也不是儿童啦。""老师，要有一颗童心。""老师，就算人老了，心也不能老。""老师，您给我们读的文章里头经常说归来要是少年。"……好吧，你们说得对。我尝了一口手里的蛋糕，甜甜的。

这是我从教 24 年，带的第九个班。

新手上路，前辈护航

2000 年，我刚参加工作，领导就安排我做七年级某班的班主任。读书的时候，我就觉得班主任是和学生最亲近的人，所以，一口应承了下来。领导信任，家长也不质疑，就这样，我这个新老师、新班主任，带着一群新初中生，开始了我们的三年初中生活。

我摸索着做一个班主任必须做的工作，年长的同事给了我极大的帮助。张校长说："你得把课上好，让学生喜欢。"杨老师说："你得有火眼金睛，组建好班干部队伍，领头羊的作用一定要发挥出来。"吴老师说："你得让学生觉得你公平公正，他们才会信服。"于是，我细心观察每一个学生，了解他们的性格、特长和爱好。我认真备课，四处求教，努力让我的课堂吸引学生。班级逐渐步入正轨，我也松了一大口气。

可是，十多岁的孩子怎么会消停，第二个月，咱们班就开始在学校的"光荣榜"上"崭露头角"了，波澜起伏，故事不断。茫然中，领导和同事总是宽慰我，他们叫我多读书，于是我去读苏霍姆林斯基，读窦桂梅，读魏书生，读李镇西。从中，我学到了很多宝贵的班级管理经验，有的方法，稍微结合实际改动一下，就能在起到非常好的管理效果。我慢慢摸索出学生自主管理的方式，先在广泛征求学生意见的基础上制定班规，然后试行修订，所有学生既是规则的制定者，也是实施者，更是监督者。

后来，学生们勇于献策想出来很多解决问题的办法。清洁区的打扫是个难题，由于地方太大，经常出现这边好多人在扫，那边却没人扫的情况。卫生委员和同学们一商量，把清洁区划分成几小块，各人负责各自区域。实施后效果蛮好，既提高了效率，又比以前打扫得干净。学生管理协调的能力、组织能力、生活能力都得到了提高，班主任的工作也更轻松、高效。

守望田园，呵护成长

我深知，课堂是我的主阵地。语文学科的教学对班主任工作有极大的帮助，也提供了极大的便利。翻一下语文课本，那些班主任管理的德育目标在课文中都能找到：《我爱这土地》教学生爱祖国、《春酒》教学生爱家乡、《岳阳楼记》教学生体会责任、《海燕》教学生勇于进取，用语文倡导人文思想，在学生心中埋下向往真善美的种子，为人生奠基，这是班主任工作的一项重要策略。所以对于语文教学，我从来不敢放松。这些年，我多次参加各级教学比赛并获奖，执教示范课，做专题讲座，参与课题研究，加入彭泽元名师工作室。

2005 年，我被调到一所城区初中，这里的学生来自不同的家庭，很多父母对孩子的期望越来越高，竞争日益加剧，初中学生的压力渐渐加大。我每天早上都会到教室看看人到齐了没。这些年，和家长在街上找孩子到半夜的事，有过两三次。有一天晚上，小罗给我打电话，说想离家出走，又怕我着急，先跟我说一声。我急得抱着当时只有四岁的女儿打车赶到他说的地方。这个比我还高的男孩子，看见我时眼泪一下子就下来了，我好说歹说把他先领去了我家。初中三年，他们处于人生最美好却最易冲动的年龄，我要帮他们守住这波动的青春岁月。

当然，也有很多深深打动过我的学生。小段理解再婚父亲的不易，一个人住在出租屋，照管自己的生活；小绪在送我的贺卡上写着："我不是您最优秀的学生，您却是我最难忘的老师"……

危机突袭，初心不改

这些年我的努力得到了认可，2015年至今，我连续三届被推选为宜昌名师（班主任）。

2019年，在这所城区初中工作了十几年的我遭遇了职业生涯的最大危机。这一届班上有个学生家长无论小事大事，只要她不满意，就要四处举报，我多次尝试和她沟通，她都拒绝。更要命的是，她抓住了我们班上一位科任老师的问题，这位老师要被调走，我们班得换老师。遇到这样的事，我焦头烂额。心力交瘁的背后，是我对教师职业意义的严重怀疑。这种痛苦，比起熬夜磨课，比起竞赛准备，比起思虑问题学生的处理，甚至比起半夜找学生，还要痛苦得多。

我跟周校长说："我带不了这届学生了，我撑不下去了。"周校长说："你要是走了，这个班的学生怎么办？"面对班里很多学生惶惑的眼神，我再也说不出一个字，硬着头皮坚持。到了九年级，有一天，数学老师发现了这个家长的孩子上课与其他人传纸条，我一看座位，至少得有六个学生帮忙，这个纸条才传得成。我找来这六个学生一问，居然有五个学生说："我们有些怕她妈妈，不敢不给她传。"还有一个学生说，也想告诉老师，但多一事不如少一事吧，就顺手传了。他们不安地看着我，我猛然一惊，难受的不只是老师，班上的学生也被这件事波及并受到影响。我理直气壮地批评了违纪学生，重申了班级的规则。这个过程中，我得到了周校长、艾校长的支持，也得到了班级科任老师的帮助。

磕磕绊绊这一年，总算熬过去了，我至今不能忘怀的是那几个学生不安的眼神。师者的责任，给了我面对这一切的勇气。

此后，我开始读心理学方面的书籍。带着自己"创伤"愈合后的庆幸，我更能理解身边很多"呼救"的声音。小周时常在教室里流泪，源于她对父母离异的恐惧；小李总不吃饭，源于对自己身材的焦虑；小向背着背着书大哭，是考前的不自信在作祟。我只嫌自己所学太少，帮助有限。我对学生们说："马上要中考了，紧张是正常的，不紧张才不正常。有什么想说的话，有什么要吐槽的，就来办公室找我。"听着他们的倾诉，我竭尽所能地开导他们，帮他们擦干眼泪，又悄悄把他们送回教室。离中考越来越近了，学生脸上的笑容并没有减少。

就这样，我们吃着甜蜜的蛋糕，一起许下他们的未来。时光不老，我们一路奋楫，永远前行。

作者简介：许爱莉，宜都创新实验学校初中部语文教师，宜昌名师，宜都名师，优秀班主任，优秀德育工作者，优秀共产党员，师德标兵。

名师之路

扎根课堂，向阳生长

"向下扎根，向阳生长"是我写在党员示范岗上的感悟。

记得我刚进入陆城一小时，学校开展的"追梦之旅"讲座上，校领导提出了"一年站稳讲台，三年站好讲台，五年成就讲台"的目标。从此，我那"一支粉笔，两袖微尘，三尺讲台，四季耕耘"的教学生涯便有了具体目标。

回首这些年，从陈蓉名师工作室成员到宜都市学科带头人，再到宜都名师，专业阅读与通俗阅读并行，常规课与示范课并重，课题研究与论文案例写作两手抓……我一步一步脚踏实地，朝着目标走得坚定。

扎根课堂，让我在不算长的教学路上收获颇丰。

每年的5月和11月，总是特别让我感怀。可能是自己这些年"送教下乡"、参加教学竞赛，多集中在这两个月吧，平凡的日子也有了不一样的意义。一名普通教师的成长，总是离不开课堂。

2015年10月下旬，一个平凡的下午，陈校长发消息通知我去一趟她的办公室。怀着忐忑的心情，我敲门走了进去。几分钟后，我走出来，整个人都是懵的——我才来一年，让我准备一节课去"送教下乡"？新招的语文老师这么多，机会落在我头上了？上什么内容？怎么上？……我带着一连串的问题回到办公室。

第一次站上大舞台，选课上自然要发挥最大优势。我翻看了还没有讲的单元内容，又想到自己性格较为温柔细腻，《搭石》最为合适。陈校长也认可我的选择，和我一起讨论内容，指导我改进课件。每次试教后，陈校长都点评得很细致，针对课堂教学细细推敲，指导我该如何改进。

我总是记不住那许多内容，书本的批注好似"满天星"。我每天坐早班车去学校，三四十分钟的车程里，去卖菜的爷爷奶奶讲个不停，我就靠着车窗，默默记着书本上密密麻麻的笔记。晚上坐末班车往家赶，我仍旧抱着书本，琢磨着自己的课堂语言。两辆班车的司机都是我隔壁村的邻居，彼此熟悉，他们总是笑着调侃我："曹老师比学生还用功啊！"那段时间，我没时间午休，晚上睡不安稳，连做梦都在试教。都说机会是留给有准备的人，我不敢松懈，只希望能准备得更充分些，不辜负陈校长的期待；只希望这次能崭露头角，获得更多学习、展示的机会。

"送教下乡"那天是 2015 年 11 月 6 日，我于细雨朦胧中来到红花小学。四年级教室后面、过道坐满了老师。三次试教，《搭石》的教学流程我早已熟谙心间，一切教学活动顺利进行着。朗读环节时，我提问一位朗读出色的女生："你的读书声真好听，如果我给你配上音乐，你能读得更好吗？"女孩用力点了点头，回应我："能。"我来到讲台前，点击播放课件中的音频，可是一连点击好几次，都没有声音传出来，我检查了播放器的音量，已调至最大，可还是没有声音。我环顾教室四周，已有老师开始两两低语，再看向站着的女生，她的眼睛亮晶晶的，满眼期待地望着我。我拿起书本，面向她站定，语带笑意："曹老师初来乍到，这个电脑好像还不认识我。没有音乐你可以再读一次，把我们带入美好的画面吗？"女生的声音再次响起，好像是为了给我争脸，文字从她口中涌出，比第一次更清亮、更悦耳。她读得陶醉，教室里安静极了，师生好似进入"一行人走搭石"的画面中，只剩"清波漾漾""人影绰绰"。全班再次齐读，入情入境，余音绕梁。议课环节中，大家肯定了我的教学机智，对教学过程的赞美早已记不清，只剩"温婉大气"四字让我时时回味。

我知道，心中有标，眼中有生，腹有诗书，遇事从容，课堂上才能"温婉大气"。在教研员、众多小语前辈面前初露头角，留下美好印象，为我后来多次获得上展示课的机会增加了砝码。那节课后，我继续研读《语文课程标准》和《语文课程标准案例式解读》，常读常新。下班后的时间里，我牢记胡教研推荐给我的名师，观摩他们的课堂教学视频，在仿课、改课、创课的过程中探索前行。

那些年里，我有着一股初生牛犊不怕虎的气势，一边上好常规课，一边抓住在市里上展示课的机会。第一次习作教学展示，是与当时的高坝洲小学刘校长同台竞技；第一次略读课文教学展示，是和枝城小学的董老师同课异构……思维的碰撞能迸发出智慧的火花，也让我更加全面地审视自己，取长补短。

收获的掌声，总是与付出息息相关。2019 年 5 月 24 日，我在清江小学参加新教师教学比武，获得特等奖。现下回忆，仍觉步步惊心。那一年，我踩着"五年内入职"这一要求，报名参加比赛。三年级五个教学班，磨课还没有充分利用完，5 月初，我因保胎住进了医院。出院后的一段时间，我连上课都难以支撑，也没有精力继续磨课。陈校长担心我身体吃不消，我思量着离比赛还有段时间，不想放弃，也不忍陈校长着急。晚上躺在床上的时候，我就在大脑里回顾前几次磨课的场景，自己讲给自己听，预设着学生不同的回答，又该如何调控……比赛那天我正好孕期满六个月，站在赛场上，看着底下的评委，看着坐在学生中间一脸笑意望着我的陈校长，我精神倍增。

关于那次竞赛课，我听到过很多声音。办公室的一位老教师说："你请病假算了，宝宝要紧。这样去比赛，评委也不会给高分，最多得个二等奖。"话虽直白，但她的出发点是好的，觉得我不必这么拼。临上台前，来观摩的同事对我说："你肚子一疼就撑住桌子，我们马上去扶你。"虽然是玩笑话，却是再真切不过的关怀。"这个班学生朗读能力比那个班弱些，但是引导得真好啊！""这个仿说，学生说得一个比一个好。""这个'三'教学点挖得真好。""玉甜是不是怀孕了？""她挺着肚子还在比赛啊？"……

我很庆幸有这样一段非同寻常的赛课经历，赋予了自己在后来面对教学竞赛时克服困难的勇气。2020 年秋，我产后回归。新教材培训会上的示范课，是我在宝宝一岁还没有断奶的情况下呈现的。白天要上课，要处理班级琐碎的事务，要抽出时间试教；晚上，把宝宝哄睡后我才有时间改教案、改课件。有时候，把宝宝哄睡着了，我还清醒着，爬起来改；有时候，哄宝宝睡的过程中，我也睡着了，随着宝宝哭着要喝夜奶而醒来，哄睡着，再爬起来改；有时候，实在爬不起来，就稍稍放纵一下，四五点再继续改……那个初秋，我见过凌晨一两点的月亮，也见过四五点的晨曦。我想做那成功的花，人们只需惊艳它现时的美丽就好。

唐僧历经九九八十一难取得真经，而我所遇到的"拦路虎"没有最多，只有更多。2021 年 5 月的"宜都好课堂"竞赛，我们学校是语文学科竞赛场地。我第一次面对这样的窘况——我上四年级的竞赛课，但四年级的班级都要留着上竞赛课，不能试教。这下连适合磨课的学生也没有了。最终，我在五年级学生里试教四年级内容。框架定下来后，恰逢运动会，我就利用晨读或中午的时候，喊上十来个学生在会议室里试教，用手机把讲课内容录下来，课后不仅要听录音改细节，还要思考四年级学生会如何回答，又该如何调控。推倒重来的磨课之路是洒满汗水的，但正因如此，我的教学展示才绽放出别样精彩，才收获了*丝丝甘甜*。

每一次公开课，或许都是一次"阵痛"，但也是一次无可抵挡的成长。因为漫漫教学人生路，成长不就是向下扎根课堂，向上不断生长么？

作者简介：曹玉甜，中共党员，宜都市陆城第一小学教师，宜昌市基础教育"1+1+N"学科中心组骨干教师，宜昌市第四届学科优秀教师，宜都名师，宜都市学科带头人。

逐光而行，追梦不止

冬去春来，花开花谢，不知不觉我从事教师行业已有 27 年。这 27 年犹如沧海一粟，但却是我一生中最宝贵的年华，也是我最美的珍藏。迎着阳光，一路走来，我经历了喜怒哀乐，也品味了其中的酸甜苦辣，我无怨无悔，也乐在其中！

爱，让我心灵靠岸

1996 年我从师范毕业，经分配又回到了自己乡镇的杨家棚农村小学，教师生涯也从此拉开序幕。刚来学校报到，面对熟悉的校园、熟悉的老师，我倍感亲切。学校安排我担任三年级语文老师、班主任，同时担任少先队辅导员。这让我很担心，我能胜任这些工作吗？学校领导鼓励我："我们这里就数你最年轻，学历最高，接受的新鲜事物最多，你肯定行！"面对满脸期待的老领导、不断给我打气的老师，还有天真烂漫的学生，我决定勇挑重担。

少先队、班主任工作是忙碌的、烦琐的，既要操心管理好自己班的学生，又要策划、组织各项少先队活动。那段时间是我最难熬的时期。学生调皮好动，来打报告的络绎不绝，"老师，余同学打人了""老师，张同学把我文具盒当球踢""老师，他把我作业本扔地上了"……我很气愤，每每批评一顿，但收效甚微。为此我焦头烂额，刚参加工作时的激情荡然无存，每天处理班级与学校少先队工作让我疲惫不堪。回家后我禁不住抱怨这抱怨那，同为老师的爸爸语重心长地对我说："要给人阳光，你心中必须有太阳。你看你，满脸的抱怨、不耐烦，学生怎会接近你、信任你呢？又怎会听你话呢？你虽是老师，更要成为他们的朋友。学校工作千头万绪，你要捋一捋，分清轻重缓急……"爸爸的一席话让我豁然开朗，也使我静下心来反思自己。其实每个学生都是可爱的，虽然有时调皮，但他们劳动积极，谁能说他们不是好学生？谁又是完美的呢？

打那以后，我调整心态，对调皮的余同学不再是简单、粗暴地批评，我尝试着和他聊天，发现他很聪明，也很在乎学习，在乎在学校的生活，之所以上课调皮，下课和同学闹矛盾，甚至打架，是因为他的父亲长期在外打工，母亲本来在家照顾他，见他日渐长大，就和他父亲一起出去打工了。他希望母亲回来，就在学校故意调皮捣蛋。听了他的话，我很心疼，不禁为我当初的态度感到羞愧。农村孩子，父母不在身边的占大多数，他们是缺爱啊。老教师教我如何低下身子和他们做朋友，领导让我以此为契机，策划以"留守儿童"为话题的一系列德育活动，如以"关爱留守儿童"为主题的"心手相牵，共同成长"师生联谊会、以培养留守儿童自立自强为主题的演讲赛、以"感恩父母"为主题的班会。通过从校级活动到班级活动，让他们感受到学校、班级是温暖的，老师是关爱他们的。我也在活动中逐渐成长，学会了宽容、理解和尊重，也学会了和老教师一样用爱来教育学生。慢慢地，学生开始接受我。我从他们纯真的笑脸，和我分享糖果、橘子等零食，课后邀我一起游戏等方面感受到了他们浓浓的爱。我也爱上了他们，爱上了这份职业，找到了心灵的港湾。在后来的十几年的班主任工作中，我始终坚持爱的教育，这让我收获满满，也使我幸福充实。

学，让我不断超越

记得初登三尺讲台，面对那一张张朴实的脸、一双双好奇的眼睛，我突然"无语凝噎"，心里忐忑不安，手心紧张得冒汗，定了定神，红着脸对学生们简单地自我介绍后就开始了我人生的第一节课。或许因为太紧张，一节课我都是看着书讲，我明显感觉学生们缺乏兴趣。虽然我之前备了很久的课，但走进课堂仍不能得心应手，这正应了"理论要联系实际"这句话，看来我需要学习的太多太多。从此，每天听课成了我的必修内容，走进他们的课堂，让我领略了每位老师独有的教学风格：李老师风趣幽默睿智，课堂气氛活跃；刘老师治学严谨，常常引经据典；胡老师的板书设计独具匠心，是一道亮丽的风景……他们的课让我懂得了备课不仅仅是看教材，还要学习大纲，明确不同时段的教学要求与目标；要走近学生，了解学生需求，才能知己知彼，百战不殆；要深钻教材，选择合适的教法和学法突破重难点；要精心设计教案，预测学生可能的思维活动和问题，并设计相应的对策；要围绕目标设计课堂练习，布置难易适度的作业。通过学他们之长，我在一点点进步，从他们的笑脸、课堂的活跃、作业正确率的提高……我逐渐体验到成功的喜悦，但我知道这仅仅是开始。辅导老师告诉我："课堂是要让学生学会自学，而不是一味地给学生灌输知识。"这句话令我记忆犹新，也让我经历了破茧成蝶的辛苦。不记得有多少个日夜我挑灯夜战，苦读教学杂志、书籍，自学专科课程，努力提升自己的理论水平；下班请教老教师，和他们一起研究教材，我一遍遍修改教案、一遍遍说课；课后从他们的议课中不断总结反思……经过长久的努力，我的教学水平有了相当大的进步。这只是我教学生涯万里长征走出的第一步。

2000年是我人生的第二个转折点，因教学需要，我由一名语文老师变成信息技术老师。那时，这门课刚刚开设，计算机稀缺，对于仅有一点打字基础的我来说，这无疑是新的挑战。学习计算机知识是我最要紧的事，于是我毫不犹豫地报名参加计算机本科班函授学习。将近三年，每个周末、寒暑假我几乎都在电大度过。同时，如何当好信息老师迫在眉睫。没有老师指导，一切都靠自己摸索。机房里计算机少，学生多，我经常要和学生"斗智斗勇"。这不仅使我学会了如何维护机房，轻松解决他们给我的"难题"，还完美地实现了角色转变，从"我教他们做"变成"他们自己来做"。常言道，冷水泡茶慢慢浓。经过一段时间的磨合，他们的"破坏力"慢慢变弱，"研究力"越来越强，作品越来越多，我也越来越有底气。

研，让我收获满满

不经历风雨，怎能见彩虹。长时间的积淀，我有了丰富的教学经验，教学研究也进一步提升了我的教学水平。随着信息课的普及，我们也有了自己的教研团队。教研组长经常带领大家一起学习信息理论，更新知识；组织"示范课""研讨课""同课异构"活动，提升教学水平；写课后反思，要一课一得；做课题研究，解决课堂上的实际问题。经过磨砺，我变得有勇气走出去。2012年至今，我多次参加地级、市级、省级、国家级优质课竞赛。跟所有老师准备优质课一样，我也经历了多个不眠之夜，每天想的是怎么改进教学设计。在这期间，学校领导和老师给了我很多的鼓励和帮助，特别是2013年到实验小学后，每次参赛，学校都会专门组建磨课团队，配备精英老师为我出谋划策，他们一次又一次地听课和评课，不厌其烦地帮助我准备教具、修改课件，并提出了他们的建议，让我深深感受到团队的力量以及老师们对教学研究的挚爱与奉献。在大家的共同努力下，我不负众望，一次次喜获桂冠，被评为宜昌市信息技术优秀教师、宜都市"e教能手"、宜都名师。一路走来，我收获的不仅仅是成绩，更多的是学校的支持、团队的智慧、每位老师对我的帮助与鼓励。如今，作为宜都市小学信息技术兼职教研员，我正带着一批敢拼敢闯的年轻教师走在研学路上。

27 年来，虽艰难困苦不断，但我认为我的人生是有价值的，我的生命是有意义的，我的青春无悔！我愿继续逐光而行，追梦不止。

作者简介：李艳灵，一级教师，宜昌市明星班主任、信息技术优秀教师、德育先进工作者，宜都市"e 教能手"、名师、优秀教师。

网络教研助我行

很庆幸，我选择了教师这一职业，给我留下了很多难忘的记忆。

我订阅了《小学自然教学》（后来改名《科学课》）杂志。每收到一期新刊就如同远方挚友到来一般。通过这个平台，我可以和各地老师进行交流。这么多年来，每一期我都会认真地阅读、领悟与反思。

随着课程改革的推进，有关教学研究的信息传递和沟通已成为日常研究的紧急需求，仅从按月出版的杂志上学习显然是不够的。

一、网络教研，开创了一片新天地

好雨知时节，当春乃发生。2004 年第四期《科学课》杂志刊载了一篇报道网上沙龙的文章。从那时起，我就开始关注网络教研，但因条件限制等多方面原因未能及时付诸实践。直到后来有一天一个神秘号码的出现，才开启了我的网络教研之路。

（一）2684830，引我入网络教研的大门

在一次认真阅读中，我发现了 2684830（研讨 QQ 群号）这个数字组合，即刻申请加入其中，当时几位同仁正在讨论一个关于植物喝水实验的问题，各抒己见，争论不休，非常热烈。这是一个很好的研讨平台呀！我一遇到问题就和群里的老师讨论、交流，探寻解决问题的办法和措施。

（二）网络教研改变了我的日常生活

我在活动专群里与老师交流，逐渐了解网上沙龙的信息。2005 年 5 月，我第一次参加网上沙龙，并坚持每一期都参加。起初，我以学习者的身份参与，只是认真地看大家的发言；后来，就事先围绕主题做好准备，研讨时结合自己的教学实践发表一些看法、小经验。这样不断地参与，不断地获取，兴趣就浓了，从参与者做到了主持人。记得第一次主持，我很慎重，事先做了充分的准备。下班后，我兴冲冲地安排好琐事，赶紧打开电脑。可就是那么巧，总是

不能开机，几次尝试后都无济于事。眼看到了 19∶35，还是没辙，我立马以最快的速度驱车赶到办公室，刚好赶到开播点。21∶30 沙龙结束，为了让大家及时学习沙龙的内容，我赶紧对实录进行了整理，然后发到论坛里，完成时已过 23∶00。

参与沙龙，我如同一个漂泊的孩子找到了家。每天我都会阅读论坛里的帖子，并及时回复。可能因为我积极性很高，一天，视野论坛的版主发给我一条信息，要我担任各地通信的版主。常言道，世上无难事，只要肯登攀。因为我的用心，大家给予我较高的评价，我也因此被评为优秀网络编辑。

二、网络教研，铺就一条成长路

这片天地，不仅为我们带来了欢乐与微笑，也为我们铺就了一条成长之路。

网络平台让我与科学老师结伴而行。走在网络教研的路上，我感觉自己最大的收获是结交了一群来自全国各地的优秀科学老师，通过网络与他们交流经验、分享智慧、共享成果。

网络互动激发我研究的动力和热情。网络教研有着浓厚的教研氛围，大家素昧平生，但真诚以待、和谐相处。在这里，我感受到了大家对学科的挚爱、对教研的热情。最让我感动的是关于杂志的事，当时大家振臂疾呼，捍卫学科的地位，捍卫学科的尊严，我为之动容、叹服。为了更好地参加网络教研，多年来我一直坚持完成"六个一"的任务，每天在网上学习一个小时，每天在网上交流一小时，每天读书一小时，每天做一页笔记，每天写一篇日记，每季度收集提炼出一个教研话题。这促使我坚持读书，不仅认真阅读了《义务教育科学课程标准》（2022 年版），还自购了一些有关项目式教学的书籍，在学习中更好地领悟新课标精神，以便引领学科老师积极参与进新课程改革，适应新要求，迎接新挑战。

网络形式催生学科教研的新发展。课程改革以来，我们推出了区域联动的协作教研形式，以加强教学研究，促进教师专业发展。但是科学老师任务重，工作单位分散在各乡镇，交通不便利，集中参会有很多不便之处。怎么解决这个问题呢？网络！于是，我们开始了网络教研。对于最后形成的成果，我们还进行资源共享，供全市老师学习、借鉴。新课改以来，我们开启了主题研讨，如微课在教学中的有效使用、教学情境的有效创设。一是提高了参与面，增强了老师们参与教研的自主性，达到了回应解决问题及时的要求，实现了互动交流的广泛性。二是起到了一种区域共享、互补的功效。今年宜昌市新课标培训要求我们提供一节展示课，在磨课中，我们组建了一个团队，大家通过网络群策群力、合作研究，最后取得了很好的效果。这样既集中了大家的智慧，也让每一个参与者得到了一次磨炼。与其说是一人在展示，不如说是一群人在发展。

三、网络教研，需要我们做得更好

网络教研让我们燃起热情，推进了教研的新发展，但还有很大的空间有待我们去开发、努力，从而做得更好。

一是网络教研要主动。网络是一个共享的平台，专家和教师都是教研活动平等的参与者，是实践问题的探索者。因为有问题、有疑惑、有需求、有欲望，我们才在这里研讨、交流。网络教研的目的就是要在交流与思维碰撞中解决疑惑，澄清认识，提升观念。

二是网络教研要常动。古人云："善始者众多，善终者寡矣。"网络教研虽很便捷，但需要参与者有恒心、有毅力、有锲而不舍的精神。只有这样，才能真正与大家进行深层次的交流与研讨。

三是网络教研要生动。网络教研和网络聊天不一样，不是随意的，要具有一定的目的性和针对性。这就要求我们：首先，要做好准备，事先收集一些有关的理论资料，准备一些教学实践中摸索出来的，与主题有关的教学经验、解决问题的策略及实例。这样在研讨中才有话可说。其次，要调整好心态，静心地、专注地参与研讨。这样才能敏锐地抓住话题与大家进行思维碰撞。最后，研究后要反思、回味研讨的过程，在理解的基础上不断吸收甚至质疑，让研究既有温度，又有深度和广度。

四是网络教研要互动。网络教研是大家的平台，是共同的家园，需要每一个人参与起来、互动起来，从而推进教研，取得新发展。因此，要树立服务观、合作观、共建观。

回首往事，正如钱守望所说："朋友，不论是事业选择了你，还是你选择了事业，我们都应该无怨无悔。当我们用爱心呵护自己的事业时，你会发现平凡的工作中蕴藏着无穷的乐趣！当我们用辛勤的汗水浇灌自己的事业时，你会看到生命之树绽放出绚丽的花朵。"网络教研路上，我会一路前行。

作者简介：周丹，高级教师，宜都市教学教研室小学科学教研员，湖北省优秀学科教研员，宜昌市学科带头人、第一届"e教能手"；在《湖北教育》等杂志上发表论文50余篇；辅导20多人获得省级及以上优质课、实验操作竞赛及一师一优课一等奖。

平凡世界里的奋斗历程

十年耕耘结硕果，艰辛磨砺绽芳华。我工作在宜都市最偏远的山区中小学，学校四面环山，只有一条雅澧线与外界相通，刚踏进校门，学校的一切尽收眼底，只能用两个字来形容：简陋。当时我就想收起行囊，踏上归家路。彭校长语重心长地对我说："你们是大学生，给我们带来希望，这里的孩子大多为留守、单亲、贫困儿童，他们祖辈三代没有走出大山，这一代要靠你们的力量为他们今后的生活提质。"那一刻，我深感责任重大、使命光荣，于是我暗下决心，要做大山里走出来的名师，助力乡村教育。

破冰期：磕绊——在艰苦磨炼中蓄能

理想很丰满，现实很骨感。初上讲台，知识不熟、普通话不标准、言语胆怯，我闹了不少笑话。一次课后，小珊同学无奈地合上课本，摇摇头长叹一口气，既是对我课堂教学的失望，也是对化学课当了"小白鼠"感到无奈。这一幕深深地刺痛了我，我决心放低姿态，集聚一切力量充实自己。

课前备课：我首先熟读课本和教学参考，依据教学目标来确定本课的知识重点；然后当好严老师（另一位化学教师）的好学生，每一节课拿着化学书和笔记本坐在教室后面，像学生一样认真听、仔细看，生怕遗漏某个知识点；最后通过"一师一优课""国家中小学智慧教育"等网络平台，听专家的优质课，在确定课堂内容后，书写详细教案，对着镜子反复练习课堂所授内容，从模仿课堂开始，给自己定下"每节课能复刻80%的内容，就算成功"的目标。

课中授课：没有同学科的老师同课异构怎么办？我真心邀请学校有资历的老师来到我的课堂，从教学过程、教学方法、教学效果等多个维度观察我的课堂，对我的课堂进行评价。语文向老师建议："山区学生能力差，课堂上要面向全体学生，把起点放低，注重学生学习习惯和能力的培养。"数学刘老师建议："在课堂中可以采用接龙答问、小组合作、集体讨论等多种教学方法，充分调动学生学习的积极性。"英语李老师建议："年轻人的课堂应该充满活力，用你的活力去感染学生，使学生积极参与到课堂中来。"听了各位老师的建议，我醍醐灌顶，精心备课只是上好课的前提，把控好课堂才是提高教师职业素养的关键。

课后反思：我将课堂中出现的教学磕绊用语言文字记录下来，通过查阅资料、阅读专业书籍找到应对办法。日积月累，这些教学经验成了宝贵的财富，指导我依据学情不断调整教学设计。

从教前三年是破冰期，也是蓄能期。我在一次次努力中汲取力量。这一阶段成长的关键词是"坚持不懈"。我坚持手写教案五万字；坚持总结反思并写完三个笔记本；坚持听课、议课，笔记密密麻麻。是课前、课中、课后的这些功课让我站稳讲台，成长为一名合格的化学教师。

融冰期：修炼——在摸索实践中成长

此时的我已经熟练地掌握化学学科知识，在化学教学上能够独当一面，但我班学生的化学成绩在中考中始终未能取得实质性的突破。是山区学生本来就基础薄弱、学习能力差、学习积极性不高导致的吗？这些家庭原因、社会原因、学生原因是客观存在的。反观同类山区学校，依然有学科质量出类拔萃、名列前茅的优秀学校，山区学校优质生源流失是共性，怎样冲破黎明前的黑暗，寻找前进的方向是我迫切需要思考的问题。

一次校本课程编写让学生插上热爱化学的翅膀。接到校本课程策划、编写任务时，我也迷茫过、彷徨过，但是很快就确定了校本课程的课程目标和内容。化学是一门以生活为基础的科学。松木坪镇资源丰富，煤矿、石灰窑、水泥等工业发展迅猛，云台观茶厂、金岗岭藤椒、庙河山珍等农副产品蒸蒸日上，这些产业的发展都离不开化学，我们所处的环境处处皆化学。我结合松木坪镇地域文化特点，编写了十个与化学有关的课时，带领学生走出课堂，参观金岗岭石灰窑、尖岩河煤矿，学习燃料的合理利用与开发知识，参观松云白尖有机茶厂，体验农家沤肥、制作草木灰……在我的带领下，学生在做中学，在学中思，逐渐爱上了化学学科。我也连续几年被评为学生最喜爱的教师。

一次优质课竞赛让学生获得自信。2008 年 6 月，我接到"一师一优课"参赛邀约，当我把这一消息告诉学生时，大家面露难色。"我们班只有 24 个学生，能上好录像课？""我长得不出众，从来没有在镜头前说过话，我很害怕。"我清了清嗓子鼓励大家："相信自己，山里的孩子也能上大舞台。"就这样，我不仅要认真备课、上课，还要兼顾学生的心理辅导，让学生面对镜头时能大胆说出自己的观点。当镶着金边的湖北省优质课证书送到我手上时，我们共同欢呼："做到了，我们做到了！"他们从赛场上找到自信，我从结果里获得认可。我和学生共同努力突破教学瓶颈，建构素养课堂。

到了九年级，不少后进生破罐子破摔，"不抛弃、不放弃"是我辅导学生的原则。小博就是一个基础差、各科低分，没有学习目标和学习动力的学生。为了他的成长，我煞费苦心，想了很多办法：让他担任生活委员，负责派发学生奶，培养他的责任感，帮他找到了校园生活的自信；每当他有点滴进步，我都会在全班公开表扬，放大他的优点，培养他的上进心；培养他成为班级化学实验操作员，经常叫他上台演示实验，让他找到学习的乐趣。经过不懈努力，他各学科成绩都有明显进步，尤其是化学，期末考了43分（满分50分），进入优生行列。从此小博成为我班积极进取、争优创先的典型，无形中带给大家力量，鞭策大家不轻言放弃，向小博学习。那一年我班的中考化学学科取得了全市第二名的好成绩。

这三年是融冰期，也是修炼期。我在一次次摸索实践中成长，这一阶段成长的关键词是"因材施教"。我依据学生的学习兴趣设计教学内容，依据学生的学习能力进行学法指导，依据学生的学习基础培优辅差。让学生站在课堂的中央，面向全体学生，成为课堂的主人，逐渐形成以学生为中心的教学风格。

暖春期：奋起——在名师引领下茁壮

经过不断努力，我成长为宜昌市化学学科骨干教师、宜都市化学学科带头人。2020年7月，我十分荣幸加入杨爱萍名师工作室，在宜昌名师杨老师的指引下开启了我的专业成长之路。

第一次参与基于学科核心素养下初中化学用语教学策略与应用的研究，从对研究课题的懵懂无知到代表工作室在市级舞台做课题先进工作汇报，这一过程就像辛勤哺育幼儿一样。前期，我们讨论确定课题研究内容，专家组成员各抒己见，最终确定了"化学用语"这一研究对象，我也第一次感受到百花齐放、百家争鸣的学术氛围；专家组老师对课题研究的专业和执着的态度，让我深感震撼。中期，我们进行了为期一年的实践探索，课题组老师为化学用语的教学提供了许多策略。这些策略对教师的教和学生的学是否有用，这需要我们在实际教学中检验。在这一过程中，我的教学设计"二氧化碳的性质"发表在《教育》上，作业设计"分子和原子"获宜昌市一等奖……取得成果的过程是艰辛的，但结果是幸福的。

这三年是暖春期，也是茁壮期。在名师的引领下，我发表了论文，参加了教学比武，主研了市级课题，在一次次教科研中不断茁壮。这一阶段成长的关键词是"集思广益"。在名师的引领和团队的合作下，我研学共进，成长为教研型教师。

苔花如米小，也学牡丹开，我愿做小小的苔花，凭借坚持不懈的努力、锲而不舍的精神、集思广益的态度，突破山区环境的重重阻碍，成长为宜都市（化学）教学名师，助力乡村教育振兴。

作者简介：郑亚兰，一级教师，宜都市松木坪镇中小学教师，宜昌市（化学）骨干教师、（化学）学科优秀教师，宜都市（化学）学科名师；多次获得宜都市教育教学质量奖。

天空无痕，碧潭有影

我站立在三尺讲台上，驻足回首 13 年来的教育经历，亦觉那些写满奋斗的日子，在时间的长河里投下斑驳的影子，甚美。

昼耕夜读，做默默无闻的播种者

2012 年，在湖北省农村义务教育教师招考中，我顺利考入宜都市的五眼泉乡镇学校。同年 8 月底，我被分配到一所山村幼儿园。第一年暑假结束后，我又接到通知，被调到五眼泉镇中小学，任教七年级语文兼任班主任工作。因为班车趟数少、学校离家远，下班时间我几乎是在办公室里度过的。从红日东升到一灯如豆的夜晚，我伏在简陋的办公桌前，备、教、批、辅、改，点点滴滴学做老师。从最初战战兢兢地站在讲台上不知所云，到有招有式地传授知识，一课一得，我渐渐成为一名合格的语文老师。也许是数不清的白日连缀着数不清的夜晚发挥了莫大的综合效应，学生的学习成绩有了起色，在三校联考中摆脱了末位劣势，我还获得了宜都市教学质量一等奖。

直面困难，可能是好运降临的幸福源泉。2017 年 8 月底，我被调到处在城乡结合部的学校——姚家店镇杨守敬初级中学。因为离城里近了一大截，我有了更多亲近名师、打磨课堂的机会。同年，幸福来敲门，我很幸运地加入彭泽元名师工作室。彭老师是宜都市初中语文的领航者，更是一位敦厚博学的师者。

他从来不会对我们的课堂教学做云端漫步式的"指指点点"，而是真诚恳切地将自己的听课感受和建议娓娓道来；他从来不对我们的教学业绩做绑架式的"品头论足"，而是将学生家庭背后那一方的文脉虔诚地托付于我们。尤其铭记着他的鞭策之语——爱自己，就栽培自己。于是，一个默默耕耘、向下扎根的想法便在我的心底潜自暗长起来，我开始了一段白天备课上课，晚上独属于自己的阅读时光。所读书目，既有理论专著，如王荣生教授的《语文科课程论基础》；有文学著作，如易中天的《中华史》；也有名师课例，如王君的

《听王君讲经典名篇》；还有自己订阅的杂志《语文教学通讯》；等等。

当然，每一名刚入职的新教师都能在彭老师的统筹安排下，与名师骨干结对子，在这片深厚的语文沃土上，享受阳光雨露般的温暖和滋养。那时市外国语学校的罗凤芹老师和向玉平老师，不仅身先垂范执教示范引领课，还细致入微地帮我打磨课堂。更重要的是，她们身上精进笃行的工作作风、虚怀若谷的美好品德一直感染着我。语文如地，我就像一个农人，带着恩师的殷切嘱托，在田间地头默默播种、耕耘，筑就自己语文教学的梦。

栉风沐雨，做润泽生命的点灯人

一路上，名师润泽了我的生命，我希冀着由此润泽学生的生命。因为我将阅读的种子播撒在学生的心里，所以那些读书的时光里，许多奇妙的情感因子在我与学生之间得以滋养并升腾起来，将我和学生的距离拉近。最先发生这种巧妙联结是与爱读书的学生一起读名家名著，一起品时文美篇。我们时而为翠翠凄婉的爱情心生悲戚，时而为少平少安顽强的奋斗赞叹不已。逐渐地，吸引了更多的学生一起读书，后来阅读的队伍越来越大。

我们有时特意留出晚自习的时间，就一个话题以全班或小组的形式开展读书交流活动。我们会将自己最喜爱的图书放在班级书架上供他人阅读；我们会一同观看由名著改编的电影，并为电影配音、为课文排剧……那些被阅读点燃的时光，至今历历在目。尽管学生换了一届又一届，因读书而产生的联结还在继续发生，依旧承载着、见证着我和学生共同阅读而达到的心灵相通、精神相融。

带八年级的学生，我会在元旦假期邀请家长与生共读《傅雷家书》，鼓励家长给自己的孩子写家书、学生给自己的父母写回信，后来渐渐地在地理会考、生物会考、百日誓师、决战中考这些非同一般的时刻形成常态。如是，老师、学生、家长在沟通交流中增进情感的联结，传递温暖的力量。

如果说阅读是输入，那么写作便是输出。写作可能是令刚进入初中的学生最头疼的一件事。为了给学生打开一扇窗，我乐于带着他们在校园里寻春、踏秋，喜于布置周末与家人走山访水的微旅行作业，还引导学生拍图写文，用图文结合的方式展示美好的生活日常。我将学生的优秀习作办成班报，让学生将自己的优秀习作编辑成册，在班级专栏里长期展示。尽管学生编辑的文集不够精美，排版也不够精致，但那一篇篇文字都是学生亲手写成，文字背后的属于他们青春的印记早已闪闪发光。

生活不能只有眼前的苟且，还有诗和远方。语文学习也不能只有当下的奔忙，还有各种丰富的实践活动。我的学生，会去实地采访，会办班级演讲赛，会组织微辩论赛，还会举办汉字听写竞赛、名著知识竞答、诗词背诵打卡赛、阅读打卡记录上墙、课文朗诵展示、古诗新唱表演、新闻采写等多种活动。这些活动既给学生提供了展示才华的平台，还营造了良好的班级学习氛围，激发了他们的内驱动力，丰盈着他们的生命历程。

素履以往，做无问西东的前行者

咬定青山不放松，立根原在课堂中。记得教短文《记承天寺夜游》的时候，我读出作者苏轼把那微妙的心境蕴藏在"但少闲人如吾两人者耳"一句中。于是，我带领学生边品边悟，难道这就是文中苏轼的真性情，别无它意了吗？看准时机，我补充交代了苏轼数次被贬的遭遇。一时间，学生们犹如醍醐灌顶，读出了"闲人"二字饱含的喜气、自得、自豪、满足、率真，读出了苏轼身处逆境的坦然，更读出了苏轼宠辱不惊、进退自如的大气！课堂上，侧耳倾听学生的诵读声，我仿佛捕捉到语言文字赋予他们的诗意和浪漫，感受到经典文本渗透给他们的精神力量，珠圆玉润，似水如歌。

学做一名"入格"老师时，面对一篇课文，我总是先浏览名师大家的解读，然后携名师设计的清风入自己的课堂，企望它徐徐浸润自己的课堂，达到我所期待的高度。可我总是屡屡受挫，风吹梦醒。直到听见一位前辈这样讲述自己备课的要求："至少裸读课文数十遍以上，还得有在网络上查不到的、别人没有的独特思考。"我恍然间明白，每个课堂设计的背后，一定挺立着一个有思想的人。备课时，我会素读课文，再素读课文，不断发问，追问自己。参加湖北好课堂竞赛便是如此，我将自己关在房里素读名著数遍。一开始，我读许多遍，也没有想法；后来在反复素读、反复推敲、反复请教后，我终于磨出一堂具有个性化解读的课，还获得了一等奖。一次成功的体验，让我更加坚信素读文本的必要性。

有人说，得学生者得课堂。学做一名"升格"老师时，面对课堂，我开始思考学生学习的起点在哪里。学生的已知、学生的模糊、学生的未知，应是教师了然于心的教学起点。因此，我常常让学生预习新课、大胆质疑并将自己的疑惑写出来。学生由最初不会提问，到学着提问，再到提出有价值、有深度的问题，他们满心欢喜，我也由衷地赞叹不已。我一边欣赏着学生思维的不断精进，一边构筑着学生精神生命的场域。慢慢地，我终于体悟到课堂上教师与学生之间是一场相互成就，它一定不是单纯地传授知识，不是简单地分析课文，它也不过分追求深刻独特的别样意蕴，而是师生互动、生生互动，精神碰撞、心灵相通。

我和学生在这样的课堂里阅读、朗诵、写作、演讲、辩论，共同生长，从未知走向已知，从喧哗走向宁静，从今天走向明天。真庆幸，学生的生命、我的生命，都与语文深深相融，与生活紧紧相拥。唯愿一日日常教常新，一年年无问西东。

天空没有翅膀的痕迹，而我已飞过。

作者简介：曹华蓉，宜都市杨守敬中学在宜都创新实验学校支教教师，宜昌市"1+1+N"学科中心组初中语文骨干教师、初中语文优秀学科教师，宜都名师；多次执教公开课，曾获湖北好课堂、优质课竞赛一等奖；参与人民教育出版社示范课的录制；发表多篇文章。

研究，让我更会做老师

时光的车轮飞转。翻看相册，目光定格在 2012 年 11 月 25 日，彼时的我 30 岁，是一所小学的语文老师。我和学校另外三位同事受邀赴内蒙古鄂尔多斯杭锦旗第四小学进行为期一周的教研指导。快速阅读讲座、绘本阅读示范课的展示、文本解读的培训、班级文化建设的介绍、小组合作经验的分享、微课程的引导……大家都称我们为"草根专家"。很惭愧，因为我知道，我离专家还有很远很长的距离。但如果您问我，是什么促使了我们这些一线老师的成长？我想说："研究！唯有研究！"

小研究，转变思维方式

2009 年，我担任小学二年级的班主任。在我们班，有一个现象让我头痛不已：学生喜欢拖交作业！我尝试过一些方法，但收效甚微。一天课间，在和学生玩游戏时，我得知他们在家喜欢玩一种叫"开心农场"的游戏。回家后，我试着玩了一次，很有趣。我突然想到可以把他们喜欢的游戏版块引入班级管理。说干就干，第二天，在我们教室的显眼位置，有了一面墙的"开心农场"版块。我用小组参与的方式巧妙地和"按时完成作业"衔接起来。一时，拖交作业的情况得到了明显好转。但是一段时间后，弊端就显现出来了：一是评价指向小组，那个人在小组中的付出和努力没有得到直观的显现，打击了这部分学生的积极性。二是看重评价结果，小组成员对拖后腿的同学心生埋怨，小组成员关系紧张。正当我为难之际，在参观全校的班级文化建设时，我发现三年级一个班级的"时间跑道"版块刚好能弥补"开心农场"的不足。就这样，一番修改后，"开心农场升级版"和同学们见面了，学生的学习热情就这样一次又一次被促动、被激发！

恰逢那年，我们学校加入由北京师范大学康长运博士发起的"学习与发展共同体"（Learning and Developing Community 简称 LDC）项目研究。项目组负责人李玉平来校指导时，对我们班级的"开心农场"赞叹不已。在他的推荐下，2009年11月16日，我带着"开心农场"站在全国LDC发言台上，就"学生拖交作业怎么办"这个问题和参会的百余人交流了我平时的做法。后来，这个小策略被学校选送发表在《宜昌教研》上。

至此，慢慢地揭开了研究的神秘面纱——原来，策略就是我们平时解决问题的一些小方法；原来一线的普通教师也可以做研究；研究并不神秘；研究可以从这些芝麻小事入手；研究能解决实际问题，研究有力量！这种"发现问题—寻找策略—实践反思—产生新问题—开发新策略—再实践反思……"的策略研修模式，把我们以往的常态研究引入一个螺旋式上升的状态。教师既是策略开发者，又是策略实施者，大家在此过程中获得的成就感，会促使我们获得强烈的问题意识和策略意识，成为智慧型的教育工作者，并乐在其中！

每周一得——积累实践智慧

大约十年前，我所在的学校鼓励老师们每周写一篇教育教学心得体会。作为一线老师，最初我的想法是：写什么呢？（觉得没有可写的内容）、时间安排呢？（每天忙于教育教学的琐事，没有多余的时间）、写的意义呢？（如此费神费力的一件事，到底对我们有没有帮助呢？）……

在一次例会分享上，全校老师一起翻阅了北京中关村四小老师们写的"每周一得"。从整理的专辑中我了解到：原来"每周一得"可以从教学反思、教学案例、教学策略几方面来写。解决了"写什么"的困惑，我也试着慢慢动起笔来。但是，让我对"每周一得"的态度发生彻底转变的是班里发生的这样一件小事。

新学期开学，学生们劲头十足，上课、游戏、用餐……各项约定，都做得特别棒。看着评比栏上的颗颗"笑脸"，我心里乐开了花。

可是，给他们什么奖励呢？以前的奖励方式如发零食、全班表扬、给家长发祝贺短信都用遍了，重复的方式很难激起他们心底的涟漪，难于激发他们的热情。如何让他们保有激情，激发持续的积极性呢？

班队会上，我用大屏幕投影出主题："奖励方式自己说了算！"学生们七嘴八舌地议论开了。佳昕说："我想要的奖励是中午不睡午觉！"我大惑不解。睡午觉是为了让大家休息，为什么不喜欢呢？佳昕不急不慢地说："我从小就不喜欢睡午觉，睡不着。"一经统计，还真有不少学生的想法和她一样。

于是，第一条奖励方式光荣上墙了——中午不睡午觉！

他们想要的奖励五花八门，各不相同：

把学校的图书带回家看（梓俊）；教双琪写作业（佩琪）；免写一次作业（妙如）；上一次小牛顿班（小凯）；第一个吃饭（博凯）；到外面公园玩（灿灿）；给同学们发水果（紫玲）；使用相机（佳萌）；和校长合影（睿睿）；打扫教室（税玥）……

他们的需求能折射出他们的内心世界。那个想"把学校图书带回家看"的梓俊非常爱看书，他一定徜徉在书海的世界，尝到了甜甜的滋味；那个想"教双琪写作业"的佩琪非常文静，双琪是她的同桌，她一定是感受到了帮助伙伴的快乐；想"上一次小牛顿班"的小凯，一定非常羡慕其他上小牛顿班（课外兴趣班）的同学，想亲身体会小牛顿课的快乐；想"给同学们发水果"的紫玲非常热心，她一定是发现了老师每次发水果的辛苦……

教育，无小事；教育，原本很简单！

我把这些真实情景记录下来，当作"每周一得"上交到教务处。没想到，教科主任几次让我把这个故事在例会、班主任会议和老师们分享。更大的惊喜是：一周后，我在邮箱中收到了外聘指导专家对我这篇"每周一得"的点评，密密麻麻的修改符号和诚恳的修改建议让我茅塞顿开。后来，我们班级开辟了"花样奖励"的班级文化专版，成了教室里最受学生喜欢的地方。

这件事让我领悟到："一得"，原来就是写自己做过的事！因为自己参与其中，有自己的感受和体验，所以写起来更觉有话可说。这样一来，我发现可写的素材有很多，像《今天的彩虹桥》《团长的为难事》《跳蚤市场乐趣多》《我们班的故事》都是发生在我们班的故事。

在这个过程中，我和老师们慢慢养成了记录案例和反思的习惯，用朴实的文字记录自己的日常工作得失，并在反思中提升自己在实践中的观点和做法。通过对鲜活的教育教学案例的交流和分析，我们回到了一种本真的状态，去看待自己日常教育教学中的点点滴滴，对自己的教学行为有所反思，达到了改进日常教学的目的。

就这样，我们走过了三年。三年下来，我发现量的积累惊人：每一年都有近十万字的文字，每一学期可以整理成一本故事集、反思集。王校长经常鼓励我们："一百个自己的教育故事（案例），足以支撑一位普通教师成长为优秀教师"。"每周一得"的完成，让我养成了随时记录、及时反思的习惯。当

211

我把一学期的"一得"积累起来时，不经意间发现我在班级文化建设方面有了很多自己的策略。整理这些策略的时候，我发现："每周一得"帮助我完成了自我反思从"点"到"面"的演变！

分享交流，在反思中提升

每个人都希望被认同、被肯定、被欣赏。这些年，我多次参加全国各地的分享会。我觉得每一次准备的过程就是一次再反思、再梳理的过程。在每一次分享的过程中，不仅有同伴的欣赏，还可从与同伴的对话中获得新的灵感。交流分享，既是挑战、展示，也是促使自己反思、取他人之长的好机会。现在，这样的机会越来越多，一次次机会背后是再梳理、接受挑战、寻找认同感、价值感、追求职业幸福感的过程！

校长的领导力，应着力于教师的成长

2015年起，我开始担任学校的管理者。这些年，无论身处一线的教学岗位还是学校的管理岗位，我一直是身体力行的实践者，也是砥砺前行的领跑者，以自己多年积累的教育教学经验和时刻保持研究常态下的大量研发成果为后盾，竭尽全力带教青年教师，促其成长。我从自己的成长经历中找寻关键要素，发现唯有带着教师做研究，才能引领他们成长。宜都创新实验学校开办五年来，我们带着教师们从"点"入手，形成策略意识，实现自我超越；进行叙事研究，改变大家的思维模式；进行升级模块研究，让教师们的思维逐渐走向系统；构建学习与发展共同体，进行项目研究……这几年，一个接一个的教育教学成果被开发、沉淀和推广；一大批年轻教师快速成长。

我深知：随着我们对教育教学研究的不断深入，呈现在我们面前的问题会越来越多。直至今天，仍有很多问题我们说不清，但是我们坚信一条：只要我们意识到的，就要行动起来，边研究边改进。因为什么都可以等待，唯有学生的发展不能等待。也正因如此，我们的研究变得充满挑战与活力，这是我们开展研究的价值所在。研究之路时时处处都是起点，但没有终点！我们做好了一路向前的准备！

作者简介：易华芹，宜都创新实验学校副校长，第二届全国课改优秀教师，湖北省第二届小学语文学科优秀教师，宜昌市小学语文学科优秀教师、基础教育

"1+1+N"小学语文中心组骨干教师，宜昌名师；受邀到全国十余省市讲学百余次；在《湖北教育》《当代教育家》等核心期刊上发表论文20余篇。

行万字诀，成四有之师

读万卷书，行万里路，思行才会合一；做万金油，当万花筒，道术方能贯通。行者方致远，育人路更长。行万字诀，成四有之师，是我教育路上永久的追寻。

读万卷书，成为有学识的老师

1999 年，入职五年的我承担了"全国语文整体阅读实验"项目，宜昌市语文教研员连续一个月跟班听课，每天组织教学研修，测评学生的阅读能力，组织教学反思并改进。为增加学生的阅读积累，我坚持每天和学生共读一篇美文，师生共同交流读书心得，积累美段美篇。我们制订了阅读计划，开展师生共读、亲子阅读。这一年，我参加了宜昌市语文骨干教师优质课竞赛，"富饶的西沙群岛"荣获现场课一等奖，读书案例"我为孩子们读书"获全国一等奖。为了让我的学生爱上阅读，我喜欢上了读书。我坚持一学期读一本教育专著、一周开展一次阅读分享、一月写一篇读书感悟。2000 年，我和学法指导实验组的老师竞选全国优质课竞赛资格。我明显感觉自己在课堂上对学生的阅读体验点拨、语文思维引领及文化精神滋养有心但力不足，缺乏深度交流和情感共鸣。静心反思，我认为我缺少丰富的阅读体验，缺了阅读的童子功。我用一年的时间读《论语》《学记》《大学》等传统经典，从修身、善己、丰盈内心做起，尝试读懂学生，改进教学方法，用阅读帮助自己走进学生内心。课堂教学、师生关系得到明显改善。后来，教学和管理遭遇难题，我便第一时间向书本求助。遇空余时间，我会读些杂书。拿起书来读，是为人之师丰富学识的最好姿态。

行万里路，成为有情怀的老师

人间好景皆入眼，世上闲愁不到眉。人若走出去，眼前便是世界；若走不出去，世界便在眼前。老师要多出去走走，看祖国大好河山，感山川之壮美；观民族异土风情，悟文化之渊源；尝五湖四海美食，品人间之滋味。我们应通过开阔视野、滋养身心、丰富内在，带给学生更高远的见识、更温润的师爱，成为有情怀的老师。

1998年暑假，因受古诗《枫桥夜泊》影响，我独自前往姑苏城，一览寒山寺风采。走近寒山寺，我一改童年的诸多认知，丰富了一些人文的识见。小学四年级，一名乡村民办教师教我们语文，她虽只有小学文化基础，但极富爱心，深受学生喜爱。20世纪80年代教学资源贫乏，只有一本教材和几张挂图。她带给我们的寒山寺，是一座高高的山上的一座寺庙。诗人看到晚秋的枫叶、听到山上传来的钟声，内心无比惆怅。真正走近寒山寺，我才知它就坐落在姑苏城边（随城市扩建，现已在城内），京杭运河的起始段。当时渔船穿梭、商船往返，定热闹非凡。寒山与山无关，住持名寒山，由此引出与他同出家的兄弟拾得的佳话。一天寒山问拾得："世间有人谤我、欺我、辱我、笑我、轻我、贱我、恶我、骗我，该如何处之乎？"拾得答曰："只需忍他、让他、由他、避他、耐他、敬他，待过几年，你且看他。"此间的人生哲学和处世之道不言而喻。诗人的落寞与闲愁也非因枫叶而起，"江枫"是渔村内河之上的两座桥，一座"江桥"、一座"枫桥"，相对而立。诗人因星星点点的渔火对照、深沉悲戚的钟声轰鸣、落寞无助的漂泊无眠。回来之后，再和学生读《枫桥夜泊》，除了教参上的解读，我带给了学生更多文本之外的诠释和人文情怀的滋养。之后的每年暑假，我坚持外出旅行，返校后和学生一起读我的古城掠影《凤凰行》《芙蓉夜》《平遥古城》，欣赏我图文并茂的旅行记《爬长城》《游湘西》《丽江印象》。学生展示自己丰富的假期生活《清江画廊游记》《奇遇鸣凤山》《长隆乐园》。就这样走着走着：我的心胸豁达了很多，遇到接受能力弱一些的学生，好像总能找到他的可爱之处；跟比较挑剔的家长沟通，也总能抓住他心之所想并达成共识；我的技艺精湛了很多，设计的教案和学案多能站在学生的角度，以生为本、立德树人的目标似乎总能成为看得见摸得着的育人举措；为人处事我沉稳了很多，任务重时能分清轻重缓急，他人之托总有交代回应，遇到烦心的事儿也能自解自宽。师生共处相濡以沫，同事之交和谐美好，家庭成员相亲相爱。闲看花开花落，静观云卷云舒，这大概就是美好生活的样子。

做万金油，成为有能量的老师

在专业上要有所发展，定要不怕吃苦、不怕吃亏。领导、同事交办的任务，切忌轻易说"不"。教学工作、管理部门、外部事务都是接受锻炼的机会，参与得越多、完成得越好，你的阅历就越丰富，能力也越强，处事才越淡定。一定要相信，今天你吃过的苦、受过的累，他日一定能转化成能量源，成就自己。

2000 年，小学思想品德课程改革，我积极参与课堂实践，将生活化、实践性的情景引入课堂。2001 年，我参加宜昌市品德与生活优质课竞赛，"待人接物的礼节"荣获一等奖。同时，投入学校德育课题"小学生知行合一和谐发展"实验，承担家庭社区育人及评价部分的研修。两年的双休，我们几个实验骨干从未休息，走街串巷地家访，策划组织社区育人活动，联系革命前辈和当代楷模当辅导员、做报告，不知辛劳，乐在其中。当看到学生文明素养日益提升、学习能力不断增强、实验成果在中国教育报头版宣传时，我们感到一切付出和辛苦都是值得的。

2004 年，综合实践活动课程成为改革的热点。作为排头兵，我承担起学校课程开发和课堂实践的任务，带领学生参与社会实践，组织项目化学习，形成文明习惯、乡土文化、日常生活、家乡特产等开发系列。系列实践课"宜都梆鼓""家乡的桥""青林寺谜语"分别获省、市一等奖。2005 年，我带着视频课"走进中国谜语第一村"到省里参加综合实践活动优质课竞赛。别人都是一边展示师生互动过程，一边现场讲解学生实践活动的经过，但由于我们技术落后，没有专人进行后期制作，所以课是学校请电视台录制的，像专题片一样。在比赛现场，它就像一个另类，让我如坐针毡。为保证效果，我现场向组委会申请，要把自己在综合实践活动课程组织和开发过程中的认识和困惑向评委汇报。此次成果展示本就是为了交流，组委会更想了解来自一线的实践现状，所以一致通过我的请求。于是，我代表学校在省现场会上介绍了综合实践活动课程的开发策略和如何引导学生深度实践的研究，并将活动视频的每一个版块结合两个专题进行了现场解读。机会总是留给有准备的人，原本惨遭质疑的参赛课因我的分享受到评委和现场老师的高度认同，评为省级优质课一等奖。宜昌教研员现场感叹："若有这样的实验教师，实践活动课程一定能够上好。"2006 年，学校接到全国队会活动的录像课竞赛任务，考虑我有实践活动的经验，又刚在省里获了奖，便将这个艰巨的任务交给了我。录制任务安排在暑假，我设计的是一次亲子互动的活动课。50 名学生及其家长参与了录制。顶着三十七八度的高温还照着 800 瓦的大灯泡，我们硬是坚持了下来，这次活动课评为国家级二等奖。这次参与让我有机会参编全国第一本少先队活动教材，承担少先队活动设计专版，埋下了教育人要出版自己专著的种子。

2009 年，因工作需要，学校将我的主科教学由语文改为数学。我发现了语文老师情感丰富在理性数学课堂上的优势，欣然接受这一安排。同年，我争取到了上数学市级优质课的机会。课后，我第一时间以"在活动中体验，在探究中发现"为题对教学设计进行了解读，并将稿子寄给《小学数学教学设计》。三个月内，当我拿到国家核心期刊的稿费时，意外的惊喜和幸福感油然而生。紧接着，"周长"在宜昌市优质课竞赛中获一等奖，"除数是两位数的除法"获省级优质课二等奖，"除数是两位数的除法教学课例比较"案例被评为全国论文一等奖并被收入全国创新教学案例集。

后来有专业人士替我惋惜，认为我从事门类太多，影响专业发展，但我从未后悔，我把这些经历视为财富。40 多岁时，我仍有一份胆量报名参加教师发展中心专业发展部部长的竞选，从容面对笔试、演讲、答辩，接受 50 名校长的现场评分并全票通过。我觉得这些经历是我自信的源泉，也是成就我专业的加分项，让我体会到了职业的价值感和幸福感。

当万花筒，成为有魅力的老师

做教育，一定要将自己的生活过得有滋有味、丰富多彩。这样，才能引领具有健全人格、追求幸福生活的学生。柴米油盐酱醋茶、琴棋书画诗酒花，也是老师的真实生活。我想把自己变得更有趣，像万花筒，有五彩之色，能带给身边人魅力和阳光。

经营好家庭比什么都重要。家是我们一生的港湾，照顾年迈的父母，用爱和亲情感染知冷知热的伴侣，陪伴并教育好懂事上进的孩子。人的一生多数是上为老下为小，在这个过程中，应适时丰盈自己的内心。

培养爱好很关键。人不能没有爱好，老师更是如此。就如我喜欢下厨，从未将做饭看作负担。在外面吃过的美食，我总要第一时间尝试，所以家里烟火味十足。每次下乡扶贫，我都自带食材找　处农家做饭，为同行的同事解午餐之忧。每遇重要节假日，我会备几道新菜，邀人共聚话家常。亲友常聚、朋友常叙，不孤单倒丰实。闲暇时，会同老公一起野外垂钓，新鲜鱼材现做现吃，别有滋味。高雅的音乐会我也不会错过，每每奔赴很远的城市，只为观一场演出，倒给生活增添了不少的情趣，也带给学生很多丰富的认知、开阔的视野。这样做老师，一定不呆板、不刻薄、不俗套、不落寞。

转眼间，我已有 30 教龄。回顾教育历程，再悟从教初心：简简单单做教育，开开心心当老师；踏踏实实做事，老老实实做人。练好万字诀，成四有之师，大概就是我的成长领悟吧！

　　作者简介：张艺红，高级教师，宜昌市优秀教师，国家级课改优秀教师，宜都市教师发展中心培训负责人；致力于课堂教学研究，语文、数学、综合实践等六个学科的课堂教学获得宜昌市、省优质课竞赛一等奖；在《小学德育》《湖北教育》等核心期刊发表论文20多篇，出版专著《送你入职场》。

坚守，是幸福的守候

天空是白云的坚守，大树是绿叶的坚守，春天是小草的坚守。坚守是一种幸福，坚持真实的自己，坚持生命中不愿放弃也不能放弃的种种。诚然，有人觉得，坚守教育意味着一生的清贫。"冰冻三尺非一日之寒，水滴穿石非一日之功"，这是教育者坚守的境界。作为一名从教26年的一线教师，我常常怀着真情去坚守。

问渠那得清如许，为有源头活水来

从乡镇小学到实验小学，接踵而来的是新进教师的推门课、研究课、汇报课，我忙得有点焦头烂额。一天早晨，数学教研组长叫住我，让我上一节党员教师能手竞赛课，说一个星期后要来听课评定。刚接到任务时，我两眼一抹黑，习惯高年级教学的我对于低年级的学生还没适应过来，心里不停地犯着嘀咕，该怎么办呢？回到办公室，邓老师（师徒结对的指导老师）笑靥如花地对我说："红莲，你要上一节竞赛课，下周要上下一章内容了，你看看。"

看着邓老师如此认真地对待，我红着脸问："能不能不上呀？"邓老师说："已经定了的，不能推辞的！"我答应道："好，我先看看哪个内容好上。"就这样，我稀里糊涂地选了"认识钟表"这一课。本想这一课的内容和学生生活联系紧密，学生在家应该会认时间，学习内容对于学生没有挑战性，我只要设计好教学流程即可！直到第一次试教时我才发现，我的想法是多么幼稚——学生对于电子表数字认读法比较熟悉，大部分学生对于钟面上的时针和分针指定的时间混淆不清。由于设计简单，未了解学生的学情，课堂上一度陷入讲授的境况，又是低年级，课堂效果可想而知。后来在邓老师的指导帮助下，我又试讲了几次，才完成这一挑战性的任务。

这次竞赛让我深深地意识到，好的教学设计不仅要着眼于教材和教参，还要有前瞻性的教育理念。一定要随学生的变化而变化，要"以生为本"，将预设与生成有机融合。打铁必须自身硬，我开启了疯狂学习的模式，只要有时间，便寻找学习的机会。在校利用时间读订阅的数学杂志，晚上回家后读教育理论专著，心里暗暗定下目标：每天至少坚持阅读一小时。《给教师的建议》《唤醒生命》《教学勇气》等书让我对教育有了更深的认识；华应龙、牛献礼、郜舒竹、顾志能等老师的专著让我感受到数学教学艺术的魅力……如饥似渴的我边读边记笔记，读完一本书后，再仔细浏览一遍笔记，总结得与失。周三晚湖北省小数群里播放的优课视频和周日晚"研师三人行"活动，我都准时参加，认真学习思考；有时连走路也听着"樊登读书"……学习已成为我生活中的一种习惯，不仅滋润了我的心灵，也滋养了我的学生。

纸上得来终觉浅，绝知此事要躬行

和众多教师一样，我也曾口若悬河地"灌输"，满脑子想的是教材、教法、教学目标，想着怎样把每节课的知识点落实，如何设计变式训练。单元检测结果出来，学生学习效果好就欢欣鼓舞，效果不理想就急火攻心，然后花更多的时间去练习、讲解，苦口婆心地劝诫，只为学生考出好分数。

我又接了一个新班，走进教室便注意到他——一个叫俊宇的六年级男孩。他是一个性格腼腆但生活和行为大大咧咧的男孩。他很有个性，上课时不能克制自己，总是随自己心情学习，不想听老师要求的时候可以做到一节课不拿书、不拿笔，趴在课桌上；家庭、课堂作业全凭兴趣；下课后精力旺盛，教室内外、楼上楼下都能看到他的身影，让我觉得难堪又好笑。

我和俊宇商量明天去他家，聊一聊、看一看。狭小的出租屋被收拾得十分干净整齐。通过和俊宇奶奶的交谈，我了解到俊宇在家很听话、懂事。我见窗台上摆着一个旧的三阶魔方，便问道："会玩吗？"俊宇高兴地回答："会玩。"看着桌子上学具和书本摆得整整齐齐，我说道："收拾得不错嘛！"原本我以为是奶奶做的，不料奶奶却说道："俊宇说您今天要来，他昨天特意重新收拾了一遍。"是呀，我怎么就没有看到他的这一优点呢？

经过一段时间的观察，我发现俊宇在学校也将课桌和书包收拾得整整齐齐。于是，我在班里对他进行了多次表扬。悄悄地，我发现他开始听讲了。科技节快到了，课余时间我叫上他，让他参加魔方竞赛。他不吱声，站在我面前一个劲地摇头，弄得我不知所措。于是，我问："你愿意早点到学校吗？""愿意。""先参加训练，比不比赛以后再决定。"俊宇点点头。通过训练，他信心大增，如我所愿参加了竞赛，获了奖。拿到奖状时，他气喘吁吁地跑到办公室给我看。我和他留影纪念并祝贺他。从那以后，他的学习成绩突飞猛进，越来越优秀。有一次午饭后他跑到我的办公室，我心想又发生了什么事呢？他说："老师，快去关灯！""什么灯？""您的车灯没关呢！""是吗？""是的，我知道您的车牌号，还去看了，灯没有关，车门也没有关。"真是个用心的孩子呀！

俊宇也改变了我。和学生相处的一个个故事让我坚信亲其师才能信其道。我常把自己放在学生的位置上，想象他们会遇到什么困难。课后，我更加频繁地与学生谈心、沟通，对他们取得的点滴进步及时进行鼓励。课堂上，当发现学生听课状态不理想时，我会停下来讲个故事或做个游戏……我不仅要做一名学科教师，更想成为一名真正的教育工作者。桃李不言，下自成蹊，我会用自己的行为去感染、熏陶、影响学生。

山重水复疑无路，柳暗花明又一村

六年前，学校成立了陈春妮名师工作室（小学数学），我有幸成为其中的一员，享受同伴间坦诚相待的扶持，享受智慧的交流与碰撞。

每两周我们便会如期而至工作室开展活动。交流读书心得时，听到同伴阅读的一本本好书，我会把书名记下来，赶紧买回来读。有时我们交流的是理论性较强的书籍，如《追求理解的教学设计》，我虽望而生畏，但心中时刻想着"不管能不能读懂，我一定要读"；有时交流的是心理学方面的书籍，如《学生心理学管理智慧》，我在一个个鲜活的案例中学以致用。

最激烈的莫过于对研究课的讨论环节，每个人都会发表自己的见解，我一度怕说错或说不到重点而选择沉默。轮到我上研究课了，选题是具有挑战性的复习课"图形与位置"。我根据自己的理解设计"无生"试讲。研讨环节，同伴们提出了自己的疑问："本节复习课学生最大学习障碍是什么？""如何引导学生建构知识框架？""用方向、距离和数对确定位置的联系与区别？""我们有没有更好的学习路径？"一个个问题问得我哑口无言。经过激烈的讨论和课前测试之后，我对学生学情以及教学流程有了更清晰的认识，也有了充分的预设。这让我在试教时得心应手。这些都得益于工作室的研讨和磨炼。

不积跬步，无以至千里。我也明白了一个道理：虽然我表达的观点不一定是正确的，很多时候也没有被采纳，但一定要说出自己的想法。在一次次的争辩中，我取人之长、补己之短，记录着自己的成长。

　　三尺讲台，如歌岁月；不忘初心，教书育人。坚守着自己那份对教育的纯真；坚守教室的讲台，谆谆教诲每个学生。我将怀着一颗朴素的教育心，坚守美好心灵，守候这份独特的幸福。

　　作者简介：吴红莲，宜昌市第三届小学数学学科优秀教师，宜都名师，宜都市小学数学学科带头人，宜昌市"百人计划"培养对象。

跨界，遇见教育的美好

九年，不短，亦不长。对我而言，是青春的梦想蔚然成树的九年，是辛酸奋斗又满载甜蜜的九年，是和学生在校园里相守相爱的九年。我在大学里学的是法学，拿的是高中思想政治教师资格证，任教初中历史，踏上教学岗位前无师范类专业教育学位文凭，无历史教师资格证书，也无学校实习顶岗经历，为此，我曾自嘲是"跨界的'三无'教师"。一个智商平平"打酱油"的跨界"三无"教师，是怎么"混"成了优秀教师的？

初恋法学，再恋历史

2011年我大学毕业，因1分之差没能通过国家司法考试，没拿到律师执业资格证书。虽然考试失利，但我不想放弃心中的梦想。恰逢省教育厅实施农村资教生计划，我毫不犹豫地选择加入教师行列，因为假期多，可以边工作边备考，向"律师梦"奋进。我被分配到夷陵区太平溪九四中学任教，这是一个能从窗户欣赏三峡大坝的"高地"。虽然当时填报的是地理学科教师，但是学校连续好几年中考历史成绩都是全区最后一名，校长让我尝试任教这个连年倒数的学科，期待它能"起死回生"。我接受学校的安排，并找来许多历史工具书和参考资料，精心准备。我没有任何教学经历，但是一上岗就带九年级全年级五个毕业班的历史和一个班的思想政治学科，我顿感压力很大。老教师宽慰我说："不要有压力，你不管怎么带都是稳中有进。"我茅塞顿开，心里觉得老教师看问题的角度就是不一样，以后一定要多向他们学习、请教。

记得开学第一节课，学校校长听我的课，我很紧张，讲课时声音都在打战。我看见校长一直面带微笑，坐在最后排的一个男同学也一直面带微笑，他们给了我鼓励，于是，我带着自信讲完了入职第一课，并且对教书育人有了不一样的感悟。

我的历史功底不算特别好，但自认为教初中历史还是没问题的。不过，如何教好是我要思考的重点。我的高中历史老师——马勇老师讲课风趣幽默。我特别喜欢他，也因喜欢马老师而喜欢历史学科，我的历史成绩经常排在年级前列。入职后，我就想成为像马老师那样受学生喜欢的老师，发挥亲其师、信其道的最强力量。

我的学生和我年龄差距不大，他们给我取了个与我外形并不相称的昵称"小周周"。我想他们可能是看到了我高大外表下温柔的内心。他们一有心事便喜欢与我分享，我也总是给她们回应，与他们产生共鸣。我会在课堂上放映跟课程有关的影视片，也会在不回家的周末陪他们一起"压马路"，甚至走一两个小时山路到他们家里家访。他们上历史课非常认真，晚上主动将历史复习资料带回家、带回宿舍复习。7月中考成绩发布，我们一起创造了奇迹，思想政治学科成绩全区第三名，历史学科成绩从全区连年最后一名跃升至第五名，两个学科都得到了中考质量奖。学生们通过他们的努力，送给了我最甜蜜的入职礼，我为自己的幸运（能教上历史）而庆幸！

2012年，我通过省农村义务教师招考回到家乡宜都任教中学历史，接手的又是高坝洲中学连年中考排名倒数第一的九年级历史学科。为了扭转困局，我将全部精力都投到了中考新征程上，再次和学生们一起出发，幸运地一举夺魁，之后连年获得中考质量一等奖，实现了"大满贯"。"历史梦"渐渐清晰，"律师梦"却离我渐渐远去。在现实面前，我选择了和历史相伴相依。

不懈探索，做个好老师

关于历史学习，我一直反对死记硬背，主张在轻松愉悦中掌握基本历史知识，形成个性化学习方法，并为将来的学习、发展奠定基础。我希望自己像马老师那样，让学生"爱"上历史课。教有生命的历史，一直是我课堂教学追求的目标。每一节课，我都会精心准备，在训练学生基本能力的同时，尽量让他们感受历史的魅力，得到美的享受。

我将高中历史笔记翻找出来，回忆马老师讲课时的场景以及我在大学时阅读的跟历史有关的趣味书籍内容，我决定像马老师那样做老师，让"风趣幽默"也成为我的标签。现在想来，每一位新老师身上都或多或少地折射出其高中时期老师的身影。就像英国历史学家亨利·亚当斯所说："老师的影响力是永久的，他永远都不知道自己的影响力会在什么时候消失。"

最初，我主要是借鉴和模仿。首先，学习宜都名师红花中学龚同平老师参加省一师一优课的教学设计和课件，对着龚老师的录像课逐字逐句地写下来背诵模仿，和龚老师联系，申请到她学校试教，请她面对面指导。然后，学习资深骨干教师，特别是宜都外国语学校钟卫华老师参加各级优质课竞赛的优课设计思路。为了自己也能在宜昌市优质课竞赛中取得好成绩，我经常厚脸皮赖在钟老师的办公室里请她指导，甚至有时候在高坝洲上完课便坐班车到外国语学校拜访钟老师。有时，我赶到后钟老师已经下班了，但我不放弃，追到她家学习。钟老师对我指导得事无巨细。她经常帮我在电脑上逐字逐句推敲修改教学详案，好几次太晚了我直接宿在钟老师家了。我自费购买了大量历史教学和教育类书籍，学习《义务教育课程标准案例式解读》《史学阅读与微课设计》和《中学历史教学参考》里的教学片段，阅读《给教师的建议》《给法科生的信》《教学勇气》《重读陶行知》和习近平总书记关于教育的论述等内容，拓宽自己的视野，增强学科渗透能力。

别人是怎样整合知识点设计思路的？是怎样衔接过渡的？语言艺术和课堂组织是怎样的？我都照葫芦画瓢去模仿，同时边思考边积累。我用了两年时间适应环境、模仿积累，用了三年时间站稳讲台。但光模仿是没有突破的，我对自己的要求不止于模仿。2016年，在宜昌市历史优质课竞赛中，我执教了自己不断试教、修改了14稿的《美国的诞生》，得到了评委的高度肯定，整节课的设计被专家现场全市推介。这次比赛后，我与宜昌市很多知名历史老师建立了联系，经常互学交流，成为亦师亦友的同行者。我始终相信没有一位老师会拒绝真诚爱学习的"学生"。

其实说到底，成长，特别是专业成长，是一个枯燥乏味甚至乏善可陈的过程。每一次备课、磨课，我不断地构思、推翻、再构思、再推翻，在肯定自我、否定自我之间反复横跳。尽管如此，最终的课堂呈现往往也存在这样或那样的不足。那么推动我一步步前行的动力是什么呢？我想，应该是一份责任感、一份荣誉感。责任感来自每一届几百名学生求知的眼神；每一年我都会带多个班级的历史课，最多的一年我教了350多名学生。我时常在想，我的一点松懈、一点偷懒、一点得过且过，可能耽误的是几百名学生，可能影响的是几百名学生对待知识和学习的态度。每念及此，我总是悚然警醒，砥砺前行。

我始终铭记：真正的名师是自己培养的！想让别人尊重你，就要做到别人做不到的事情，就要达到别人达不到的水平。

教学相长，育德育人传薪火

专业成长其实源于教学相长。学生的信任和成长，是我不断前行的动力。

至今，我还常常牵挂那个从进校到毕业身高一直是1米1，每天需要不停喝水，以维持身体正常代谢的小鑫。因为自身病痛、智力迟缓，他对什么都没有兴趣，每门学科基本都是零分。作为老师，我无法治愈他的病痛，但我想做些小事鼓励他、温暖他。我和他商量学习的事，他自信满满地表达了强烈的学习愿望。于是，每天午休时间，我辅导他的历史。一个只有三句话的历史题，他需要一个中午的时间来记，甚至第二天问，他又忘了。不要紧，我们再讲、再记。中考成绩发布的那天早上，我早早地来到了学校，刚进校门，就有个小小的身影向我飞奔而来。"我历史得了75分！"小鑫激动地说。我感慨万千！

那天的阳光是那么灿烂，我看到他站在阳光下，整个人仿佛带着光芒一般。我从来没有在他的眼睛里，看到过那样的自信和对生命如此的渴望。我看到了一个孩子无法言说的，对生命、对老师的深深热爱和感激！我也更加相信——不放弃，就会有希望。

一位好老师可以影响学生一生。假如一个学生遇见一群好老师，对学生的人生意味着什么？如果这个学生成年后也成为一名老师，这又会对其产生怎样的影响？我始终记得16年前吴久军老师义务指导我填报高考志愿的场景。吴老师不是我的班主任，我的思政课成绩经常拖吴老师教学质量的后腿，我只是他百名学生中的普通一员，但他在我需要帮助的时候主动伸出了援助之手，使我这个村里娃有了走出去的机会。

恩师厚重的人文关怀、教育故事和人格魅力，渗透至我的灵魂深处，在我的人生中留下了长长的投影。我始终记得，我所站立的地方，就是我的教育；我有温度，教育便有温度！我的老师给了我一笔丰厚的财富，使我得以在我的教育生活中传承这种幸福的教育方式；使我在今天的教育践行中，传承师者精神。

在如今的新时代，学历≠学习力。学习，是我们的第一职业，也必将是人生的终身职业。新时代的青年要勇于跨界。跨界，不仅指专业的连接与跨越，更是对未知的追求、对人生的热爱。我从一个历史教学的"见异思迁"者，到今天与历史教学"两情相悦"，正是跨界让我体会到了课堂艺术、老师魅力、教育自信所带来的无限美好。

作者简介：周娇，一级教师，第三届宜昌市中学历史优秀学科教师，宜昌市（历史）骨干教师，宜昌市"百人计划"培养对象，第二届、第三届宜都名师，宜都市向上向善好青年，现为宜都市教师发展中心教师专业发展部部长；在《中学历史教学》等核心期刊发表多篇论文。

努力不负韶光，成长不负青春

2011 年 8 月，我有幸成为一名老师，来到美丽的高坝洲镇中心小学，开始了我的教书生涯。从学生到老师的角色转变，让我既兴奋又焦虑。兴奋的是我终于实现儿时的梦想，站在三尺讲台上。焦虑的是我能成为一名好老师吗？一转眼，我已从教 12 年。这期间，我有过迷茫和退缩，流过泪水和汗水，但我始终坚守初心，一路成长，不断前行……

成长从努力开始

我的脑海中经常浮现这样一句话："比你优秀的人比你还努力，你还有什么理由不努力？"每次想起，我总是激情澎湃。记得第一次听到这句话，是在陈春妮老师的分享报告里。那时我刚参加工作不久，被分在乡镇学校，成为一名数学老师。学校的学生不多，老师也不多，日子过得十分安逸。直到那次出门学习，陈老师在分享她的成长之路时提到了这句话，我在惊讶之余有了压力感。或许眼下安逸的生活让我过得很舒心，但是以后呢？还有漫长的 20 多年教书生涯呢，难道一直毫无追求过下去？做一名庸庸碌碌的老师，然后到点退休？经过认真的思考，我开始有了改变的想法。我来自农村，父辈辛苦劳作供我读书，寒窗苦读十几年，我终于成为一名光荣的人民教师，我不应该止步于此。学生时代的我努力学习，是为了实现心中的梦想。现在的我仍然需要努力，是为了让我的梦想更加丰满。我不仅要成为一名合格的老师，还想成为一名优秀的老师。从此以后，我开始认真学习怎样备好一节课，怎样上好一节课。不懂的地方，我会向有经验的老师讨教，或者上网查看名师的视频……在学习的过程中，我有了越来越多的心得，课堂教学也游刃有余了。参加工作的第二年，学校推荐我参加宜都市组织的优质课竞赛。我非常珍惜这次机会，农村学校班级少，磨课不方便，我便跟着教研组长到处联系学校，不放过任何一次磨课机会……终于，在不断的努力下，我取得了优异的成绩。从那以后，我便明白了：任何时候、任何环境，我们都应该努力。因为只有努力付出，才会有回报；只有努力付出，我们才会成长！

成长从用心开始

参加第一次优质课竞赛以后，我体会到了教书的乐趣。从备课到上课，我越来越认真，总想得到进一步提升。可是，在学习的过程中，我慢慢发现：光认真学习，只能是中规中矩，无法灵活变通。于是，我开始学习名师的讲座。在学习了华应龙、俞正强等老师的资料后，我发现他们更为关注"学生的学"。就像俞老师在给博士生讲课时所说的："平均数的概念我们都知道，可是这样的概念小学生能听懂吗？他们能学会吗？"是的，作为一名老师，我们经过了层层考核，理论知识储备是够的，但如何将这些知识顺利地传授给学生，确实值得我们深思。课堂上需要的不只是我们认真地教，还需要我们用心地教。从此以后，我开始关注课前了解，进行课后反思。慢慢地，我知道了学生的障碍点，理解了学生的盲点。我从学生的障碍点出发，设计相关的环节，进行有针对性的备课。在课堂中我不再拘泥于老师的身份，教学语言也更加接地气，增加了更多师生互动、生生互动的环节。学生越来越爱上我的课，课堂效率大大提高了。我也有了更多的机会和底气参加比赛。有句话说得真好："认真可以把事情做对，用心才能把事情做好！"

成长从合作开始

2017 年，我非常荣幸地加入了小学数学青研中心。在这里，我遇到了一群志同道合的伙伴，在教研员陈老师的带领下，我们一起读数学类专业书籍，一起观看名家上课视频，一起分享谈感悟……通过团队合作，我的很多观念开始变新，我也慢慢懂得"教而不研则浅"的道理。2021 年我来到陆城一小，这是一个新的环境，我将面对新的挑战。为了提升自己的业务水平，我积极参加校本研修，在团队的带领下，我们开始了大单元整合之路。在研讨中，我感悟到了备课时不仅要关注学生和教材内容，还要关注知识的前后联系，这样的教学才能实现教育的一致性和连续性。在陈老师的带领下，我们的研究成果不仅在宜都市范围内得以推广，我们还走上了宜昌市数学学科培训的舞台，向更多的老师展示我们的风采！听了我们的分享，其他县市的老师问我们："现在教学这么忙，而你们研究得这么深，到底是利用什么时候做的研究呢？"其实一个人哪能做研究，更不用说坚持那么久了。能让我们坚持下去的不过是团队的力量罢了。一个人可以走得很快，但一群人才能走得更远。

在自己努力学习、用心思考和团队伙伴的陪伴下，我终于取得了一些成绩。但我知道这些远远不够，我需要不断前行。不管前行的路上有多少困难，我始终坚信：唯有不断成长，才能不负青春！

作者简介：汪文娅，宜都市学科带头人，宜昌市小学数学优秀学科教师、"1+1+N"学科中心组骨干成员、小学数学学科工作室成员；执教的课例"反比例"获全国优秀奖、"比较图形的面积"获宜昌市一等奖；在《湖北教育》上发表论文《迁移，让简便运算更简单》。

行而不辍，屡践致远

回首过去，从教至今的 27 年里，学生时代的懵懂、初上讲台的忐忑、收获成长的喜悦，仍历历在目。

从事语文教学以来，我多次想过：数不尽的读写，浩如烟海的知识内容，教语文实在辛苦！可纵使如此，我依然舍不得放弃语文。翻开课本，字词里传承的祖国文化、句段里展现的精妙构思、篇章里传递的丰富情感，每时每刻都在触动我内心深处对语文之美的追求与热爱。

明 志

1995 年 7 月，我从荆州市财贸学校国际贸易专业毕业。如愿完成学业并考取会计证之后，我正苦等着一家金融单位的入职通知。好消息迟迟未到，紧张又焦虑的我赴老同学之约，回到曾经就读的九年一贯制学校看望老师，提及了自己的毕业就职困境，没想到老师将此放在心上。不久之后，母校小学部扩班招生，急需代课老师，老师想到了在家待业的我。由于初中时期成绩优秀，尤其语文成绩突出，我接到了回母校帮代语文课的邀请。这份邀请唤醒了我从小对语文老师这份职业的好奇与羡慕，我欣然同意。1998 年，在学校领导的支持下，我进入荆州教育学院学习，取得教师资格证，成为松宜矿务局子弟小学一名真正的语文老师。我格外珍惜这个机会，更加刻苦学习，兢兢业业。后来，因教学工作表现突出、教学质量优秀，我被评为松宜矿务局优秀教师、优秀班主任，还在 2002 年荣获松宜矿务局劳动模范称号。

2004 至 2005 年，矿山企业面临改制，学校大受影响。校内人心波动，许多老师另谋他就，校园再难出现往日的激情与活力。我也面临艰难的抉择：留在学校既能继续工作又能照顾家庭，但微薄的收入与不知何时才能度过的困境总让人感到失望与挫败；辞职之后寻找新岗位会有新发展，早已先我一步切换赛道的好友频频送来鼓励与邀请，的确令我心生向往。但在那一年，提笔写下的多封辞职信，我一封未递出。因为孩子年幼需要照顾的现实需求，更因为时时自问，我仍心有不甘。想到面临困境依然坚守的老师，想到育我成才的母校，想到小小的三尺讲台上承载的教师梦，辞职信就成了一页页备课笔记。我终于正视内心的渴望：我想成为一名优秀的语文老师。现在想来，我依然对过去的自己充满感激，我多么庆幸，当时做了最正确的选择。困境终会过去，心中的热爱将激励我不断向前。

笃　行

2007 年 8 月，松宜子弟学校撤并。9 月，我来到松木坪镇中心小学，被任命为副校长。同时，我还担任四年级一个班的班主任，负责语文教学并兼任四年级语文备课组组长。在新的工作环境中身兼数职，着实是不小的挑战。每天，我既要处理分管工作，又要时刻看管好班级，还要备课、上课、批改作业，忙起来我常常无暇吃饭，以面包、饼干充饥成了常事。我既想在语文教学中取得优异成绩，又想做好管理工作，不辜负领导和老师的期望。忙忙碌碌一段时间后，我逐渐在繁杂的工作内容中找到了轻重缓急的规律。为了让自己保持积极的工作状态，我常常反思：怎样才能平衡好每项工作任务呢？怎样顺利落实工作并保持劳逸结合的良好状态？我认为，想要分管工作、班主任工作、语文教学工作每一项都不落后，需要提前规划安排，并付出更多的时间，挥洒更多的汗水。白天完成手头各项工作，下班后我一定批改完作业再离校。为了提高自己的课堂教学水平，使课堂更加吸引学生，我常常在晚上休息前阅读专业书籍并学习名师课堂实录或授课视频。这样的工作节奏让我获益不少，各项工作也渐渐得心应手。

我深知良好的班风是优异成绩的重要保障。因此，作为班主任，在管理班级时，我关心每一个学生的成长动态，并充分尊重学生自主管理班级的权利。培养具有榜样作用的"小老师"是非常有用的好办法。"小老师"不仅需要在班级中的大小事务里起到示范和协助管理的作用，还需要接受全班同学的监督与评价。无论是日常行为规范，还是课堂与课后的学习，每一个学生都开始有意识地管理和提升自己。同时，班级里的每一个学生都逐渐有了"主人翁"意识和集体意识，开始关注班级日常，参与班级管理。经过一段时间的适应，这个方法颇具成效：班级纪律和学习状态日趋优异，就连其他班级的老师也羡慕不已，纷纷效仿。良好的班风之下，学习成绩自然不会差。我仍记得当时我所任教班级的语文成绩一直位列第一，从未落后。为人称赞的班级管理方式和名列前茅的学科成绩给了我极大的信心。我意识到，一位好老师最大的底气来自带出好的班级、教出好的成绩、帮助学生养成的好的行为习惯以及形成优良的学习品质。这样才对得起学生和家长，更不辜负自己的职业追求。

从 2007 年任职于松木坪镇中心小学，到 2013 年被调入陆城一小，我已连续担任学校副校长 16 年，也一直坚守在语文教学一线。完成管理工作的同时，我从未放松对语文教学的要求。为了在教学上也起到引领示范作用，除了完成备、教、批、辅、评等教学常规，实现任教班级语文学科成绩保持前列的目标外，我还给自己定下一个要求：每学期至少上一节公开课，为老师提供研讨课例。令我自豪的是，我确实做到了这一点。我与老师群研共教——初备、试教、议课、再备、再教、磨课研课，不厌其烦，沉潜教学，引领他们教学相长。"研究学生、研究课堂；成就学生、成就自己"在我看来是最有价值、最值得付出心血的事情。

近年来，我先后与青年教师曹玉甜、易欢欢等结对子，与他们同学习，共成长。2014 年，我与新教师曹玉甜结成师徒。"推门听课"后，将《语文课程标准》送给她研读，也多次走进她的课堂听课、研课，帮助她认识自己的优点与不足。2015 年，曹老师执教市级研究课，我和她一起找素材、设计流程、做课件、试教，挤出时间磨课，放弃午休推敲细节，只为给与会人员呈现一堂好课。2021 年，曹老师执教市级竞赛课，我们一起研读教材、分析学情、准确定位教学目标、精心设计教学流程，赛课前为她加油鼓劲，最终她执教的"记金华的双龙洞"荣获市级特等奖。如今，曹老师已成长为宜都名师、宜都市学科带头人。易欢欢等老师也成长迅速，在市级研讨活动中多次执教展示课、研讨课。看着一位又一位青年教师拔节成长，我由衷地感到高兴，也觉得自己的付出是值得的。

27 年的教育之路，我一步一个脚印，走得坚实而笃定。我深知抬头看路之重要，故用对教育的热爱与执着点亮方向；我亦知埋头做事之紧要，故脚踏实地，深耕教育，用汗水换硕果，用勤劳换收获；我更知低头做人之必要，故积极进取，谦逊求教，提高专业水平，陪伴后辈成长。长路漫漫，我无悔最初的选择，也将坚守教育的初心，继续前行。

作者简介：陈小燕，高级教师，宜都市陆城第一小学副校长、语文教师、优秀教育工作者，宜都名师，宜昌市第三届小学语文学科优秀教师、师德标兵。

勤学，深研，实践

从一名中师生，到职初教师，再到名师，一路走来，我对教学的认识经历了几次跨越。农村学校工作的 13 年，让我知道"怎样学着去教"；杨守敬小学工作的 12 年，让我知道"怎样教好"；陆逊中小学工作至今，我走在"学生需要什么，我教什么"的道路上。一次次经历，一步步成长，一次次肯定与欣喜，又一次次地否定和从头开始，让我看到了勇气的力量、坚持的力量、学习的力量和目标的力量。

努力学习：学习，只要开始，就不晚

我的第一段经历是在农村学校。当时我在松木坪镇中心小学工作，工作第一年教数学，第二年教英语，第三年教音乐，还教了一年语文，一年一个科目。休完产假，我被安排担任六年级数学教学工作。那时的我，刚从语文转教数学、刚上任承担学校教导主任工作，这么多的"刚刚"在同一时间凑在了一起。现在回想起来，当时是什么支撑我的？我想不只是年轻所呈现出来的"血气方刚"，更多的应该是我对这份工作的执着：既然是工作，就一定要搞好。于是，我学会了合理分配时间。学得多了，我开始慢慢思考：为什么胡老师班上学生做计算题的正确率很高？是因为胡老师吗？不是。是自己班的学生生来就粗心大意，而胡老师班的学生生来就个个认真、细心吗？也不是。应该是自己缺乏教学理论、没有经验。我决心向书本学习，从而提升自己的教育理论水平。此外，我还积极地参加市、镇、校级教学比武，并专挑其他年级的内容执教，这样可以让自己了解其他年级的教材和学生。这样的工作状态，我坚持了九年。这九年时间，就是我努力学习的时间；这九年时间，让年轻的自己越来越体会到当一名六年级数学教师的幸福感；这九年时间，让我知道了"怎样学着去教"，更让我知道了，学习，只要开始，就不晚。经历，就是成长：我于 2002 年、2004 年、2006 年参加宜都市优质课比赛，荣获二等奖；于 2006 年被评为第三届宜都市小学数学骨干教师。

深入研究：研究，是一群人的事，可以走更远

在杨守敬小学的 12 年，是幸福的 12 年。杨小已开办 12 年，我在综合楼四楼"六年级办公室"里坐了 12 年。庆幸，我在这里碰到了一群优秀的人；庆幸，我在这里碰到了一个优秀的团队。进入杨小后，我渐渐认识到：教学不能只停留在对直觉的把握、经验的感悟上，应从理清知识结构、把握知识关系的角度，运用教育教学理论对自己的实践进行分析，要透过现象看到知识本质，从理论上思考教育教学问题。我渴望成长，渴望成为一名智慧型教师。作为六年级的行政组长，我希望自己能够带着大家一起积极进取、努力向上。所以，一群人，就这样在一起做起了研究。我们研究教材，不再单一地研究一节课，而是研究一整个大单元的内容，研究它的前沿后续，让知识重组并形成结构，抓住知识的本质进行教学。我们不只研究教师怎么教，还研究学生怎么学，研究学生的学习起点和可能出现的学习障碍。我们不在这里或那里拼凑出一份试题，而是在一起品题、析题，对照课标认真研究，尝试自己出题，编写出一课一练、一单元一卷，编写出促进学生思维发展的校本教材。就这样，我们在不断实践中感悟与反思，在思考中生成智慧。近五年来，在新课程理念的影响下，我们研究得越来越广，从课堂教学设计到课堂模式的探索，从情境式教学到问题式教学，从信息技术运用到与数学教学整合。我们对课堂教学进行了有效的探索，并取得了丰硕的成果。例如：执教的"小数乘法""百分数运用二"获宜都市小数优质课比赛一等奖，执教的"街心广场"获宜昌市小数优质课比赛二等奖，执教的"等式与方程"获"一师一优课"评比湖北省省级优课。多篇教学研究论文发表于《中小学教育》《湖北教育》《中小学教学通讯》等期刊。我也成长为第二届宜昌市小学数学学科带头人、宜昌市小学数学学科优秀教师、宜都市学科带头人。

要想成为优秀教师，在教育研究中取得创造性的成果，"勤于笔耕"是一个重要手段。多年来，我有两个习惯：一是手写教学流程。每次课前，我都会进行三次备课，并在教材上手写上课流程，对本节课的教学流程和教学问题进行温习和梳理，然后再走进课堂。二是写日记。课堂教学中的点点滴滴，教研活动中教师的言论和观点，课堂教学过程中对某个问题的理解，学生回答的闪光点，我会以随笔的形式记下来。我的日记中既有问题的思考，也有成功的喜悦，更有自己的感悟与反思。回想 20 多年的教学经历，我在教育科研方面

的确取得了一些成绩，其中的辛苦劳累、单调寂寞只有自己最清楚，但当看到那一本本红彤彤的证书，一种满足和欣慰在我心里蔓延开来。

引航人：守初心、做工匠，做自己喜欢的事

2021年秋，又一次工作调动，我来到了陆逊中小学，同时荣幸地被评为第三届宜昌名师。名师源于课堂，成就于课堂，也始终行走于课堂。名师之名，不在于"名"，而在于"明"。

"明"是一种智慧，是一种美德，也是一种担当。之前，我辅导过青年教师，并获得了一些成绩，但那仅仅是个人成绩。现在，有这样一群聪明活泼、追求上进的年轻教师，要做的事可以更多。记得在新学校开学初的五年级数学新教师见面课的评课活动前，本着和五年级教师一起学习的态度（因为我没带过除六年级以外的任何一个年级的数学），我提前用整整两天的周末时间，在家里读教材、看教师用书、在网上查资料、观看特级教师吴正宪老师的视频课、做笔记，做了关于这个知识体系的PPT，带着老师们一起学习和研究。我们可以成立自己的"青研中心"，让一大批优秀的年轻数学教师在这里成长。年轻人朝气蓬勃、奋发向上，他们志存高远、脚踏实地、行循自然，他们将会成为我们陆逊中小学优秀的数学团队中的成员。古人云：学问有先后，术业有专攻。我们秉守初心，做好工匠，尽职尽责，任劳任怨，甘为人梯，热心做他们的良师益友，"传"出智慧、"帮"出成长、"带"出文化。

印度诗人泰戈尔说："花的事业是甜蜜的，果的事业是珍贵的，让我干叶的事业吧，因为叶总是谦逊地垂着她的绿荫的。"最后，用特级教师窦桂梅老师的几点感悟来激励我即将开始的又一段教学之路："激情不老，把它作为为师品格的至高追求；读书一生，和学生一起像海绵一样不断吸收和纳取；宁静致远，在浮躁的现实中寻求一份属于自己的心境，置身其中，朝着理想目标默默努力；以写促思，坚持用文字记录自己的教育生活，让忙碌与宁静对话；爱在细节，用等待和细心对待学生，学做"雪中送炭"的人；海星角色，要成为一名真正的审视者反思者继承者，把自己定位教育海洋中的一颗海星，永远保持热情，保持理性。"

作者简介：刘玉蓉，一级教师，现为宜都市陆逊中小学数学教师，第三届宜昌名师，第二届宜昌市中小学学科带头人，第三届宜昌市小学数学学科优秀教师。

漫漫教育路，执着追梦旅

"让青春吹动了你的长发 / 让它牵引你的梦 / 不知不觉这城市的历史 / 已记取了你的笑容……"每当听到这首歌曲，我 20 多年追梦之旅中的点点滴滴便一一浮现在我的脑海里。

梦想，源于继承

那一年，我未满 18 岁，刚师范毕业的我其实还未真正懂得自己将要从事的事业。当初选择师范，只是源于见惯了农村的劳苦和清贫的父母急于想让我跳出"农门"的良苦用心。就在我收拾好行囊，即将奔赴工作岗位的时候，我的父亲却倒下了。父亲是退伍军人，转业后当了民办教师，刚刚转正没有几年。送走父亲的那一天，一路上满是前来送行的乡亲，有的是父亲的学生，有的是学生的父母，本村的、邻村的，都念叨着一句话："这么好的老师，怎么就走了呢？"那一刻，除了悲痛，更有一个念头扎根在我的心底——我要好好继承父亲的事业，让他的生命在我的身上延续。

追梦，砥砺前行

送走父亲，擦干眼泪，我走上讲台，正式成为一名人民教师。至今记得，初登讲台，面对台下洋溢着青春活力的学生和他们一双双渴望知识的眼睛，我感到了巨大的压力。我深知，作为教师，我担负着传授知识的使命，承担着帮助学生成才圆梦的重任，更承载着他们父母、亲人的殷切期望。我更加懂得，人民教师光环下那许多不为人知的付出。

由于学校师资紧张，每位教师的工作量都很大。尽管我刚踏上讲台，但学校还是给我安排了三年级一个班的班主任、两个班的语文教学，并兼任两个班的自然、音乐、美术等科目，一个星期加上早自习有近 30 节课。那个时候，没有电脑，更没有网络，没有教学经验的我只能向身边的老教师请教。先去听他们上课，然后自己上课，没有时间备课和批改作业，就晚上带回宿舍，加班加点。学校的年轻教师就我一个，一到晚上，整栋教学楼就我一个人在（学校没有宿舍，校长在教学楼找了一间空房给我住）。窗上移动的树影、窗外"呼呼"的风声，偶尔还有后山传来的不知道何种动物的吼叫声，吓得我只能紧闭门窗。每当这个时候，我都回想起深夜灯光下伏案工作的父亲，少不更事的我不止一次地问他："就不能留到明天再做吗？"他笑笑说："今天不做完，明天拿什么上课啊？"父亲的微笑慢慢地治愈了我对黑夜的恐惧，我渐渐习惯了这样的生活。

比起教学，更让我头疼的是班主任工作。我的学生来自不同层次的家庭：镇上的、山里的、矿区的……三年级的孩子活泼、好动，自我管理的能力较差。为了带好他们，我每天早早地到教室。下课和他们一起跳绳、做游戏，放学后送路远的同学回家。就这样，慢慢地，我和他们打成了一片，成了他们喜欢的大姐姐。尽管如此，时不时地会有意外等着我：厌学逃课的调皮学生，因一点小事就到教室里大闹的家长；等等。在同事们的帮助和自己的努力之下，我逐渐成长起来，成为一名合格的小学教师。

两年后，我被调到一所城镇中学，成为一名专职音乐教师。尽管我在师范学的专业是音乐，但在音乐教学上我依然是从零开始，初中生和小学生的特点也不同。清楚地记得第一次给初三年级的学生上课时，我被一个比我高出一头的学生气哭了。刚刚建立的自信心崩塌了，怎么办？不服输的我开始了如痴如狂的教育学习之旅：我报考了音乐专科的函授学习班，订阅了大量与音乐教育相关的杂志，阅读了许多教育理论的书籍……慢慢地，我的课堂更加成熟，我的教学也更加从容。后来，我带领学生排练的舞蹈、器乐、合唱等节目多次在市里的艺术节上获奖。我还担任了学校的团支部书记、综合组的教研组长，光荣地成为一名中国共产党党员，获得镇优秀团干、宜昌市优秀志愿者等称号……我的教师成长之路渐渐平坦起来。

圆梦，永无止境

14 年后，我被调到刚刚建成的杨守敬小学，因工作需要，我又一次转行，成为一名专职信息技术教师。为了提高自己的教学水平，我坚持看电脑报、信息技术书籍，多争取外出听课的机会，学习别人的长处，领悟其中的教学艺术。我还向有经验的教师请教，在备课过程中，认真分析教材，根据教材的特点及学生的实际情况设计教案。在教学中，我注重培养学生的实践能力和创新思维，不断地探索新的教学方法和技术，让学生在轻松愉悦的氛围中学习和成长。作为一名信息技术教师，我不仅注重教学，更注重科研。在教育教学工作中，我经常关注信息技术的前沿技术和研究成果，尝试将其应用到教学实践中。同时，我积极参加各种科研项目和活动，不断地探索和研究新的教学方法和技术，为学生的成长和教育事业的发展贡献自己的力量。

2021年7月，我被调到陆逊中小学——又一个刚刚建成的学校，又一个备受瞩目、备受期待的学校。我被分在初中部，同时担任小学、初中两个年级的信息技术教学和学校信息中心负责人的工作。教学工作中，我认真落实信息技术学科教学常规，积极开展上级教研部门倡导的"智慧课堂、生态课堂"的课堂教学模式，加强课堂教学的分析与研究，探求运用信息技术培养学生的创新能力和实践能力，努力提高学生的信息素养。信息中心工作上，虽然我校很多工程和项目还处于待验收阶段，但是我本着建设、培训、运用同步推进的原则，加强了对教师信息技术运用能力的培训，充分发挥各大平台和网络学习空间在教育教学、课程资源建设、师生教学互动、学生核心素养提升等方面的作用，引领师生形成科学合理应用网络学习空间的习惯，助力师生信息素养提升，让我校信息化的规范管理与教育技术应用逐步走上正轨。

有这样一句话："我们每个人都只是在路上，远远近近，深深浅浅，而这条道路永无止境。"白驹过隙间，我已在教育这块沃土上辛勤耕耘了27个年头。行走在教育的追梦之路上，我感受到辛勤园丁的艰辛，领略到身为人师的真谛，享受到桃李满园的幸福。蓝图绘就，正当扬风破浪；重任在肩，更需策马扬鞭。我将在漫漫的教育追梦之旅上风雨兼程，执着前行，永不停歇！

作者简介：李鄂，一级教师，优秀共产党员，宜都市陆逊中小学教师、"e教能手"，宜昌市优秀信息技术教师；获得湖北省"一师优课"省级优课。

如树般生长

　　平凡而不平庸，努力地生长，这便是树的本色。教师在学生心中种下一粒爱学语文、会学语文的种子，真正推动学生的生命成长，从而实现师生共生长。这便是课堂的本色，这也是我一直追寻的语文教学。

　　2017 年 11 月，我有幸赴南京参加"国培计划"小学语文"送教下乡"团队为期 15 天的培训活动。我们聆听了 21 位教育专家、知名学者的精彩讲座，有三次"浸入式"访名校的实践体验。既有宏观上的高屋建瓴，又有微观中的条分缕析；既有一线教育者的实践分享，又有入名校的亲身体验，可谓处处琳琅、遍地罗绮。对我而言，这次培训是精神洗礼，是思想碰撞，是理念引领，"生长教育""创意写作""学程周""全脑语文教学""理解教育""行知教育"等理念冲击着我的头脑。他们从某一个视角去思考与探索，在实践中找到最适合学生的方式，带给学生全新的体验与成长。康德说，教育是世界上最复杂的事，可是一切的出发点就是为了学生的成长。在教育的路上，只有找准了方向，我才能在这最复杂的事里寻找到属于自己的快乐！这次培训让我渐渐迟钝疲惫的心荡起了层层涟漪，再次引发我对生命意义的关切，对生长课堂的思考。

　　一次培训点燃了我对教学实践与改革的热情，而一次参赛让我汲取到更多的养分，让我在语文课堂教学中有了更多的思考与探索。

　　2018 年 4 月，我通过层层选拔，参加宜昌市小学语文学科展评活动。这次参赛内容为表达类。平时在观摩学习、课堂实践中，我关注较多的是阅读教学，所以最初面对表达类内容的确定及设计时，我有些不知所措。在茫然时，唯有多读、多看才能让自己心中有光亮。以往，我总是喜欢将别人的优秀教学设计笼统地搬到自己的课堂，很少思考这样设计的理论依据是什么，以及对学生而言，该把他们带向何方。这次，在设计教学思路之前，我先广泛阅读，读在南京培训时特级教师孟晓东写的《用生长定义教育》，知道"语文，要给儿童生长的力量。语文教学要以课程本身的魅力滋养学生，带给学生积极的变化，实现学生生命的成长"。在表达类的课堂上，学生的语言、思维、精神应更积极活泼些。那么，教学设计的出发点首先要考虑学生的实际及生长点。读《课程标准的案例式解读》（以下简称《标准》），我知道了口语交际不仅是一种口头的言语表达方式。《标准》中明确指出："口语交际是听与说双方的互动过程。教学活动主要应在具体的交际情境中进行，不宜采用大量讲授口语交际原则、要领的方式。应努力选择贴近生活的话题，采用灵活的形式组织教学。"故我认为，这节课应创设适合学生生长的具体生活情境，营造学生口语交际的氛围，在互动的活动中引导学生懂得交际的礼节。读特级教师于永正习作教学案例，我深深地被于永正老师高超的课堂驾驭能力、精妙的情景创设所折服，原来表达类的课堂是这样不动声色但又让学生受益匪浅。读着名师的著作及案例，我对自己的课堂充满了向往。

我选择的内容是五年级的口语交际《劝说》。第一次试教，让我看到了理想与现实的差距。课堂上，师生游离于情境之外，劝说方法过于理性，学生的语言、思维、情感一直停留在原点，课堂层次不清晰，学生表达的主动性不强，教师课堂调控不灵活……头脑中构建的美好画面化为泡影。我知道，一次次试教的过程，就是推倒、重来、再推倒、再重来的艰辛过程。以前，我惧怕这种折磨人的过程，但现在，我痛苦并享受着这样的过程。因为我知道，每经历一次"磨"的过程，我都有一种"蜕变"之感。胡教研是我语文教学的引路人，他总能发现问题的本质，并提出可行的改进方法。从整体构建到细节设计，给予我细致的指导。在胡教研的引领下、在实小磨课团队教师的指导下，我重新设计，着重突破三个方面的问题：情境生活化，师生自然走进情境之中；让学生的交际在言语实践中有发生、有发展、有提升；教师的调控能促进学生轻松表达，积极思维，乐于表现，摒弃说教式的语言表达。我重新整理，重新试教，录制自己上课的过程，一遍遍回放，从中发现问题，观看名师视频，一句句揣摩名师的课堂语言。我想：公开课最大的价值，不在于课程本身，而在于这段磨砺的过程——一次次试教，一次次改进，一次次成长。教案写了一遍又一遍，学校所有五年级班级都试教过，课堂上的整体框架已定，剩下的就是对细节的打磨。每一次试教面对的学生都不一样，课堂生成点也就不一样，教师的调控必须自然又充满智慧。团队教师一句一句地指导我，我们在试教中去观察怎样的调控才能真正激发学生表达的欲望，然后根据学生的不同反应做不同的预设。有时一个环节、一句话，我们要讨论很久；有时课堂有了新的突破，我们兴奋不已；有时面对课堂上存在的问题，我们都很迷茫时，会不约而同去读书，从书中寻找灵感，寻找突破。板书、体态、课件、服装等，团队教师会一一指点。我深深地感受到抱团成林的力量，这才是教师专业发展的智慧选择。宜都小语这样一个共研的环境，给我的成长提供了充分的营养与动力。

2018 年 4 月 26 日，我来到枝江市丹阳小学参加比赛。大多数选手选择的是低年级口语交际课和高年级习作指导课。从参赛的角度来说，这对我而言是挑战，亦是机遇。也许是喜欢上课的感觉，也许是近一月充分的准备，走进课堂，我的眼中只有学生，抛开了所有顾虑与担忧。课前轻松的话题拉近了师生的距离，"劝老师不做低头族"生活情境的再现激发了学生的表达欲望，角色扮演中渗透着劝说的技巧，学生在相互评价中发现不足，视频的引入让学生明确如何真诚劝说别人，学生的表演中内化着劝说的方法……一节课中，学生是课堂的主人，他们的交际能力在情境中得到了培养。我看到了生生互动、师生互动的场面，看到了学生口语交际能力的提升，尝试着在情境实践中让学生经历学习过程。虽然课中还有很多遗憾，但是我深深地感受到：我们的课堂应"为学生生长而教"，在课堂上，师生应分享彼此的思考、经验和知识，交流彼此的情感、体验和观念，放手让学生经历学习过程，从而实现师生的共同生长。我想，这便是我以后努力前行的方向。正如特级教师孟晓东在《用生长定教育》一书中所写："为人师者，不仅要教给学生丰富的知识，更要在学生的生命里种下一棵树，让他们未来的生命历程踏踏实实、蓬蓬勃勃，既扎根沃土，又伸向天穹……"回首这段磨课的过程，有确定内容时的不知所措，有进行教学设计时的忐忑不安，有一次次试教的疲惫不堪，有一次次否定的茫然与失落，有"山重水复疑无路"的忧虑与彷徨，有课堂上出现新突破的惊喜不已，有团队教师指点后的豁然开朗，更有"柳暗花明又一村"的幸福。这个过程对我而言，不仅是一个参赛过程，更是我向着光亮不断向上生长的生命历程。

小树能不断地汲取阳光雨露，努力生长，向上。向上，便是它不变的姿态。我亦期待我这株小树，以这节参赛课为新的起点，不断汲取营养和力量，在春天里蓬勃向上，拔节有声。

作者简介：袁定蓉，宜都市实验小学教育集团语文教师、小学语文骨干教师、国培"送教下乡"培训团队专家组成员，宜昌市学科带头人，宜昌名师；在《小学教学设计》等期刊上发表多篇论文。

万千青丝成华发，三尺讲台育桃李

行走在小学语文教育的这条道路上，转眼，已是第 25 个年头。星霜荏苒，居诸不息，我由 25 年前的青涩稚嫩变得坚定成熟。25 个春夏秋冬、25 次寒来暑往，万千青丝虽已成满头华发，但三尺讲台孕育了桃李满园。

有心：何妨云影杂，榜样自天成

想成为名师，就要跟着名师学习。俗话说，你周围的人决定你的素质。刚参加工作时，我对小学语文教育是"蒙圈"的，我不知道如何在课堂上创设生动、有趣的学习氛围，我不知道如何将晦涩难懂的知识转化为学生易于接受的语言，我不知道如何处理课堂上的种种意外和突发情况。一段时间内，我都在摸着石头过河。那个时候实行末位淘汰制，个别同事经常发牢骚、埋怨，加之当时的我很年轻，意志不够坚定，再加上刚参加工作的不适，我没有干活的激情，日子就这样按部就班地过着。但是，一个人的出现彻底改变了我。

有人说："一位好校长，就是一所好学校。"夏校长是一位实干家，"学校发展，教师第一""说到做到，不放空炮"是他的口头禅。他是这么说的，也是这么做的。如果你问老师们，每天第一个到校的人和最后一个走的人是谁，他们一定会异口同声地说："夏校长！"每天天不亮，他便第一个来到学校，总是最后一个离开。早上六点半到校后，我总能看见办公室里明亮的灯光，桌上总有一杯杯为我们沏好的茶水。原来，夏校长来得比我们更早！夏校长的办公桌上永远摆着一本汉语词典，还摆着很多专业和管理类书籍以及业务笔记。他每天总是马不停蹄地奔波于教室和办公室之间，楼道里，有他与教师交流谈心的画面；教室里，有他孜孜不倦为学生讲解难题的场景……作为校长，他能来得最早，走得最晚，他能身先士卒带头上好示范课，他能时时刻刻做到以人为本、勤勉踏实。身为普通教师的我们，又有何理由不认真对待自己的岗位？有何理由不正视自己的初心？于是，在夏校长的带动下，我改变了早上拖沓的习惯。每天早早到办公室，研读当天的教学内容，并对教学重难点进行再梳理。时间一长，我发现，当自己的工作时间发生了变化，精气神也就发生了变化，一切都跟着变化了。对待工作，不再迷茫彷徨，不再软弱逃避，取而代之的是：我开始努力做有理想信念、有道德情操、有扎实学识、有仁爱之心的教师。这是我内化于心的使命和担当。

正因为有了点点繁星的相互辉映，浩瀚的夜空才有了令人神往的幽静和美丽；正因为有了绵绵山峦的跌宕起伏，辽阔的原野才增添了如此的魅力和神奇；正因为有了默默无闻而又成绩斐然的先进榜样，我们的教学之路才迸发着勃勃的生机。我想，这就是榜样的力量吧！

铁心：大雪压青松，青松挺且直

2021 年 12 月，宜都市枝城学区成立彭世芳名师工作室。成立工作室对我而言，是光荣的机遇，也是不小的挑战！于是，我开始努力地为这一项艰巨的任务做好准备、积攒动能。在学区办王主任和余教研的帮助下，我认真思考工作室工作，在网上查阅大量资料，详细了解了"何为名师工作室？""名师工作室的职能是什么？""名师工作室的宗旨是什么？"等一系列内容。在做了充分准备之后，我们共同确立了名师工作室"专业引领、同伴互助、交流研讨、共同发展"的 16 字宗旨方针。

蝴蝶扇动翅膀的时候，有多少人想过它破茧成蝶时的痛苦？然而，正是这种自我发展、自我突破的痛苦，才成就了它的美丽。名师工作室工作的开展正如"破茧成蝶"那样，在一次次磨课、一次次研讨、一次次修改中，我们实现了"不经一番寒彻骨，怎得梅花扑鼻香"的蜕变。我带头上公开课，第一次在本校执教"纸船和风筝"，第二次在洋溪小学执教"大象的耳朵"，获得了听课教师的一致好评。这些好评是我无数个日日夜夜用心血和汗水换取的。每一次磨课，我都会写一份详细的教案，我会将自己要说的每一句话、每一句话该用什么样的语气、每一个关键动作都提前设计好；针对课堂上的每个问题都要预设学生的回答，"回答不上来怎么办？""回答错了怎么引导？"要对所有细节了如指掌。

课后，我和名师工作室的老师们集体研讨，积极评课。参会老师会写心得体会，并积极交流。我常常对老师们说："讲好一堂课不难，难的是及时总结是这堂课的收获，将其内化于心、外化于行。把这节课的成功经验迁移运用到其他课中去，这就是提高，就是升华。"接下来，我便对老师们提要求：要求每学期每位成员读一本教育专著，做好读书笔记，撰写学习心得，提高教育理论水平；要求他们经常聚在一起，交流心得体会，以同伴互助的方式实现成员的共同成长。平常我们也在一起听课、评课、磨课。我总认为，名师之"名"，首先在于课堂教学。我们要提升名师工作室成员的课堂教学能力，督促并鼓励工作室全体成员从事教育教学研究，积极撰写教育教学论文，更深入持久地进行课题研究。在工作室，我先后指导了镇内近30名青年教师，帮辅的学校青年教师李滢、江春艳参加了宜都市的竞赛课，并获得一等奖。

动心：衣沾不足惜，但使愿无违

"三寸粉笔，三尺讲台系国运；一颗丹心，一生秉烛铸忠魂。"作为一名小学语文教师，我的工作很平凡，每天做着重复的事，但我相信，只要我笃定前行、稳健前行，就一定能帮助一届又一届桃李逐梦筑梦，启航新程。我一直认为，如果我们没有扎实的专业知识、教学能力和教学态度，就站不稳讲台，就会被社会淘汰。工作中，我积极学习、热爱学生，不断探索教育教学方法，不断构建起"成长＝经验＋反思"的成长机制；贯彻终身学习的理念，自学心理学，考取了心理咨询师证书；站在时代前沿，拓宽视野和积累知识，当好学生丰富知识库的"源头活水"；力争为培养德、智、体、美、劳全面发展的社会主义建设者和接班人做出新的更大贡献。

从教25年，有这样一个学生让我难以忘怀。他姓杨，我们就叫他"小杨"吧。出生于单亲家庭的他一直跟随妈妈生活，性格内向，性情乖张，不愿意与人沟通，和他谈心时他从来不看我的眼睛。上门走访，他把自己锁在屋里，不出来见人，即使出来也是气冲冲的，把门摔得震震响。但我知道，这扇门的背后一定有一双小耳朵在偷听我们的讲话，我绝不能让这扇门阻挡了他通往未来的路。于是，我故意和他妈妈大声聊天，站在小杨的角度，教他妈妈用正确的方式与小杨沟通，要理解小杨，尊重小杨；小杨妈妈也表示，会改变以往的教育方式，与小杨做朋友。课堂上，我鼓励小杨勇敢地回答问题。在我的鼓励下，渐渐地，他能在课堂上积极举手发言了，每次发言后，同学们都用激烈的掌声认可他。因为鼓励、因为赞许，他能按时完成所有作业。不仅如此，平日里几个上课捣乱且不按时完成作业的学生在他的影响下，也渐渐有了惊人的变化。后来，他变得越来越优秀了，学习成绩和行为习惯都发生巨大的改变。与我交谈时，他已没有昨日的叛逆与桀骜，更多的是亲切与依赖。他偶尔会给我带一个小礼物，或者写一个小纸条，上面写着："老师，谢谢您。"看到他稚嫩的字迹，那一刻我是自豪的、幸福的。小杨妈妈给我打来电话，电话那端有些哽咽，有些激动，更多的是感激，小杨的转变似乎为这个破败的家庭点燃了新的希望。那一刻，我感觉肩上的担子似乎更重了，也真正理解了苏联教育家马卡连科的这句话："爱是一种最伟大的感情，它总是在创造奇迹，创造人类最伟大的珍贵的事物。"

习近平总书记指出："做教师就要执着于教书育人，要有热爱教育的定力和淡泊名利的坚守。"落红不是无情物，化作春泥更护花，教育就像一棵树摇动另一棵树，一朵云推动另一朵云，一个灵魂唤醒另一个灵魂，而我也将继续坚守三尺讲台，任凭青丝变华发，孕育桃李永无悔。我将在教育的"麦田"里静静守望，陪伴着一届又一届学生的成长。

作者简介：彭世芳，宜都市枝城小学教师，第二届宜昌市学科带头人，第三届宜昌名师；成立了枝城学区彭世芳名师工作室。

一心追逐教育梦

我特别喜欢清代袁枚的古诗《苔》。苔花虽如米粒般小，却像高贵的牡丹一样热烈绽放。我是山乡里小小的一朵花，我感恩大山、敬仰大山、怀念大山，大山孕育了我对教育事业的初心。我的爱在这青山绿水间生根发芽，我的教育梦想在这偏僻的大山里扬帆起航。

源于梦想，踏上育人路

小时候我的梦想是当老师，长大后我美梦成真。小时候我是村办小学教师——我姑姑的"跟屁虫"，也算是一个随教师长大的孩子。上学前我常常跟着她到小学里玩，她上课时我就坐在教室后面画画、看图画书。有一天，姑姑的声音吸引了我："司马光没有慌，他举起一块大石头，使劲砸那口缸……"姑姑声情并茂，还用力地挥起手臂，平时很调皮的几个哥哥也静静地听着，认真地学着司马光砸缸的故事。没有一个人讲话，也没有一个人贪玩，那时我觉得姑姑好了不起！后来我跟着姑姑上了小学，姑姑教我语文，她上课耐心又细心，总是娓娓道来，我们都很喜欢听她讲课。她像变着戏法儿一样教我们习字，也总有办法激发我们学习语文的兴趣。耳濡目染中，我从姑姑身上感受到了教师的崇高，感受到了教师这份职业的光和热。从那时起，"当老师"这颗理想的种子深深地埋在我的心里，长大后我也要当一位像姑姑一样让学生喜欢的老师！

1994年9月，初中毕业后的我考入枝城师范。三年后，我毕业回到了母校——潘家湾中学。它是一座偏远的山区中学，那里有许多教过我的恩师，也有不断鼓励、帮助我考入师范学校，毕业后当一名教师的引路人。现在我仍清晰地记得，当我第一次踏入母校，站到那三尺讲台上，面对50多个学生时的激动不已。我既兴奋又紧张，兴奋的是我终于梦想成真，紧张的是班里有好几个学生比我高大和结实。就这样，我有了属于自己的讲台，那个时候我20岁。

走上三尺讲台，我知道我走进了千万家庭望子成龙的梦里，也走进了"为党育人、为国育才"的浩瀚工程里。

坚守初心育好人

我从青葱岁月的为师梦想中走来，回想自己的一路艰辛和家人、师长的期望，再看着讲台下的学生，我萌生了第一个愿望——让我的学生走出乡村，像雄鹰一样展翅翱翔，去描绘属于自己的新天地。乡村中学的学生都住校，作为班主任，尽管我家离学校仅有十分钟的步行路程，我仍然选择住校。我一头扎进他们中间，和他们一起学习、一起跑步、一起吃饭、一起聊天。不到一个月的时间，我就和这些跟我年龄相差不大的学生成了朋友，成为他们学习生活上的"知心姐姐"。

人心向暖，岁月情长。无论是曾经工作的潘湾中学，还是现在工作的杨守敬小学，总有一种力量鼓舞着我，总有一种温暖包围着我，总有一种光指引着我。参加工作头几年的空堂课上，我时常走进初中英语教师罗老师（我工作上的师傅）的课堂，她前脚踏进教室，我必定后脚跟上，和读书时一样认真地当着罗老师的学生，罗老师也慷慨赐教。如何真诚地表扬学生、怎样处理课上故意"出风头"的学生等课堂教学技艺都是我在那时学到的，直到现在还很适用。每天早读前，我提前十分钟到班，先在教室里朗读我订的英语杂志《校园英语》练习口语。学生到齐后就上早读课，带领他们大声朗读课文。晚上，在宁静的校园里，我和同事一起研读课本，翻阅教学参考书，认真准备自己第二天的教学设计，精心制作投影胶片。学生喜欢上我的课，也喜欢我在课堂上组织的活动。他们积极参与讨论，大胆交流、表演，有时下课铃响了，还意犹未尽。前不久一个学生给我发信息说："昨晚辅导儿子复习英语时，想起了您当年教我们的情景，我们学得好开心，记得也牢！"

勤学善思长智慧

很喜欢卡尔的一句话："教育不是注满一桶水，而是点燃一把火。"教育的本质意味着，一棵树摇动另一棵树，一朵云推动另一朵云，一个灵魂唤醒另一个灵魂。木头遇见火，就会成为耀眼的光明。

工作第三年，我随着所带的班级升入初二年级。有的学生胆子大了，频频违反纪律；有的学生开始出现青春期的萌动，刻意精心打扮自己，学习渐渐掉队了。看到课堂上一些学生的暗淡眼神，我感到一种无形的压力，随之涌出一个坚定的想法：我必须想办法让他们动起来、学起来，我要用爱心和智慧点燃他们心中的那一把火。我开始组织更加丰富多彩的英语学习活动，除了每次见面英语问候和每周三英语角活动之外，我尝试开展每天课前进行三分钟表演、每月评比英语学习明星、每季度评比英语学习金冠星、每学期评比英语学习钻石星等活动。学生最热衷的是每天课前三分钟表演活动，朗读流利的学生展示对话交流，擅长表演的学生表演故事，爱好唱歌的学生展示百灵鸟般的嗓音，书法写得好的学生与同伴合作上台，朗读美文并展示工整的英文书写。胆小的学生先是认真地看、静静地听，后来就慢慢地学着表演、分享，哪怕是激昂地朗读一句名言也不错。我会给予热烈的掌声。渐渐地，上台的学生越来越多了。他们的脸上洋溢着灿烂的笑容，眼睛里闪动着青春的光彩。看到他们满脸高兴，我知道，一粒粒叫作"自信"的种子，就这样不经意地种下了。

心在哪，智慧就在哪。爱会产生智慧，爱与智慧能改变人生。转眼进入初三年级，学生的学习劲头越来越足，学习成绩也很喜人，全班 47 名学生都得过星级奖励。也就是那一年，我获得了市级中考质量一等奖。学校领导看到了我的努力与成长，我也得到了学校的信任。我用爱坚守，用心耕耘，在平凡的生活中收获着不平凡的幸福。2007 年 9 月，我被评为宜昌市师德标兵。

孜孜以求善研究

我办公室电脑的屏保是这样一句话："鸟欲高飞先振翅，人求上进先读书！"每天上班使用电脑时，它都能提醒并促使我每天抽出时间来读书。

我坚持阅读苏霍姆林斯基的《给教师的建议》和《非常理想，特别现实》、刘铁芳的《守望教育》、李政涛的《教育学的智慧》《如何做课题研究》《中小学英语教学研究》等，并写了几本厚厚的学习笔记。我对教育的本质有了深刻的认识，也促使我对教育有了更深入的思考。带着这些思考，我和同事开始做课题研究，宜昌市级课题"引导 疏导 指导——英语新课程课堂教学微技能研究"是我主持研究的第一个课题。在当时宜都市初中英语教研员张老师的指导下，我认真撰写课题开题报告，充分论证后，按计划扎实开展研究，最后顺利结题，形成了丰富的课题实验成果。

苏霍姆林斯基说："从事教学研究是教师职业生涯的重要部分，是教师获得职业幸福感的重要源泉。"我先后主持或参加了十多个省、地、市级课题研究，不断探索教学规律、研究教学方法，形成了轻松、活泼、灵动、智慧的教学风格。我还多次参加各级课堂教学竞赛并获奖。虽然我总有这样或那样的事务性工作要做，但我的主要任务仍然是站稳课堂主阵地，提升课堂效率，教好我的学生，努力做好学生健康成长的指导者和引路人。

在教育战线这片热土上，我初心不改，用心追寻教育梦，用勤奋铸就辉煌，用奉献书写崇高，用创造点染满园春色，用柔肠铁骨铸就一代教育人的教育梦想！

作者简介：段芙蓉，宜都市杨守敬小学教师、小学英语高级教师，宜昌市第二届学科带头人、第三届名师。

秉持初心，砥砺前行

1990 年 7 月，我从宜都师范普师专业毕业，未满 19 岁，还有些青涩。8 月 30 日，接到王家畈乡教育组通知，我被安排到古水坪小学任教。一个木盆，两床棉被，三件衣服，四本新书，五更出发，六里山路，七上八下，九时到达，自此开启了我的乡村从教生涯。

回忆很美！学校操场外有棵老槐树，树上挂一根长竹竿，每天我都要爬一遭。学校连同校长共八位老师。午饭坐八仙桌，刚好凑一桌。那时没有例会一说，所有事，校长都在那张桌上安排到位。晚上大家都回家了，我离家远，便和炊事员负责守校。吃得最多的是油盐饭，偶尔会有附近好心的村民送点腌菜腊肉或咸蛋，改善一下伙食。我带四年级语文并兼任班主任。我和学生的命运好似被拴在一起，谁也离不开谁！直至半年后，由于工作需要，我被调离古水坪。临走那天，学生哭了，我也哭得像个孩子！

从那一刻起，我便决定：当一名人民教师，终身从事教书育人的事业！时光太瘦，指缝太宽，不知不觉我的从教生涯已满 33 年。我始终铭记"德高为师，身正为范"。那些说起来云淡风轻的日子，是执着的守望，是痴心的陪伴，是无悔的情长。一路风雨，一路欢笑，一路担当，一路成长！

抑或是幸运者偏差，一路在宜都乡村教育这块沃土上倾心播种、俯身躬耕的我，于 2022 年被评为宜昌市初中物理学科名师。

既是名师，帅出何名？

智慧光芒，点亮课堂

最美好的教育，莫过于师生相互启迪，彼此成全。课堂是教师的舞台，也是战场。我力求让自己成为一位有趣、有品、有思想、有情怀的物理教师。我专业功底扎实、教学技艺娴熟、教学经验丰富、教学风格独特、教学过程扎实，一直兢兢业业地开展学科教学，追求科学智慧育人，深受学生喜爱。在教育教学中，我特别重视与学生之间的情感交流，总是投入大量的时间和精力与学生谈心、互动，我不吝鼓励点赞，也及时指点迷津，实现了师生心灵的零距离，也以自己的人格和学识魅力，让学生爱上物理并立志学好物理。在历次学业水平测试中，我所任教的物理学科的成绩遥遥领先于兄弟班级，引领我校物理学科团队收获了优异的学科教学质量。许多学生在升入高中后仍不时地给我来电、来信，感谢我在初中为他们打下了扎实的物理学科功底，培养了他们乐于钻研物理学科的精神和勤于思考的品质。2020 年中考，西湖中学物理学科平均成绩 63 分，及格率达 91%，学科综合值位居全市同类学校第一。

真爱育人，亦师亦友

　　33 年的从教经历中，我担任班主任工作 20 年。我把爱心捧给学生，用一双慧眼、一颗慧心、一腔师爱，倾心浇灌每一朵含苞待放的蓓蕾。我崇尚精细管理、人文管理、阳光管理、智慧管理，事事公开、公平、公正，人人皆是集体主人。我所带的班级，班规严、班风正、学风浓、人心齐。我所教的学生，素质全面、道德高尚、乐学上进、行为文明、自主能力强，在活动竞赛中总能一马当先。家长乐意把孩子交给我，学校领导也愿意把班级托付给我。我和爱人经常接单亲或留守儿童到家中过周末，为很多家庭贫困的孩子贴补零用钱，从智力、生活、情感等方面真情帮扶留守儿童及学困生，倾力托举每个孩子的未来，引导他们求真、向善、尚美。我会在休息时间接到来自远方家长的来电，托我代其为升入高中的孩子开家长会。哪怕孩子已初中毕业升学，一些家长仍信赖我，而我也习惯了这种托付，更欣慰有这些多情的"打扰"！我与学生的知心故事和沟通心语写满了日记本，我家访的足迹遍布枝城镇。在王家畈中学工作的 11 年里，我长期担任班主任，教三个班的物理。我就像万金油，临时顶岗，还被"委以重任"教过语文，甚至带过一星期的英语。2001 年，我被调至西湖中学，担任初三（8）班班主任。学生刘大鹏（他弟弟刘小鹏后来也从我班毕业）家境贫寒，几近辍学。我多次到其家中走访，了解情况，鼓励兄弟俩再难也不能放弃读书。我常送给他们学习用品和资料，挤出下晚自习后的半小时，把他们喊到我的寝室谈心，辅导物理，我们亦师亦友。冬日天冷，我们就烤烤暖炉，讲题目讲饿了我就从碗柜里找点花生米或咸菜填填肚子。后来，兄弟俩均以优异的成绩考入宜都一中。大学毕业后，大鹏顺利成为一家大公司的负责人；小鹏则从军校毕业，现任火箭军某部队营长。两兄弟的父母都是朴实地道的农民，夫妇俩每次见到我，都紧紧地拉着我的手，说我是他们生命中的贵人！每年教师节，兄弟俩都会给我打电话或发来祝福消息，甚至来校看望我。见证学生学业优秀，前程一片锦绣，我感到特别幸福！

处处留心，志在创新

我受聘为宜都市初中物理学科学业评价组成员，也是宜昌市物理中考命题专家组成员。在物理专家、市物理教研员赵承忠、吴超同志指导下，我先后多次成功组织区域性物理教学研讨活动，凝聚了宜都初中物理人的理念与共识，提升了学科教研教改水平，促进了教师团队的专业化发展。为提升教学质量，我积极主动带领学科组成员开发课程资源，引领学科教学实现效的增益、品的进阶、质的提升。如率先利用网络资源优势，推进 NB 虚拟实验室在物理课堂中的应用，对过时老套的实验进行创新，倡导推进课内外实验，有机结合，布置和指导刚接触物理学科的八年级学生自主探索并完成实验，如覆杯、筷子变弯、看水中硬币、测凸透镜焦距、易拉罐制霜、吸管吹乒乓球、平面镜成像、测细铜丝直径、测骑自行车的平均速度、小孔成像、声音传递信息或能量、水瓶琴的实验，有效激发初学者的学习兴趣，引领他们在玩中发现，在动中思考，在思中领悟，大大提升了教学效果。唯教者用心，学生才倾心。较之于文科，物理的理科特质更加严谨缜密，学起来不像文科那般感性、生动、触及心灵，会有枯燥之感。我经常将有价值、有特点、有代表性的原生态教学实景，拍下图片或录制视频后分享给家长。让家长也关注并认识这门学科，真切感受孩子的学习状态，悄无声息地拉近家校间的距离。

美在细节，言传身教

因在书法方面的特长，我在课堂上特别注重板书的工整性、完整性、艺本性和条理性。每一节新课，我都精心设计板书，也高标准要求学生写好课堂笔记，培养他们养成良好的书写习惯。事实证明：坚持记物理学习笔记，能有效提升学习能力。认真做好物理学习笔记，则有利于培养良好的学习习惯和耐心细致的学习态度，促进学生非智力因素的养成和提高。正所谓潜移默化，言传身教。经教学实践，我所任教班级的大多数学生都有课中记笔记、课外读笔记的好习惯，构建了完善齐备的学科知识体系。他们效仿并承袭我的做法，交上来的作业字迹清秀、布局合理、整洁度高、赏心悦目；作图规范精准，讲究图文并茂，注重色彩搭配，体现学科美和科学美。我常以名人名言、励志心语等给予评价，激励学生不断改进和超越。

守护信仰，继续追光

天道酬勤，我的教育生涯一路生花。首先，我扎实开展课题研究，教研教改喜结硕果。2018 年，我参与宜昌市级课题"初中物理教学与评价中科技生活经验的转化应用研究"的实验研究工作（该课题于 2021 年 9 月结题）；2021 年，我参与宜昌市级课题"借力宜都制造，助力物理教学"的实验研究，担任课题子项目负责人；我坚持撰写研究文章并承担课题研究课教学，《开发课程资源 激发学习动力》等多篇论文在各级刊物上发表。其次，我创新开展课堂教学，成就优异学科质量。例如：我多年获宜都市物理中考质量一等奖，多节优质课获地市级奖。再次，作为中年骨干教师、学科中心组成员，我担任青年教师指导组组长，带头参与"青蓝工程"师徒结对，在课改培训与学科教研会上做专家讲座和中心议课，抛砖引玉，提供范例，以带动辐射、引领和带动后浪拔节成长。例如：我长期指导郑丽、杨坤、袁曙芳、曹蕾等青年教师备课，改进常规课堂教学，实现轻负优质高效，指导多校多位青年教师参加各级优质课竞赛、反思性说课、论文撰写等；我多次参与青年教师座谈会、总结会，帮助他们取得理念上的革新、专业上的成长，实现了业绩与成果的积累。

一事精致，足以动人；征途漫漫，初心不改。往后余生，我愿把知识智慧凝结成磁感应场，以岁月年光凝结成作用力，以正直善良的内心、富饶繁盛的精神、赤诚纯粹的热爱、砥砺前行的奋斗，将学生推向诗与远方。

作者简介：张祖勇，高级教师，第二届宜昌市学科带头人，第三届宜昌名师，宜都市初中物理骨干教师、初中物理学科中心组成员、十佳教师，宜昌市物理学业评价组成员。

守初心，不悔三尺讲台

2004 年大学毕业后，我就来到了宜都二中工作，一晃 20 年过去了。

初上讲台，被"推着"成长和进步是最简单也最幸福的日子。工作初期，我有热情、有干劲，连着上几节课都不觉得累，但缺乏经验，也没有明晰的教学理念，只是想迅速适应高中教学，把知识讲清楚，教会学生，把"均分"搞起来。参加工作的第一年，学校实施"青蓝工程"，制定新进教师培养的硬性标准，给新进教师安排指导教师，填写《成长手册》，当时我不是很理解，现在觉得被"推着"走，真的很轻松。

教学反思和同伴互助应当是上讲台初期最快的成长方式。我的指导教师是当时学校分管教学的江诗茂校长。江校长一开始就让我多听课，他说："你要多听同组教师的课，每个人都有不同的教学风格，教学要从模仿开始。"每节课我都会提前备课，再去听指导教师或同组教师的课，然后自己上课。课后我经常会有一种疑问"为什么老教师讲课总是水到渠成，而我总是显得不太连贯？"幸好我带两个班，我会认真总结第一次课上不足的地方，并在给第二个班上课时加以改进，这样我明显感觉比第一遍讲得好。我一直用这样的课堂教学反思方式完成新课的教学，建立适合自己的教学观。现在回过头来看，多听课，多向有经验的教师学习，多总结自己的不足，然后不断改进，不失为新教师快速成长的捷径。

严谨的治学态度是优秀的学科品质，江校长以他严谨的治学态度一直引领我进步。还记得有一次，他听完我的课后，对我提出严厉的批评，说我讲错了碳酸钠和碳酸氢钠的性质，碳酸钠是白色固体，碳酸氢钠应该是细小的白色晶体。当时我反驳道："我归纳的都是白色固体，也没有错，再说这也不是重点，考点设在这里概率不大。"没想到这句话惹怒了好脾气的江校长，他狠狠地批评了我，语重心长地说："化学学科的特性决定了我们必须仔细分辨每一种物质，我们做老师的不能只做知识的传播者，更要引导、培养学生实事求是的态度。"后来我特别注重学科知识的严谨性，因为细小之处尽显学科的专业性。

后来随着年龄增长，青年教师培养周期结束，一切主要靠自己向前。走上班主任岗位，应该算是我和学生共同进步的时刻。工作的第八个年头，学校安排我当班主任，一开始我连班级讲评都不知从何讲起。恰好我旁边班级的班主任是经验丰富的曹旭华老师，我向他学习如何当好一名班主任。就像以前听课一样，每次到讲评的时候，我会站在后门口听曹老师讲评，等他讲完后我再开始。平时在一起的时候，我也多次向他请教治班理念，他总是毫无保留地教我。面对不会讲评，担心讲不好的问题，我还请教过我的爱人，他已担任班主任工作多年。他总结道："一是讲不清就别讲，准备好再讲，记不住就写好再讲，打有准备仗；二是随身带一个MP3录好，讲后自己听听，再想想怎么讲会更好，坚持实施教育的自我反思；三是要善于抓住讲的契机，站在学生视角，在学生喜欢听的过程中达到育人效果，润物细无声。"教学也好，班主任管理也好，都需要有一定经验的积累。我们可以先模仿经验丰富的教师，再形成自己独特的教育风格。以前每逢佳节，我爱人总会收到学生的短信、微信或QQ祝福。现在我也常常收到各种祝福，我的手机不再是他眼中的"哑巴"手机，我也享受着这种幸福。

成绩是被"逼"出来的。人的潜能是无限的，不逼自己一把，永远不知道自己在哪个高度。工作的第九个年头，我成了新进教师的指导教师。新入职的教师肯定要听课，我要做好随时被听课的准备。那时我是有压力的，因为新教师善于从网上获取信息，知识丰富，点子也多，学习能力强，与学生的相处更融洽。带着这种压力，我在知识点的引入、各环节的衔接、习题的选择等方面做足了功课，使课堂更有艺术性，且驾驭课堂的能力明显提高。在此期间，我多次参加各级各类的教学比赛，取得了不错的成绩，被评为宜昌市第三届高中化学学科优秀教师。接着，我担任了化学教研组长。以前的我只需要把自己的教育教学任务完成，现在要带领一个学科的发展，我很惶恐。因为教研组是学校最基本、最专业的教学教研单位。教研组长是学科下教学理念的先知者和实践者，教研组长与该学科的教研水平、教师的专业化成长、组内教师的凝聚力、教学质量等息息相关。我购买了教育理论书籍，如《课程的基本原理》《后现代课程观》《重构作业》《释放你的教育智慧》，加强理论知识的学习，提升自己的专业能力和理论水平。我还分析每年的高考试题，把握高考命题的特点，算是把过去总结中的"加强学习"落到实处了。化学教研组也被评为宜昌市优秀教研组。每周教研组都会开展听评课活动，作为教研组长，我负责组织，听得多就学得多，评得多就内化提升得多，慢慢地，我的教研水平得到了较大的提升。学校每年要组织青年教师教学比赛，教研组长作为评委要听其他组教师的课，我从中学到了诸多教学经验。在担任教研组长期间，我还被学校委以重任，担任学校首届高三理科小班的班主任，承受着巨大的升学压力。我全力以赴，好在结果还不错，个人也获得了"教育系统女职工建功立业标兵"荣誉称号。现在的我十分感谢当年的这种压力，与其说是压力，不如说是机会。

慢慢地，我产生了职业倦怠感，事业也到了瓶颈期，有段时间我感觉非常迷茫。在一次化学实景课堂的展示课上，特级教师熊云贵勉励我们："年轻时候都是在学校的安排下被动地工作，被动地取得成绩，现在必须自己努力创造机会，这样人生才有价值。"一语惊醒梦中人，现在的我处于职业生涯的第三阶段——主动学习并创造实现人生价值的阶段。我加入段俐荣名班主任工作室，在育人方面继续前行。

星光不负赶路人，付出总有收获。20 年前我带着混沌走上讲台，但今天我无比清晰地走在自己的教育人路上。我清楚我要做什么，我该怎么做，我该往哪里走，从而去奔赴自己的人生精彩。

作者简介：魏春明，一级教师，宜昌市第二届中小学学科带头人。

不忘教育初心，永葆教育情怀

宜都一中是一个团结的大家庭，每位成员在团队中贡献着自己的力量，为宜都一中的发展提供了坚实保障；每位成员也依托宜都一中这个平台，实现了自己的教育梦想和人生价值。作为其中一员，我并不能准确代表和体现"一中精神"，深感惭愧，在此致歉。

秉承传统入职教育

我的故乡在美丽的大溪村，祖父曾经利用自家一间 30 平方米的偏房办过私塾，教过几十个弟子。新中国成立后他被聘为教师，曾任青林寺完全小学校长。退休一个月后，国家出台教师子女接班政策，父亲并没有赶上接班的好政策，一辈子务农，后来组织培养父亲，父亲入了党，并担任小组长、村书记，50 岁辞职后继续回家务农。我每次放学回家都去接还在山上砍竹子、砍树的父母。至今我总能想起父亲扛起水桶粗的一捆竹子，整个人都埋进那捆竹子里，两脚颤抖着挪动的情景。父亲最大的心愿是我能像祖父一样当老师，我更是想圆了父亲没有接班当老师的愿望。经过众多令我敬佩的师长教导，2004 年，我毕业了。首先想到的是回宜都，我忘不了在武汉招聘会上看到"宜都一中"四个字时的亲切感，忘不了我跑过去和高中恩师握手时我激动的心情。我回来了，因为我爱这个校园，我爱我的家，我爱我的家乡。前几年，我坚持每个月回家看望家人。后来我的工作忙了一些，也基本保证每两个月回家看一看。有时候觉得，常回家看看，也算晚辈的一种孝顺吧！

我的爱人在宜都农商行工作，我们有两个小孩，70 岁的爷爷奶奶帮着照顾。老人常说孩子带给他们天伦之乐。工作再忙，我也坚持每天陪孩子一小时，尽到做父亲的责任。家里的孩子、学校的孩子，都是我的心头肉。我想，人是要讲情感道德的，在家讲孝顺，在外讲公德，在校讲责任！

融入团队师从前辈

我的成长源于团队的培养、感染和激励。在数学组 30 多位同仁的指导下，我渐渐形成了"轻松学数学，深入浅出，以学生为主体"的教学理念。

在开始的几年里，我一直带单班的数学教学工作，业余时间多。2007 至 2010 年，我取得了湖北大学数学学科教育硕士学位，自学了两套奥林匹克教程，获得了中国奥林匹克委员会二级、一级教练员称号，后被学校聘为奥赛教练，辅导近 30 名学生获得国家或省级奖项，我也三次获得优秀教练员的称号。

2011 年 4 月的一个晚上，我第一次参加宜昌市优质课比赛，数学组的何阳平老师、陈云老师、程仁新老师、吴家强老师、刘宜兵老师、闫正国老师指导我研究教学方法，直到半夜两点半！最终不负众人的努力，我获得宜昌市一等奖，并被推荐参加湖北省优质课比赛，获得说课一等奖，录像课获得全国高中数学青年教师优质课展示三等奖。

分管教学工作期间，我和教务教科室对教学过程进行了管理落实，坚持每月一次备课组长会、一次全体教师会，坚持对教师到岗进行巡查与评价。我坚持"教师是学校的命脉，学生是学校的主体，教务教科室是大家的服务机构"的理念。在做任何事情和决定的时候，我始终遵循"以学生的利益为第一，教师的地位第一"的原则。我十分尊重教师的劳动成果，最大限度地激发他们的工作积极性，提高教学效率。通过抓教研组、备课组，带动每位教师一起走的积极性，积极安排教师外出学习。

育人管理实干为先

国家提出"立德树人"，学生德育十分繁杂，全体一中人践行"立德树人"理念，为学生没日没夜地付出更是有目共睹。

担任年级主任期间，1 000 多个早上，我们年级组的教师和值日班主任，或在综合楼大门口，或在教学楼楼梯口等候学生到校。1 000 多个夜晚，我们在教室里守护学生自习，直到晚上十点半查寝后才回家。对班主任到岗巡查次数进行统计后发现：一个班主任一个月最多可以到教室巡查近 80 次。我们切实做到了哪里有学生，哪里就有教师的身影。年级组除了积极配合政教室做好每周班主任例会、每月一次的年级学生大会、班级值周、学生自治管理、学生干部建设、到校、早读书、上操、午休、课外活动、听力、晚自习、晚查寝的巡查等日常工作，还突出开展了下列工作。

一是创新班主任讲评方式。三年来我们自己收集教育视频，讲评文章近百例，进行系列活动，深受学生欢迎，起到了良好的德育教育功能，学生的德育素质有了很大提升，学生违纪数量每年大幅减少。我们感到很欣慰！

二是大力建设好年级文化。我们精心组织20多项学生主题活动，如新生篮球赛、新生校园长跑比赛、新生跳绳比赛、学生志愿队活动、故都的秋语文活动、高中语文戏剧表演大赛、高校营活动、考试优秀试卷展、诗歌朗诵赛、参观杨守敬书院、英语歌曲合唱比赛、两次校园文艺汇演、高考倒计时宣誓、毕业典礼、太极拳演练活动、武术体操比赛、教室内学生书画作品展示、教师节尊师重道主题班会、纪念抗战胜利70周年纪念班会等班团活动以及弘扬优秀传统文化的活动。充分利用学习标兵、三好学生、优秀学生干部、优秀团员等评优工作，发挥榜样的力量，弘扬正气，搞好宣传工作，增强其正面影响，通过先进事例感化学生，激励学生学习优秀榜样，形成较好的学风。

三是建章立制规范好行为。我们制定了2017届年级公约，对日常学生违纪进行记录，小到学生讲话，大到考试舞弊、打架斗殴等重大违纪，对19个班级进行量化。极少数上报政教室，尽量让问题学生在年级组得到转化。

我曾坐在楼梯上做学生思想工作长达几个小时，曾和学生一起在运动场上欢呼，曾在班会课上和学生哭作一团，曾和老师一起研讨复习备考，曾和家长商量教育对策至深夜……有太多太多回忆收藏在我心底。这种事情不时地发生在一中人的身边，只不过都是默默地说出星星点点——代表一中人全员育人的一面。

我觉得我是幸运的，幸运地加入了优秀的数学团队，幸运地组成了和谐的年级团队，幸运地结识了敬业的教师队伍，幸运地融入一中这个和谐的大家庭，幸运地感受到宜都教育整体良好的氛围。在今后的工作中，我将更加珍惜事业、珍惜同事、珍惜生活，不断向前！

作者简介：邹庆禹，高级教师，湖北大学硕士研究生校外导师，现任宜都市一中党委副书记，高考优秀评卷员，学科带头人，优秀学科教师，"一师一优课"评委，教育人才"英才计划"培养对象；获湖北省优质课一等奖。

扎根泥土，向阳而生

我生在大山深处，从小便听过农民父亲说的一句话："树无根不长，人无志不立。"走过20余年的教学旅途，我才明白：只有树根向着泥土深深地扎下去，树干才可能一寸一寸地向着天空生长。20多年来，我大约也在向下扎根、向上生长吧。

改变自己，从读书开始

1999年，我中师毕业，在一所乡村小学代课，报名参加了湖北大学中文专科自考。白天上课的间隙，我捧着教材细读；下班回家的50分钟路途，我边走边背知识点；晚上，我整理重点，抄写笔记。就这样坚持了两年，我读完了十几本教材，终于在2002年6月拿到了专科毕业证书。没想到的是，这一纸证书竟然成了当年7月宜都市教师统一招考的入场券！那钻研学习过的知识点，帮助我顺利通过了中文专业的笔试。8月，我正式成为红花套中学的语文老师。两年的读书经历让我坚信：读书，能改变命运；机遇，会留给有准备的人！

正式上班前，母亲叮嘱我："打铁要靠本身硬。你要好学啊，不能把娃们耽搁了。"仅有小学文化的母亲，用她质朴的话语鼓励我，我感到了这份职业沉甸甸的责任。从此，母亲的这句话就成了我前行时的动力、懈怠时的紧箍咒。

初上讲台的我，对语文教学一窍不通。在师范学校学了半学期20节课的教学法知识，两天新教师培训，比学生多学三年语文，参加了两年自考，这些就是我全部的专业知识家底。知识贫瘠的我，每天都会抱着一本教参备课，然后按部就班去"贩卖"。虽然每周听一回导师的课，组内每位老师的教研课我也都去观摩，但效果平平。我就这样浑浑噩噩地过了一段时间，李研老师来校视导听我的课。我讲的是《七根火柴》，如今我已不记得自己是怎样讲的了，只记得李老师将我的课全盘否定，说我完全没弄清楚该教什么。评到最后，李老师说了句："你的基本功很不错，在学生面前的亲和力很强，要多读点书，将来有望成为一位优秀的语文老师……"现在的我明白那是一堂课实在找不出什么优点，批评否定后的安慰。

为了把课上好，我决定开始读书。同事向我推荐了《语文教学通讯》杂志，里面有很多课堂实录和教材解读，我把那些资料复印整理，备课的时候翻一翻。读书有时会产生奇妙的连锁反应。当时杂志上有个栏目叫"镇西茶馆"，由此我知道了李镇西老师，进而知道了教育在线网站。我经常兴奋地在论坛里读帖，知道了程翔、余映潮、王君等名师，也看到了不少推荐书单。我买来对李镇西老师有深刻影响的著作——苏霍姆林斯基的《育人三部曲》《给教师的建议》进行阅读，《听余映潮老师讲课》《听李镇西老师讲课》《王君讲语文》《胡明道讲语文》等书籍也陆续来到我的案头。我满心欢喜地读着一节节课堂实录，惊叹名师课堂之精彩，把那些教学设计摘抄到本子上，想把它们搬运到自己的课堂。有时，借鉴模仿很成功。仿照王君老师讲《爱莲说》《陋室铭》，让学生探讨刘禹锡的选择是周敦颐式还是陶渊明式，课堂活跃精彩，以致多年后几个学生还跟我说起那节课是他们初中最难忘的语文课。但更多的时候照搬名师课堂是失样、变味儿的。仿照李镇西老师讲《山中访友》，我根本不能像他一样对学生的自主交流应对自如……我渐渐明白：不加思考地读书是无用的。再读书时，我会多想一想课堂设计的精彩处在哪里。我不擅长提问，就多看看人家是怎样提问的。同事说我上课总用"很好""不错"来表扬学生，太单一。我就摘抄名师点评、表扬学生的话，摘抄得多了，我发现一个共性：名师表扬学生时一般会指出学生的具体优点，还有方法的强化，如"你的朗读很有意味，尤其是××词的重音处理得很恰当"。

我就这样读教学专著、杂志，摸索着语文教学的入门之道。后来，我当了班主任，既没有经验，又没有一点"厉害气"，常常因为管理不好60几个娃而疲惫不堪。有一天陈启平校长在大会上推荐了李镇西老师的《爱心与教育》，一书拯救梦中人！书中有太多平凡又令人感动的故事：坚持一个月给一个孩子定时煮鸡蛋，为班上的学生过生日并送礼物，给学生写信，允许后进生万同上语文课抄《烈火金钢》……原来打架、早恋、语文考试得个位数的不是我班学生才有，名师带的班级也是一样嘛！书的开篇有一句话："当一个好老师的基本条件就是拥有一颗爱孩子的心。"想到自己快要做妈妈了，所以在面对麻烦事的时候，我的心态平和了许多。我学着李老师的样子，每周给那个偷了父母卖柑橘的钱上网的叛逆少年写封信，半年后他终于有所改变；我学着李老师对万同特生特办的方法，允许一个在前任班主任面前经常怒目相对、拳头捏紧的男孩，每天有单独的运动时间，他跟我没发生过一次冲突。李老师的专著中记录的都是日常教育小故事，我也学着记录一些小案例，有几篇在《宜昌日报》上发表并获奖。这些奖项真真切切地给我这位教学新手很多鼓励，让我更加坚定了"先天不够，读书来凑"的认识。

双班教学加班主任的日常工作是繁重忙碌的，又要带小孩，我就在时间的夹缝里读书：朋友聚会打牌的时候，家人看电视剧的时候，陪伴孩子写作业的时候……散文、小说、教育教学专著，我每年读书数十本。惭愧的是，我的知识并没有随着读书本数的增加而增长，书面写作、口头表达仍然很笨拙，不像一位语文老师应有的样子。我常常苦恼于自己读书的健忘和蠢笨，但我又想如果只啃老本不读书的话，我恐怕比现在的样子还要糟，我可能就是学生最鄙夷的、只会照本宣科的老师了。因为读书，我的语文课堂多了一些学生兴致勃勃、眼神发亮的时候——讲作文扩写，我用曾冬的《宋词素描》作素材；上《水浒传》导读课，我借鉴毕飞宇的《小说课》和鲍鹏山的《江湖不远》中的观点；写美食作文，我引读了迟子建的《我的世界下雪了》和汪曾祺的《人间有味》的片段；讲苏轼词，聊聊蒋勋说的"可豪迈可深情"……"向老师，您那种专属的语文气质让我超崇拜！"这是学生送我的小卡片上的话语，其实我哪有什么语文气质呢？不过就是偶尔在课上分享一些读书体会，让阅历尚浅的学生见识了教材以外的内容罢了。

读书，让我在教学上慢慢长进，更让我在心态上修炼平和。人到中年，工作繁重，家中又频生波折。公公身患食管癌，在医院住了 20 个月；几乎同时，婆婆患阿尔茨海默病，生活不能自理。我往返于医院、学校、家之间，像陀螺一样高速旋转。那种无法自由生活的憋屈、照顾病人的烦琐、无法正常交流的抓狂，真的是太难太难了。我怎么扛下来了？我靠读书来支撑自己，我的读书笔记本上有一个专页叫"修心美心"，平时看到什么励志修行类的好句，我就抄在那里，作为疗愈自己的心灵鸡汤。王君的《一路修行做女人》指引了我。身为特级教师的她工作那么忙，也要抽着下课的间隙去照顾 90 岁老人的吃喝拉撒呢！在书本里读别人的生活，把自己代入去比较，读着读着心里的抱怨和抓狂就少了。生活许以我凌厉的颜色，我必须宽恕和接纳。晦暗的生活里，总得靠自己去把那油灯的灯芯拨亮！徐飞老师说："阅读是保鲜心灵的方式。"我确认，正是一本一本书帮我在兵荒马乱的生活中找到了平衡。

我不敢说自己是个读书人，但经历告诉我：读书，可以改变自己的命运，可以改变工作的质量，可以改变处世的心态。

上好家常课，从磨课开始

如果说读书是生长的营养液，那么磨课就是成长的催化剂。2005 年，我参加宜都市优质课竞赛，上课篇目为《三峡》。当时为了求新，课堂上我将 1/3 的时间用来学习文本以外的内容，师生对话充分，自我感觉良好，比赛结果却给我当头一棒。后来才明白：我的课偏离了课标上文言文教学的方向。经历这次失败，我才晓得上课要"脑中有本，心中有标"，不能盲目创新。

2014 年，我参加宜昌市课内教学竞赛，上课篇目还是《三峡》。这堂课我前后磨过十多次。大约是上第三遍的时候，我把整节课撑得满满的、琐碎之至，教研员彭泽元老师提醒道："环节要简明。先想明白每个环节教给学生什么，通过什么教学活动达成。"我舍弃了很多琐碎的提问，彭老师的这句话也成为我现在日常备课时的习惯追问。大概是第六次打磨的时候，李祖贵老师到学校听课，我讲得很糟糕。"一节课下来，你对语言文字无动于衷，怎么领着学生去理解体会呢？"李老师当年冷峻的眼神和犀利的追问我记忆犹新。谈到教学设计，李老师说："一堂好的语文课，不仅要有语言训练，还要有情感体验，更要有精神启迪。"他给的是理念，至于如何落地生根，得自己挖破脑袋去想。没办法，我只好推倒一切，重新再来。

那天晚上，我跟师傅罗凤芹老师一起，在办公室逐字逐句读《三峡》，琢磨着如何找到一个切入点。夜深人静时，我们还在苦苦琢磨，毫无头绪。那个时刻，我只恨自己脑瓜子笨，在心里说了无数次"算了吧，就按老路走，不得奖也无所谓"。但我不敢也不能说出口。彭老师针对我的备课稿写好修改意见后，将其送到学校，罗老师和外校语文团队的老师一次又一次地为我出谋划策。这么多的师长为了帮我上好一节课倾尽全力，我怎能退缩？我只能继续磨课！在经历了几天的琢磨后，终于我们又设计出一个新的教学方案。

我试教过几次，本以为差不多可以去参赛了，罗老师却说："不行！课堂语言比较琐碎，过渡、小结都很随意！你把要说的话重新写一遍！"于是，我埋头重写。那时，我和罗老师都带双班，白天没有时间，晚上我就到她家请她帮我字斟句酌。困意袭来时，我有些懈怠，想着这么精雕细琢有必要吗？可是望着一会儿凝视思考、一会儿念念有词的罗老师，我立刻收回懈怠的思绪。

她又指导我一句一句练习，就连说话的语调、提问的重音，都要练习好几遍。

时过七年，那些被师长帮助的温暖、被打磨的煎熬依然历历在目，但磨过之后总会有可喜的收获。那次打磨的《三峡》课堂，获得了"一师一优课"部级优课，还获得了全国教师基本功大赛课例展评一等奖。磨课所成就的当然不仅仅是这些荣誉，更成就了追求优秀的态度，成就了家常课的进步。王君老师说："敢于死在公开课中，才能在家常课里活得滋润些。"是的，要想上好家常课，那就从打磨公开课开始，一次一次打磨，定会有一点一点思考，也将收获一寸一寸进步。

栽培自己，从团队熔炼开始

2016 年，彭泽元老师的初中语文名师工作室成立，我幸运地成为工作室学员。第一次开会，彭老师向我们介绍了工作室的基本任务就是学习、研究、引领、"辐射"，要求我们积极学习，参与课题研究，并在以后的活动中轮流承担上课、评课、主持、讲座、命题等任务。原来，这不是轻松驿站！那天，彭老师说了一句发人深省的话："爱自己，就栽培自己！"一句话，就把我对工作任务的惧怕赶跑了。我当然希望把自己栽培成一棵绿意葱茏的大树。

第一件让我为难的事情来了——评课。在教研大会上要负责主评课，我的内心极度发虚。自己上课都还没有理得很清楚，哪敢妄自评论别人的课堂？平时没有任何教学理论的积淀，我依据什么来评课？书到用时方恨少，为了"装点门面"，我硬着头皮开读理论性略强的书籍，抢着为自己"充电"。王荣生教授的《阅读教学设计的秘诀》和《阅读教学教什么》解了我的燃眉之急。评课时，我围绕"依体式定终点，依学情定起点，中间搭上两三级台阶"这句话来阐述，总算勉强撑过了一次评课。读完这两本书，我竟也随之解决了一些教学困惑：我一直在纠结《背影》这篇经典怎么上，父亲形象？父子情深？看的案例越多，我越糊涂。王教授一语点醒迷茫的我——"散文最难读的地方，或者说，好散文之所以是好散文的地方，就是作者的感受和经验超越了我们常人。阅读散文，就应该读出作者的这份独特经验。"我如醍醐灌顶。从这以后，我不再排斥和惧怕这类理论书籍了。我用活页纸分类做一些理论摘抄，当作日常教学随时查阅的工具手册。

有一次，彭老师让我跟着罗凤芹老师出一套中考适应训练题。当我走进罗老师的书房，看到一大摞复印好的文章，还有满地铺开的叠了折角的书本时，我惊异了。原来她已经花了好几天在找阅读文段。在她的指导下，我们又花了一整天的时间一篇一篇地阅读筛选，找好文本后又逐一删改，连标点都不放过。第二天，我们开始设题。每命一道题目，罗老师总要看覆盖的考点，反复琢磨表述是否清晰，考虑怎样给学生设梯搭架；排版时特别追求美观，一个线条、一种字体，都要反反复复思量打磨。那次命题，罗老师教给我很多命题技术，也教我养成习惯，如读到好文就复印收集。学习了她精益求精、力求完美的专业态度，我在之后命题时也不马马虎虎拼凑，总要三番五次寻找。

加入工作室后，我经常"挑战不可能"。比评课更让我为难的是做主持。我从小羞于在公开场合讲话，说话笨嘴笨舌，既不诗意，也不幽默。要主持一场教研活动，哪怕只是在几个环节之间简单串联，我都觉得难于开口。没办法，任务来了，我只能一边羡慕别人的妙语连珠，一边默默地做功课写主持稿。

自从加入这个团队，我的事儿更多了。课题开题研讨课安排我上，于是为了上好一节关于父爱的写前指导课，我琢磨了几个晚上；青年教师培训，我负责"如何备好一堂课"专题讲座，把自己的备课经历梳理几个来回；国培"送教下乡"，我把一堂"抓住细节"的作文课巡回上了三遍；学期结束时，又到了上交读书笔记的时候……

我不是在抱怨事多，我是在感恩加入名师工作室团队后，彭老师一次一次对我们精心预设的熔炼，他刻意地安排我们去做些事情，挑战不可能，磨的就是我们的专业能力。我很幸运，在这个团队里享受到很多研修福利。

我能够走出去看到更广阔的语文教学天空。例如：2017年，去洛阳参加人民教育出版社统编教材培训，聆听了曹文轩教授、余映潮老师的讲座和人教社王本华老师的教材培训；2020年，去苏州大学参加国培省外访学研修十余天，听了黄厚江、肖培东、钱建江、徐飞等全国名师的报告，还有多位大学教授关于心理学、传统文化、深度学习等诸多领域的讲座。那真是我职业生涯中最幸福的事！我能得到很多磨炼自己的机会：上课、讲座、辅导青年教师、命题等，也陆陆续续取得了一些荣誉，先后获得了宜都名师、宜昌语文优秀学科教师等称号，顺利地通过了高级教师评审。现在的我，继续加入罗凤芹名师工作室，在这个团队中与一群热爱语文的同事研究探讨、分享引领，一起走在语文教学的路上，忙碌、踏实且幸福！

能加入一个团队，跟随一群优秀的老师学着做些事情，很充实、很值得！我感恩助我前行的师长！如若有人问："辛苦吗？"我会回："是的，很辛苦。"

但杨绛说："人生实苦。"生活、工作有时就是一地鸡毛，但我们也可以把它穿成美丽的鸡毛掸子呀。为什么要去承受这份辛苦？我妈说："不把娃们耽搁了。"我爸说："人无志不立。"我希望自己在语文教学的沃土里，向着泥土静默扎根，向着阳光蓬勃伸展，以一棵挺拔的大树模样，为我的学生带去清风、绿意……

作者简介：向玉平，宜昌初中语文学科优秀教师，宜都外国语学校教师，宜都名师，宜都市优秀教师、师德标兵；获部级优课；多次承担各级示范课、展示课。

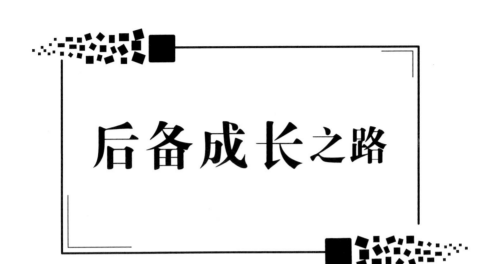

后备成长之路

扎根职教守初心，匠心筑梦育匠才

党的十八大以来，职业教育走上了快车道，特别是 2022 年新职业教育法的颁布，为今后职业教育优质发展提供了坚强保障和有力遵循。作为一名职教青年教师，我感到无比光荣与自信。投身职业教育八年来，我埋头苦干、笃行不怠，坚持念好"勤、干、效"三字经，与宜都职教同呼吸、共发展，取得进步的同时有以下几点感悟与大家分享。

勤字当头，长本领

要给学生一碗水，教师要有长流水。作为青年教师，我们在工作中要勤学——不放弃每一次学习机会；要勤思——善于进行教学反思；要勤练——多在实践中提升专业技能水平。

书山有路勤为径。八年来，我从未放弃过学习，珍惜每一次研修蓄能和下厂锻炼的机会。2019 年 7 月，学校安排我在武汉参加为期一个月的国家级"双师型"教师专业技能培训。已怀孕两个月的我陷入矛盾：一边是对自己身体状况的不确定，另一边是对放弃国培的不甘心。经过反复的思想斗争并看过医生给的身体评估后，在家人的支持下，我如期参训。培训中，我克服身体不适，认真学习专业知识，思考育人方法，练习技能操作，专业水平得到显著提升。终于，在 2021 年我被认定为宜昌市"双师型"教师；2022 年 4 月，我辅导的学生荣获宜昌市中职技能大赛一等奖；5 月我带领的学生参加全省业财一体化"1+ x"证书考试，以平均分 91.4 分的佳绩通过全部考核，我校也成为全省唯一一所通过率达 100% 的学校。

干字为先，显担当

作为学校管理干部，我们在工作中要敢干——敢于接受挑战；要能干——提高干事能力；要善干——团结一切可以团结的力量。

2021年6月，学校安排我负责会计专业实训室建设，将学校新实训楼五楼的五个空房间建设成全市一流的专业实训室。这对于自己家装房子都没有操过心的我来说无疑是个巨大挑战。可考虑到会计专业建设发展的迫切需要，我顶着巨大压力接受了学校安排的任务。

动工之前，为了让实训室建设科学、合理、规范，满足教学需求，我组织专业教师召开实训室建设论证会，邀请校领导和专业教师赴武汉优质中职学校参观学习。建设期间，我不断与设计师沟通细节、调整方案，放弃了休息时间，全程参与施工建设，严把工程质量关。功夫不负有心人，2021年底，五个会计实训室如期竣工。学校还因此成功承办2022年宜昌市中职学生技能大赛会计赛项比赛，建设成果得到了学校师生和兄弟学校的高度评价。

效字以求，争上游

作为青年教师和教育教学管理者，我们在工作中始终要有提高效率、提升效能、展现效果的工作追求。

身为学校财旅部教学主任，技能大赛是我分管的重要工作之一。2022年3月19日，在距离宜昌市导游技能大赛只剩28天的冲刺阶段，财旅部备赛学生小万被确认为新冠感染"次密接触者"，按照防疫规定，她被集中隔离。

得知消息后，我一边紧急联系上级领导汇报情况，一边连夜查阅相关疫情防控政策。在市防疫部门和学校领导的支持帮助下，我给小万同学送去了复习资料，并对其进行线上一对一备赛指导。接着，在部内组织召开技能大赛备赛阶段性总结会，稳定校内备赛选手的情绪。我们财旅部整个备赛团队都被小万同学的奋斗精神所鼓舞。

天道酬勤，2022年4月，财旅部在宜昌市中职学校技能大赛的会计、酒店、导游三个赛项中，18名参赛选手全部获奖：取得了一等奖2名，二等奖11名，三等奖5名的佳绩。为职教付出这么多，有朋友问我值得吗？我回答："每一个职教人的梦，都值得被呵护，都值得被尊重。"

扎根职教守初心，匠心筑梦育匠才。回首八年职教光阴，成绩的取得离不开"勤字当头，干字为先，效字以求"的从教理念和"功成不必在我，但功成必定有我"的初心使命。

乘大势而奋进，行大道以致远。习近平总书记在2023年新年贺词中寄语青年朋友："青年兴则国家兴，中国发展要靠广大青年挺膺担当。年轻充满朝气，青春孕育希望。"我们宜都市后备干部更应该不忘初心，牢记使命，持续奋进在教书育人的道路上，为了学生的成长持续散发光芒，为了宜都教育新发展持续贡献新力量。

作者简介：曹礼灿，宜都市职业教育中心会计事务专业教师，财旅部副主任，优秀共产党员，优秀教师，最满意班主任；2019 年参加宜昌市中职班主任基本功大赛获得一等奖，2019 年参加湖北省职业学校（中职组）信息化教学教学能力大赛获得三等奖，2022 年、2023 年辅导学生参加宜昌市中职学校技能大赛获得一等奖。

情系三尺讲台，甘洒青春热血

回顾走过的六年教学之路，欢乐与心酸同行，收获与遗憾同在。或许我的这些成长经历很普通、很平凡。但回首自己的成长历程，六年的时光，我从一个害羞腼腆的小女孩，逐步成长为善于学习、勤于思考的研究型教师，不仅褪去了当年的青涩，能自信地站在讲台上分享、交流，还勇担重任，参与全市的各项教研活动。我的成长经历了黎明的懵懂、清晨的阳光、午间的收获、深夜的等候。也许和千千万万热爱教育事业的一线教师一样，在迈向专业化的道路上，我既有泪水、汗水，更有收获与憧憬！

初入职场的懵懂

对于出生在农村贫苦家庭的我来说，教师是我接触到的最了不起的职业，能成为一名教师是我儿时唯一的梦想。六年前，我怀揣着激动又忐忑的心情踏上教师这一工作岗位，回到了那所充满着我儿时美好回忆的母校——毛湖淌小学。俗话说，初生牛犊不怕虎。刚走出大学校门毫无经验的我，以为面对一群年幼无知的孩子，管理起来肯定是小菜一碟，所以，当校长要把一（1）班交给我时，我毫不犹豫地接了下来。那时的我虽然喜欢孩子，工作中却常常手足无措。面对孩子时我特别紧张，脸总是涨得通红，说话也很小声。在班级第一次进行自我介绍时，就引来了孩子们的哄堂大笑。但幸运的是，我的启蒙老师刘老师经常热情、主动地帮助我，与我交流，向我介绍一年级孩子的特点及带班的技巧，与我分享孩子成长过程中的故事，让我意识到，想要走进孩子的世界，就要用爱心去温暖每一个孩子，让孩子既喜欢我，又能够帮助他们建立良好的常规。随着班级组织管理能力逐步提升，我和孩子相处得特别开心。他们的每一点成长与进步我都看在眼里、喜在心里，我深深体会到作为一名小学教师的职业幸福感。我的努力与进步得到了校领导和全体教师的好评，也得到了家长的信任与支持。我庆幸自己终于成为一名合格的小学教师，在专业成长的道路上迈出了可喜的第一步！

名师引领的阳光

学校十分注重对青年教师的培养，通过多种方式与途径促进青年教师的专业成长与发展。

一是"青蓝工程"：提倡教师之间相互学习、共同成长。经验丰富的教师指导刚入职的青年教师，帮助青年教师快速成长。

二是教学教研：青年教师每周必须听一节师傅的课，记好听课笔记，并于下周模仿师傅，同上一节课。教研组成员和校领导集体观摩、评课，提高青年教师的专业素养。

三是城乡对接：学校经常与市优秀学校进行各种教学教研活动，鼓励青年教师进城学习，并诚恳邀请市优秀教师"送教下乡"，为农村教师提供更多学习成长的平台；启发教师自我分析，积极寻找自己在教学上的优点与不足，扬长避短，从而快速形成自己的教学特色和风格。

最值得庆幸的是，我一进入毛湖淌小学就遇到了一位优秀的领头人——我最尊敬的罗校长。罗校长是一位有着执着的专业追求的专家型、研究型校长，带领我们以教科研为引领，走内涵式发展道路，不断追求高品质的小学教育。罗校长非常重视教师队伍建设，对新教师给予了很多的指导和帮助，常常带领教师开展"好书共读与分享"活动。在罗校长的带领和师傅耐心的指导下，我渐渐地从一个懵懂无知的少女成长为有 "语文味"的小学语文教师。

还记得 2019 年 5 月的一天，宜都市语文教研员莅临我校检查语文教学工作。我既紧张又欢喜，想着这是一次千载难逢的好时机，自己认真学习了这么久，一定要让教研员听听我的课，证明一下我的实力。于是，我主动邀请教研员来到我的课堂，期待着经过我反复推敲、精心打磨的《雷雨》能惊艳全场。可事与愿违，由于经验不足，面对课堂上出现的一些突发状况时，我表现得束手无策，让我的课堂显现得十分杂乱。下课铃响，我才敢稍稍瞥一眼教研员的脸，就这一眼，我便断定我的这节课上砸了。果不其然，离开教室后，教研员亲切地将我叫到她的身边，跟我说了一句话："备课，一定要'备学生'才行，记住，学生才是学习的主体。"之后，我将学生紧紧地"攥在手里"，将每一个教学环节都设置得死死的，引导学生严格按照我的思路前行，结果这样既不能发挥学生的自主性，也让我的课堂没了生机。这让我一下子跌入思想低谷，很长时间后才慢慢恢复，意识到只有不断地学习才能让自己成长，一直萎靡不振只会让自己止步不前。于是，每天我一有空，就带上我的小板凳，像个"小跟班"一样来到师傅的课堂，认真学习师傅巧妙的课堂设计、优美的课堂评价以及精湛的课堂调控能力，希望能将所学之处灵活地运用到我的课堂。

除了每天坚持走进师傅的课堂外，我还在网上看名师课例，这也不失为足不出户就能学习的好方法。每一次学习的过程中，我总会认真琢磨名师的教学方法，思考名师水到渠成的课堂评价，再和自己的课堂实际做对比，反思自己的不足并思考改进的方向与方法，争取在今后的每一节课中都有所进步、有所突破。每一次向老教师请教班级管理方法，我都能获取切实有效的良方；每一次公开课、每一次教研活动，我都会发现课堂教学的真谛；每一次现场观摩、每一次网络学习，我都能开拓思维，发现语文教学的"新大陆"。

正当我沉浸在学习的乐趣中时，宜都市教研员给我带来了可喜的消息。记得那是 2019 年刚开学时，我刚晋升为教务主任，正忙于学校的教育教学工作，教研员打来电话，通知我 9 月在市区上一节展示课。那一刻我既激动又恐慌，能获得如此宝贵的机会充分说明了我的语文教学有了些许进步，得到了教研员的肯定，而恐慌的原因是因为我从来没登上过那么大的平台，向全市的教师展示我的课堂教学。这么难得的机会，即使再困难，我也要勇于接受挑战。接下来的日子我几乎彻夜难眠，无时无刻不在思索我的教学设计，在网上搜名师的相关课程，最终确定了《听听，秋的声音》这一篇美文教学。在学校课间休息时，我就上网观看名师的课例，并根据本地区的教学实际来写教学设计，一遇到难题，我就向前辈请教；晚上回到家，我就静下心来思索并完善教学设计。经过几天几夜的忙碌，我终于完成了教学设计的一稿。晚上回到家，我便把雪白的墙壁当作学生，把另一面墙壁当作黑板，一遍又一遍地演示着，不知不觉就到了凌晨两三点。第二天，我调整好状态来到学校，请校领导和从事语文教学的前辈帮我听听课，指导指导我。农村小学一个年级只有一个班，人数还不多，所以，为了能在一个班多几次磨课机会，我不得不把班上的学生分成几组，每一次的磨课只能选取其中的一组学生参与，这大大增加了我上课的难度。经过几轮磨课，我的教学过程几乎被改得面目全非，最终我将第九稿确定为教案。在我们农村学校的教学实践中，略见成效还不行，城里的学生见识更广，思维方式也不同，因此，我利用每天教学空隙驱车两个小时前往市区学校试教，熟悉城里的学生。每一次在城里试教后，我会带着前辈提出的宝贵意见回到学校，连夜改教案，第二天上完学校的课后，再去城区学校试教，一次又一次地试教，一次又一次地改稿。虽然这让我身心俱疲，但也让我对小学语文教学的认识有了脱胎换骨的改变。终于，经过我的不懈努力和前辈的不吝赐教，我将一节自认为完美的"听听，秋的声音"课展示在全市语文教师的眼前，得到了教研员的肯定。也正是有了这一次的经历，我对小学语文教学有了更深刻的思考。在之后的日子里，我决定继续认真并勇敢地走下去，认真钻研，为我的课堂注入新的活力。

精心耕织的等候

每一次站在展示的讲台上，我的梦想之花就在悄无声息地生根、发芽，在阳光下绽放最美的花朵。每一片鲜艳的花瓣都是一份坚持、一份汗水、一份鼓励、一份勇敢。美丽的花朵终将绽放在耀眼的阳光下。

在之后的几年里，我相继参加了市里的多项语文教研活动，执教了"富饶的西沙群岛""剃头大师""四季"和"荷叶圆圆"，得到了教师和教研员的一致好评。这让我在小学语文教学上有了更大的信心和研究的动力！

付出终有回报，只是需要时间的沉淀、经验的积累、知识的更新和不懈的付出。朝着名师的方向不断努力前行是我不懈的追求，在教育这块热土上，我愿挥洒我的青春，倾注我的热情，等候下一次花开！

作者简介：潘玉琴，中小学二级教师，现任教于宜都市陆城第一中学，校级优秀班主任，优秀教师，宜都市第三轮后备干部培养对象；在宜都市第四届杨守敬教育奖评选中被评为优秀教师。

愿做一棵树，追寻一束光

时间已从指缝间悄然溜走了 11 个年头，我从当初的一名新教师成长为骨干教师。回忆自己成长过程中的点滴，一路走来的历程就像一本厚厚的成长笔记本，赫然显现在眼前。它记录着教育教学成长过程中的一件件曾经让我困惑、让我欣喜、让我成长的往事……

每每看到教师因为出色的业绩而受到表彰，我都十分敬佩，并暗下决心要向他们学习。我想这应该就是榜样的力量。"榜样"二字均是木字旁，在古人的智慧中，向下扎根、向阳而生、不屈不折、流芳百世的参天古树就是榜样的象征。我愿做一棵树，追寻平凡微光，汲取非凡力量。

追寻"爱岗敬业，甘于付出"的奉献之光

参加工作以来，我体会最深的就是身边的同事都将工作放在首要位置，无论多忙、多累，他们都没有怨言。到了下午下班后，我听到最多的就是"我忙完手上这个活，就走"。可是，往往一忙就到了八九点，才踏上回家之路。他们曾为了一次环创，加班完成主题墙；曾为了一次家访，下班驱车赶往幼儿家，与家长沟通交流；曾为了一次教师技能赛，认真查找资料备课，精心设计教学内容，积极上课前准备，认真听取评课意见，积极进行教学反思。我也曾为如何更好地展示幼儿的创造成果而伤脑筋；曾为使自己的教学语言能更精练而反复修改；曾为一次现场的反思，深夜改稿、背稿至凌晨……在这一切辛苦之后，我得到了可喜的回报。

在 11 个风雨春秋的幼教生涯里，我先后遇到两个特殊的留守儿童——洁洁和阳阳，他们因为父母的离异而成了留守儿童。缺少母爱，我把他们当作自己的孩子来疼爱，每天都抱一抱，陪他们看书、画画、玩游戏。这两个孩子在我的精心呵护下，逐渐摆脱阴霾，走进阳光。很欣慰多年后再次相见，他们依然大声和我打招呼，和我聊聊小学里的趣事，很明显他们已是活泼可爱的大孩

子了。我想正是这些小事让我明白——对待工作、对待生活，并非只是为了获取而给予，而是因为给予本身就是一种快乐。

追寻"自我修炼，不断改进"的自省之光

在工作的过程中，我不断地反思、成长，用自己独特的视角记录并形成自己的理念。这需要我们有一双善于发现的眼睛，有一个善于思考的大脑，在工作中要注重观察。幼师生活在孩子中，孩子在幼儿园学习与生活的种种表现为幼师提供了丰富的反思素材。我觉得每个孩子都是一本有趣的书，和孩子的每一次倾心的谈话，都可以成为工作的动机。工作之余，我喜欢阅读专业书籍，用心思考一些新的教育理念的合理之处，探索与教育现实的结合点，从而获得新的教育理念，发现更多的精彩。

以往教孩子绘画时，我都是直接示范，不断地讲解和演示，希望孩子能够理解，可往往事与愿违，最后呈现的效果没有达到预期。于是，我在开展"鸡蛋哥哥"美术活动时，摒弃了以往的教学引导方式，先参考了优秀教师的教案，将孩子应该掌握的技能编成他们喜欢的朗朗上口的儿歌。在给鸡蛋哥哥涂色时，我鼓励他们："鸡蛋哥哥滚来滚去。"在画小鸡的脚时，我又说："慢慢伸，轻轻踩，小腿小腿伸出来。"这样的儿歌让他们很快就掌握了小鸡的腿和脚的正确画法。编成儿歌以后，绘画技能的教授变得容易多了，孩子特别喜欢。有的孩子在绘画时还不时地念儿歌呢。打那之后，我不断地摸索什么样的教学形式更适合小班的孩子，这也是将来我要持之以恒努力的方向。

臧克家说："一个和孩子常年在一起的人，他的心灵永远活泼像清泉；一个热情培育幼苗的人，他会欣赏到它生长的风烟；一个忘我工作的人，他的形象在别人的记忆中永远鲜活；一个用心温暖别人的人，他自己的心也必然感到温暖。"这正是我从教心声的写照。我喜欢和孩子在一起，谱写我的成长故事。我会一如既往地保持谦卑、保持感恩，常思己过，不论人非；常给自己浇水施肥，常为自己修剪枝叶，努力成长为幼教园地最好的自己。

作者简介：王玲，任教于王家畈中心幼儿园；优秀中共党员，首届教坛新秀；获宜都市杨守敬教育奖；主研市级课题两项，参研省级课题一项，均已成功结题。

成长如长河，奔流万万里

在人生的长河中，无论我们处于豆蔻年华还是耄耋之年，成长，都将是一个永恒的话题，但我们没有一个标准去定义成长。或许，成长只不过是在某一些跌跌撞撞的瞬间和起起落落的时刻，能始终守着一颗初心，坚守一个梦想，勇敢如初；或许，成长也只是随着时光轻轻漫步，一路前行，在遗憾的泪滴和炙热的汗水里体会收获与失去。作家三毛说："一日一日来，一步一步走，那份柳暗花明的喜乐和必然的抵达，在于我们自己的修持。"作为一名教师，我们何尝不是在日复一日的脚步中抵达心之所向呢？当晨风里有了暖意，成长的故事正悄然发生。

回到起点，我用文字寻觅初心

第一次参加全国型的数学研讨会是在 2016 年，那是第一届"三峡之春·未来课堂"全国小学数学课程与教学观摩探讨会。在那次会议上，我第一次近距离聆听了北京师范大学教材的编者刘坚教授的讲座，"大数据""学习主动权""去产能""去库存""产能过剩""你喜欢胡萝卜，孩子们喜欢吗"等前沿的教育理念让我耳目一新，带领我冷静、客观地看待中国小学数学教育的优势和不足。"老鼠掉进米缸吃了睡睡了吃"的故事，点醒了那个在教育路上懵懵懂懂的我。在那次研讨会上，我第一次慌乱于自己狭隘的眼界。听君一席话犹如行万里路，站在起点的我，开始有了一些想法。

如果眼界短浅和认知不足是我的短板，那我该如何提升自己呢？我想一定是学习和阅读。于是，我选取了一些专业的和儿童心理方面的书籍，利用闲暇时间慢读细读。读《小学数学教材中的大道理》《深度学习，走向核心素养》，剖析自己的不足；读《吴正宪与儿童数学教育》，让自己从名师的点滴里获得启发和熏陶，让师德与修养根植于心；读《正面管教》和《不可思议的青少年大脑》，让自己了解学生的内心和发展规律，不做手足无措的"暴躁君"。

以知为瓦，以行搭桥。那些我们读过的书，最终会沉淀为思维的深度和行动的力量。加入宜都小学数学青研中心以来，我多次参加了读书沙龙和阅读分享，站在分享的"舞台"上，我一字一句讲述的是从书中领悟的道理，从自身经历中洞悉出的恍然大悟。文字是懂心的，是有力量的。从教的这些年里，我每年会写一些文章：有些是教学的思考，有些是与孩童间的小故事，有些是与学校有关的故事，有些则是学习的体会。某一天，我翻出了这些文章，在一字一节的文字中，我寻觅到了这些年我一路走来的初心——我其实只是想成为一个"心有猛虎，细嗅蔷薇"的成长型教师。

时空眨眼，我与课堂深度对话

我喜欢翻看照片，滑到这些年在课堂上留下的瞬间，耳边依稀"咔嚓"一声，时空眨眼，将我拉回那些磨课的成长经历。这些凝结了吉光片羽的瞬间的照片，是我与课堂的深度对话，既是提问，也是回答。

2019年5月15日，我有幸参加宜都市新教师教学比武执教数学课。那天课堂上有一个瞬间被抓拍了下来。上完课，当我看到那张照片，我感动地哭了。在那张照片上，学生在讲台上高高地举着他们精心设计的花边，绚丽多彩的贴纸重复排列，与自信满满、眼里有光的他们融合在一起。我站在学生队列的末端，在胸前拍动着双手，脸上洋溢着快乐的笑容。这样的画面是我喜欢的数学课堂，因为它是灵动的、自然的，我和学生在课堂上的笑容是真实的。如果有人问我，你希望你的课堂是什么样的？我会说，我希望是能够让学生积极学习、轻松互动的课堂。

2021年4月23日，我第二次站在赛课的讲台上。但这次，我上的是一节科学课。对于从未参加过"宜都好课堂"竞赛的我，这无疑是一次挑战。科学课和数学课有着很大的不同，尤其科学材料的准备对于一节好的科学课起着至关重要的作用。在"观察与比较"这节课中，每节课上课之前都必须重新准备材料，因为这节课所需要的材料，如水果、酱油必须是新鲜的。那时候的我，常常白天上课，下班后买水果兑酱油，虽烦琐却也乐在其中。一节好的科学课充满了学生活跃的思维，一切科学认知都在无痕发生，一切教学活动都因学生思辨能力的绽放而顺畅。为了达到这样的要求，我一共经历了七次修改，从材料优化、环节设计、思维连接等方面进行了全面的探讨和修改。

十年磨一剑，磨课似乎是每位青年教师成长的必经之路，好的课堂必须经过磨炼才能磨出棱角，磨出锋芒。我不止一次经历过磨课，每次磨课所带来的成长都是独特的，又是异曲同工的。我经常回想，在那些手写的密密麻麻的文稿里，我究竟一遍又一遍地翻转着什么？一页页的教学设计里，不断闪烁着我在课堂上设计的每一个问题，那是我对深度课堂的提问。在一次次试教后，我在一个个黑夜里反思和修改我的设想与学生学习起点和学习过程中出现的偏差，那是我对深度课堂的回答。一问一答，一白一黑，我在昼夜交替的磨炼里成长。我常常回想起那些趁女儿熟睡之后争分夺秒修改备课的夜晚，那些看似漫长而孤独的夜晚，我记住的是漫天星光和窗外的微风。

走向未来，我和时间有个约定

时间酿酒，余味成花。从 2014 到 2023 年，九载时光装不下太多的故事，有的只是那些岁岁年年花相似的平常时光，还有那些千树万树梨花开的刻骨铭心。2014 年，我初入校园成为一名教师，因为驾驭课堂能力不足，我陷入课堂教学的瓶颈。2016 年，初次担任班主任，我因为学生的调皮而流泪，经历了一段夜不能寐的迷茫和惶恐。在那些蓦然回首的旧时光里，我们都曾是那个有些青涩又有些无助的人。而在那些向未来张望的时光里，我期待成为更好的自己，那是我和时间的约定，天真、勇敢，有力量。

2016 年，我第一次上公开课；2019 年，我第一次参加赛课新教师教学比武；2021 年，我第一次参加"宜都好课堂"赛课；2022 年，我第一次参加宜昌市精品课遴选。从每个第一次开始，去尝试，去突破，去热爱，就可以找到那个不一样的自己。

2018 到 2022 年是我班主任生涯积累沉淀的几年。时间是有力量的，它让我学会成熟、学会审视、学会沉淀。以前，我觉得班主任的主要职责是管学生，让他们"听话"；后来我参加了不少班主任培训活动，理念的更新、思想的转变，使我的班主任管理方法多了尊重理解，多了严中有爱，多了包容平等。最近，我收到了厚厚的一沓信，那是快要毕业的学生写给我的。他们写了很多与我有关的美好瞬间，有的写的是我辅导作业时温柔的眼神，有的写的是赢得运动会接力比赛时我激动而夸张的动作和表情，有的写的是他犯错时我不急、不躁、不责、不骂的话语，有的写的是每次见面时我亲切地挥手……这些瞬间竟不经意地印在了他们的心中。是可爱的学生教会了我如何做一个更好的班主任。

成长如长河，奔流万万里。我以时间计算，一天又一天，一年又一年，一路走来的每一天都赋予了意义，每一次跨越都弥足珍贵。当迷雾散尽，青涩褪去，我看清了梦想的灯塔、教育的价值，它们奔流在成长的漫漫长河里。时光的藤蔓，攀爬着光阴的故事。有人说："我从来没有长大，但我从没有停止过成长。"是的，成长凝结在眼泪、汗水、感觉、心灵中。作为一个成长中的教师，我会更加坚定心中的热爱。

作者简介：徐炼炼，宜都市小学数学青研中心成员，宜都市教育系统第三轮后备干部，宜昌优秀科技辅导老师，宜昌思维运动会优秀教练，宜都市优秀共产党员，最美教育工作者；多次执教研究课、竞赛课获宜都市特等奖，精品课获宜昌市二等奖。

追光同行，一路生花

　　教育是一份照亮的事业，我希望自己是一束光，照亮学生的同时，让自己在光亮之中。回顾自己的成长经历，最初选择做教师是因为热爱。

　　时间一转眼就过去了六年，每到毕业季，我总会不由自主地回忆起和这群学生相处的点点滴滴，仿佛又回到最初踏入的教室，学着当初上学时自己老师的样子，在三尺讲台上教书育人。六年的成长经历，让我逐渐褪去青涩，逐渐明晰在教育这条路上应该如何走。在这条成长路上，有一群学生与我相伴，我们在一起追光而行的过程中，有过热血，有过感动，有过艰辛，有过泪水……他们像一束光指引着我，给我力量与温暖，让我一路成长为更加理想的样子。

　　"苔花如米小，也学牡丹开。" 2018 年在《经典咏流传》第一季的舞台上，来自贵州省威宁县石门乡新中小学的乡村教师梁俊和他的学生合唱了《苔》。演出结束后，他们都眼噙泪水。从大山深处到央视大舞台的聚光灯下，他们一起追光而行，梁老师托举起学生的梦想，让他们的梦想开花。同为老师的我，也被这首歌深深地打动。在教育这条路上，我们和学生都是追光者。

追光同行——生根

　　2020 年，我将第一届学生送进高考英语科考试考场，便接到了学校通知——让我"空降"到高二年级并接手 12 班班主任工作。没有任何班主任工作经验的我，只觉脑袋有点发蒙，而我只有一天的时间调整身份。走进熟悉的校园，我有些慌乱，甚至无助，面对新的班主任工作，我不知从何开始准备。

　　接班后的第一个晚自习，我让学生写下自己对新班级的期待，然后在讲台上仔细阅读。慢慢地，我对班级建设有了一个初步的定位。接班后的头几个月，我主要是适应和摸索，尽快熟悉每一个学生的情况。通过平时的相处和沟通，我总觉得班级依然很散，缺少归属感和凝聚力。秋季田径运动会时，好几个项目无人报名参加。真正让这个新班级找到"在一起"的归属感，是在拔河比赛。由于比赛用的是麻绳，不少学生的手被磨破了，旁边围观的学生开始争着替换，加入下一轮比赛。在后面的几轮比赛里，我发现，参加比赛的学生和围观加油的学生形成了合力。我们一起奋力，一起加油呐喊，并进入了决赛。那天晚自习，走进教室，大家都很高兴，兴奋又骄傲地回顾着今天的比赛。几个女生在讲台旁帮受伤的学生擦拭着碘附，这是我第一次感受到他们对于这个新集体的认同感。12对于他们而言不再只是一个班号，而是所有成员在一起，无论遇到什么事情，都有人支撑、有人分享的团体。向下扎根，是为了更好地在班级这片土壤里获得向上生长的力量。

追光同行——发芽

经历了生根的过程，我们从个体走向整体，一步步突破土壤，向阳而生。作为一名班主任，我一直在思考——两年的时间，这些学生到底可以从班级这片土壤里获得怎样的成长力量。这些学生的性格和成长环境不同，大多数学生倾向于居幕后而不是走到台前。我深知培养学生自信的重要性，因为高中阶段过后，他们会从熟悉的环境走向新的陌生环境，从孩子的身份转变为成人，从集体获取力量转变为从自身获取能量。

在班级活动中，我开始有意识地把主动权交给学生，先表明对于他们的充分信任和支持，自己从台前走到幕后，做活动的记录者，将周讲评的时间交给学生策划和安排。第一期的活动主题是"走进大学"，他们会对心仪的大学进行简单的介绍。这些学生初次站上讲台，在面对全班同学进行介绍时显得有些拘谨和局促，总是不安地盯着手里的稿子。我们用掌声表示鼓励和肯定。每一次活动结束后，我会和他们分享一些自己的经历，告诉他们慢慢来，他们可以做得很好。渐渐地，他们可以自信大方地走向讲台，不再依赖手中的稿子，能够声音洪亮地进行分享。每学期期末，我都会以短视频的形式进行回顾和总结，他们能在其中看到自己的镜头并收获惊喜，这是对他们成长的肯定，也让我看到了他们的转变与力量。破土而生，我们一起成为自己的太阳——变得自信、热情、勇敢。

追光同行——开花

没有一朵花，从一开始就是一朵花。每一朵花的绽放必须从种子开始：种植，浇水，发芽，成长，开花，顽强地生长，一路磨炼，从幼稚走向成熟。

两年的时间里，我见证了这些学生的成长，也见证了自己的成长。

高三这一年，我感受到了他们面临高考的压力，他们的情绪也开始变得低落，易于烦躁。每次大考完，都是情绪崩溃的开始。这一年是高中生活中挑战性最大的一年，他们执着于每次大考的成绩，如果付出了努力却没有达到预期的目标，前期积累起来的自信也被消磨掉。最后一站，也是最后一战，积极的心态是这一年的必需品。我们用"星光榜"记录每月成绩的变化，将学情分析变成高中生活的特色纪念册。既能看到对于学习、考试的总结反思，也能在"树洞区"进行情绪的宣泄和自我鼓励。"树洞区"是我们交流的一个平台，在这里，我是倾听者，帮助学生放松，帮助他们消解掉一部分压力。这一年，我们披荆斩棘，波折不断，但我们稳稳地接住了考验。

在高考倒计时的最后几天里，我想帮这些学生减轻压力，也想给他们的校园生活留下最后美好的回忆，于是，我在"六一"儿童节给每个学生准备了一份加油礼包，明信片上印着全班同学的名字和北京冬奥会上他们最喜欢的青年运动员。我想在高考前告诉他们，无论未来怎样，都不要否定自己的可能性。最后几天的讲台上放着他们带过来的向日葵，寓意"一举夺魁"。追光路上，我们双向奔赴。

我想每位初登讲台的教师，都想过他/她该成为一名怎样的教师，又该如何引导学生成长。关于这两个问题的答案，面对每一届不同的学生，我都有新的思考和感悟。在未来漫漫的执教生涯中，我想热爱可抵岁月漫长。我们在青春中奔赴热爱，在热爱中领悟责任，在责任中学会成长。故心之所向，便无问西东，寻梦而行，一路追光。

作者简介：蔡欣蔚，宜都一中英语教师，宜都市教育系统优秀教师、优秀共青团干部；2020 年获高中教学质量综合评价理工第二类一等奖，2021 年获宜昌市中小学学生书面作业设计一等奖。

看见学生，看见自己

2019 年 8 月，我通过宜都市教师招考，成为清江小学一名普通的信息技术教师。刚毕业的我壮志满怀，在无数夸耀和赞美声中走进了课堂，原以为会一帆风顺，却被现实当头棒喝。

我还记得第一个月的"愤怒"。工作第一年，我负责三年级信息技术的教学，接到教学安排时我并不开心，认为三年级有什么好教的，怎么也得教六年级。就这样，我带着一份傲慢走进了课堂，这份傲慢注定了我开始的教学处处充满烦恼和怨气：我生气这么简单的概念学生不懂；我生气 21 世纪了，怎么还有学生不会用鼠标。

然而有一天，我发现我的傲慢是多么可笑。一天下课，一个学生特别高兴地跑过来对我说："乐老师，这是我第一次接触电脑，它太有意思了！我想攒钱买一台电脑！"他用葡萄般的眼睛看着我，清澈的眼睛里充满了对计算机的喜爱和好奇。那一刻，我被触动到，想起了曾经的自己——那个每周只能去朋友家玩电脑的我，那个使用鼠标时慌张的我。我开始意识到自己没有做到真正意义上的深入学情、因材施教，惭愧和内疚涌上心头。我暗下决心，要把信息技术课堂作为我的阵地，不负年华，不负学生的纯真和热爱。

在与学生相处的第一个月里，我学会了谦卑，也更加知道脚踏实地的意义。如何通过课堂锻炼基础知识并激发学生的学习兴趣成了我的教学核心。为了更好地实现这一教学目标，我将目光锁定在项目式学习上。确定目标后，我就开始了项目式学习的探究之路——让学生"在玩中学，在做中学"。三年级信息技术教学中有一个模块是绘画，在这个模块中，学生需要学习如何使用画图软件。我结合知识点设计了"我的名字""画春天""落雪的树"等一系列小项目。每一个小项目都以一幅画为主题，这幅画是半开放式的结构，其中一半画的内容为知识点，另一半为知识点的综合应用。

在项目实施的过程中，学生不仅是学生，还是老师。例如"我的名字这一项目，学生需要通过书写自己的名字来掌握"打开软件""绘画笔""撤销"等绘画中的技能知识的学习。因为每个人的名字不同，装饰的想法也不同，所以每个人的作品得最终呈现也有所不同。原本的教学环节中，作品展示环节后会紧接着作品评价，详细地讲解绘画布局的优劣。然而，一次发生在项目展示环节中的意外让我放弃了点评的环节。

那次课程时间所剩充足，于是，我决定依次展示每个人的作品。在展示的过程中，意外发生了：学生情不自禁地开始念起伙伴的名字，开始只有几个人念，后来全班自发地大声念起来。那一刻，我看见了学生眼里的喜悦之光、幸福之光，特别是那些作品看上去有些单调的学生。在这些学生的作品被展示前，我能从他们的神情中看出忐忑。但在被念到名字的那一刻，他们脸上原本的羞涩、难为情被一扫而空，满是喜悦、自豪且充满归属感的神情。在展示的过程中，我深深感受到了学生被全然接受时的幸福和快乐。在那节课快结束的时候，我激动地对学生说："你们画出来的那一刻，就成功了。你们每个人都是最独一无二的存在。"

后来，我开始弱化或取消项目中的评价环节。当把习以为常的评价从课堂上剥离之后，我感受到了真正属于学生的创造力———一种单纯的喜悦。在此之前，我总被外界的眼光所束缚，害怕自己做得不好，是学生带给我创新的勇气，我要将项目式学习坚持下去，要勇于尝试、勇敢表达。

课堂项目式学习的成功和顺利带给我很大满足，于是，我开始尝试在社团中融入项目式学习，但苦于一直没有找到合适的切入点。幸运的是，2020 年暑假，学校将宝贵的国培机会给了我。在培训中，我看到了社团教学改革的方向：STEAM 跨学科项目式学习。我与我校科学老师一起对 STEAM 跨学科项目式学习展开了探索———三四年级设计了"我们的校园"项目，五六年级设计了"不可思议的吸管桥"项目。"不可思议的吸管桥"又一次让我看到了学生的潜能。在"不可思议的吸管桥"中，我们将网络探究融入项目，学生感到很新奇，跟随着提供的资料和结构化问题认真地讨论起各个桥梁的结构。网络探究后，项目进入制作环节。每个小组需要完成桥梁草图的绘制，在草图的基础上使用吸管完成桥梁设计。每个小组集思广益，商讨声、争吵声不断，作品也在喧嚷中诞生。他们的设计方案是我未曾预料过的，独特的名字、有趣的造型呈现了他们心中所想。这个项目后，有几个学生非常高兴地和我说："第一次在社团课堂和六年级学生一起完成项目，相互交流的感觉可真好。"这个项目被我投稿到宜昌市第八届教师信息化教学展示活动中，并获得一等奖。有了经验之后，我的课堂越来越生动，少儿编程、3D 打印等内容都被我融入教学。

在 2019 到 2022 年的教学互动和探索中，我从傲慢到谦虚，逐步看到了每个人的可能，意识到自己的渺小和平凡。我从高高在上到一步一个脚印，开始看到自己的潜能，用努力创造成果。我想，不论何时，不论何地，我都会记得与学生相处的三年，带着他们的纯真、他们给予我的勇气和自信，在教学路上继续脚踏实地、勇往直前。

作者简介：乐向莉，宜都市教育系统第三轮后备干部培养对象。

我的"闯关"故事

　　我来自内蒙古，蒙古名字叫阿拉坦巴根。我跟其他教师一样，默默奋斗在平凡的岗位上。我相信，我们每个人都是特别的存在，都有自己独特的一面和不一样的故事，就像歌里唱的那样"我就是我，不一样的烟火"。

第一关：语言文字关——从蒙古语、蒙古字到汉语、汉字

　　我于1986年12月出生于内蒙古自治区通辽市科尔沁左翼后旗，是个纯正的蒙古人。我出生的嘎查（村），是一个蒙古族聚居地，村里100多户人家都使用民族语言和文字进行交流，能说几句汉语的都是村里的"牛人"。我也不例外，从小接受民族文化教育，写蒙古字，说蒙古语，我的父母都不会讲汉语（现在会说一点）。在我童年的记忆里，我们那里还没通电，漫漫长夜里，在外公怀里抱着收音机听蒙古往事（乌力格尔是一种蒙古族的曲艺说书形式）是多么美好的事情呀。

　　我高中毕业于通辽蒙古族中学。从小学到高中，我接受的是蒙古语言和文字教学，高考试卷都是用蒙古文写的。当时我会说几句汉语，只不过一说汉语我就脸红，而且磕磕绊绊的。

　　在党和国家教育政策的支持和感召下，高中毕业后我成功考取了华中师范大学思想政治教育专业。但入校后，摆在我面前的第一个难关就是汉语言文字关。

　　为了更快地掌握汉语言文字、更好地学习专业知识，我使出了"吃奶"的劲。我总是一手拿着蒙汉词典，一手拿着英汉词典，独自一人坐在小树林里的石凳上，嘴里念念有词，时不时地向过往的同学请教些对中学生来说都太过简单的汉语或英语知识。在学习过程中，我闹出了太多的笑话和尴尬：我曾与室友争论一个难不倒小学生的语法问题，室友认为我故意跟他杠。其实，我真不懂。每次上大学英语课，除了自己的姓名，我完全听不懂老师在讲什么，也无法回

答老师的提问；刚觉得自己的汉语水平有了较大的进步，碰到用浓厚方言特色的普通话授课的老教授时，我一下子又蒙了神；参加工作之初，我因为汉语讲得不好而被不熟悉的同事误认为是学校聘请的外教……

面对以上种种，我没有气馁，只能埋头苦学，不懂就问，一点一滴地积累，一遍一遍地重复。功夫不负有心人，经过四年的努力，大学毕业时我考取了普通话乙等证书，通过了大学英语国家四级考试……这就是我成长过程中闯过的第一关。

第二关：身份转变关——由学生到"先生"

来到宜都这座美丽的小城，进入宜都一中这所名校，成为一中教师队伍中的一员，我心中满是欣喜。但诸多困难接踵而来，正如当初父母亲朋劝说那般，巨大的环境和文化差异给我带来了一个又一个挑战。

会讲汉语和会讲课是两回事。教学是件专业的事，用不太熟练和不太熟悉的汉语讲课，对我来说更是一件难事。我还记得，自己刚上讲台的时候闹出了很多笑话：明明觉得自己备课很充分了，站上讲台却无法准确表达心中所想，甚至情急之下飚出几句蒙古语；有时准备好讲45分钟的内容，却因为掌控力不足，不到20分钟就讲完了……

面对困难，我只能咬牙坚持，从零开始，扎实学习，虚心请教。为了上好一节课，我经常把教材和教学参考书上的内容一个字一个字地查字典，从而理解其意义；为了参加宜昌市高中优质课竞赛，我不断修改教学设计、优化课堂结构，在校内足足上了八次课；为了提出更精准的设问，我一次次地向组内老师请教；为了上好一次比赛课，周琴老师利用周末时间指导我修改课件，陈先凤老师指导我如何进行课堂管理……通过几年的努力，我得到了学生的认可："既能射箭骑马，也能教书育人""犀利的眼神、矫健的身影、精彩的课堂，是我们成长过程中最美的记忆""用幽默的语言吸引我们的心灵，用辩证法的智慧启迪我们的思维"。同时，我在教育教学方面取得了一些成绩，获得了"一师一优课"省级优课、宜昌市高中政治优质课竞赛一等奖、宜昌市十大教学能手、宜昌市高考奖、宜都市优质课竞赛一等奖、宜都市党员教师比武一等奖等荣誉。从学生到"先生"的转变，是我成长过程中闯过的第二关。当然，教育教学是一门艺术，从站上讲台，到站稳讲台，再走向站好讲台，是永无止境的过程，我将继续努力。

第三关：从做好业务到带好队伍——从教学岗位到管理岗位

我在宜都一中工作了 14 年，其中担任班主任六年，担任年级副主任、支部书记五年，2022 年 9 月起担任政教室主任。从教学岗位走向管理岗位，这个过程我称之为从做好业务到带好队伍。这就是我的第三关。我校政教室负责学校的德育、安全、疫情防控、环境卫生管理、志愿服务、创城、班主任队伍建设、学生活动、团委、学生管理、特异学生帮扶、各类资助、医务室管理、门卫门房管理、心理健康、矛盾纠纷化解等方面工作。事情多而杂，任务重，难度大。我时常问自己：这次该如何闯关呢？我想了想，那就是：加强学习，看准方向；善于总结，找准出路；团结互助，凝聚力量；实事求是，稳步前进。这一关，我还没通过，还需继续努力。我相信，在学校和上级部门的领导下，在政教室团委全体同仁的共同努力下，我们一定能闯过这一关。

以上就是我的"闯关"故事。

各位同仁，我相信每个人的成长都会经历不少的坎坷和挑战，我更加相信只要我们紧盯目标、坚持不懈，定能做到"关关难过关关过"，最终能够品尝到成长的甜美果实。

作者简介：金桩，宜都一中思政课教师、政教室主任，团市委宣讲团成员；多次赴各中小学开展民族团结工作交流和党的二十大精神宣讲。

成长带来的蜕变

成长是什么呢？成长是毛毛虫历经磨难才能破茧成蝶，是小草经过春雨的洗礼才能钻出泥土，是雏鹰经过无数次的练翼最终展翅高飞。成长并不仅仅是年岁的增长，更是思想的成长、心灵的成长。

2014年，我刚踏入教师行业，从来想过自己五年后会从乡镇走到市直，更没想过七年后能成为一所九年一贯制学校的后备干部。

我刚上班的时候，因为胆小不自信，再加上缺乏工作经验和专业指导（我不是师范生毕业），所以无论是班主任工作还是课堂教学，我做起来都非常辛苦。记得第一次被领导听课时，我站在讲台上，全身都在发抖，每每回想起来，我都想找个地洞钻进去。如果你问我，是什么让一个初上讲台的年轻人在短短几年的时间里发生了如此大的变化？我想原因大概有以下几个。

团队促我成长

一位年轻教师遇到一个优秀团队非常重要。有人说，我是谁并不重要，重要的是我和谁在一起。跟一群阳光、坚韧、智慧的优秀教师在一起，我渴望成长。迄今为止，我加入过三个团队。我在高坝洲镇天平山小学工作的五年里，邹校长和肖校长非常注重对年轻人的培养，他们帮助我成长。在杨守敬小学工作的两年里，我有幸结识了一群非常专业的领导，有幸成为谢凤芹老师的徒弟，有幸和一群有经验的教师共事。无论是班主任工作、备课组工作，还是语文教学工作，我都取得了很大的进步，这一切都得益于团队的指导和帮助。

2021年8月，我正面临工作生涯的又一个重大转折。还不到30岁的我竟成为陆逊中小学第一届年级组长中的一员。开学初，各项工作如潮水般向我涌来，对于几乎没有任何行政管理经验的我来说，加班成为常态，各种"麻烦事"接踵而至。一次在研学旅行的前期准备工作中，我因为失误出现了一些问题，汪校长在走廊里对我进行了严厉的批评。当时，我的眼泪就不争气地落了下来，有好几次我都想向领导辞掉这个职务。谁承想就在自己打退堂鼓的时候，我又被推选为宜都市教育系统第三轮后备干部。我的心里五味杂陈：我感激领导的信任，感谢同事的支持和鼓励，但我很担心自己无法胜任，担心我无法处理更多棘手的工作。

就在我百感交集、一筹莫展的时候，学校领导似乎察觉到我在部门工作中缺乏经验、没有底气，于是，每月组织我参加一次校级班子会及后备干部培训会。在一次次的培训会上，周校长给我们鼓劲、讲方法、明要求、理思路，其他领导一边安排部署工作，一边教我们处事方法。新的学校，一切都要重新开始。万事开头难，在这些困难面前，我再一次感受到了教师的敬业奉献，也学到了许多有效的管理经验。如今，我更加明白一滴水只有在大海里才不会干涸，一个人只有把自己和集体事业融合在一起的时候才最有力量。

挫折教我坚强

当然，成长的路上绝不会一帆风顺。2022 年 4 月，因剧烈运动，我的左腿突然疼得厉害，上下楼梯都成了问题。本来我准备坚持到周末再去检查，可一天比一天疼得厉害，同事劝我赶紧请假去医院看看。一检查竟然是膝盖胫骨骨裂，医生当即建议我卧床休息一段时间，并避免剧烈运动和长时间走路。可一想到我班上的 50 几个学生，想到下周即将举行的运动会，想到办公桌上那么多未处理的工作、未来得及批改的作业，拿起手机准备请假的我犹豫了。我默默收拾好报告单，坚持天天贴膏药、吃止疼药，为了避免中午去食堂走太多路，那段时间我天天带好"干粮"……幸运的是，医生开的膏药很管用，一段时间后，我的膝盖慢慢康复了。我没有因此耽误一节课，年级组的运动会亦顺利进行，还得到了学校领导的一致好评。冰心说："成功的花儿，人们只惊羡它现时的明艳，然而当初它的芽儿浸透了奋斗的泪泉，洒遍了牺牲的血雨！"是的，像这样坚持不下去和苦痛难熬的时候还有很多，可不经一番寒彻骨，怎得梅花扑鼻香呀！

担当促我成就

我想只有忍得住破茧成蝶的痛，才担得起展翅高飞的美；只有内心坚定，才能把岁月留下的伤痕化作成长的书签。2022 年 8 月，我担任学校课程管理中心副主任。走上这个岗位之后，我才发现教学部门的工作远比我预想的要复杂和困难得多。

开学初，除各项繁杂的事物外，我负责六年级毕业班的语文教学工作，还要筹办"青蓝工程"启动仪式。陆逊中小学的年轻教师是宜都市所有学校中最多的，要为这些教师配备师傅，助力青年教师专业成长绝非易事。有的学科年轻教师多，但有经验的师傅少；有的年级班主任多，但能够从旁指导的班主任少；大多数青年教师既是班主任又兼带语、数等重要学科。他们不仅缺乏经验，还缺乏精力、缺乏时间，怎样化解专业成长和时间精力不足之间的矛盾？怎样将每一次的指导和活动都落到实处而不是流于形式……这些都是我必须思考的问题。

近一年来，教学部门几乎每个月都有一次大型主题活动：教联体内各大教研组常规教学研讨及校本研修工作、教联体内青年教师赛课活动……每一项活动的组织和落实都与教师个人发展密切相关，每一项工作都容不得半点马虎和懈怠。这段时间，教联体内"宜都好课堂"竞赛选拔活动正如火如荼地开展。"宜都好课堂"教学竞赛语文、体育两大学科的市级展示也将在我校举行，很多工作都要提前谋划并做好准备。

前些天和朋友聚会，她惊讶于我的变化，直呼我比从前干练、成熟了不少。我笑道："还真是岁月催人奋进，磨炼让人成长呀！"

作者简介：陈康丽，中小学一级教师，现任宜都市陆逊中小学小学部课程管理中心副主任，宜昌市小学语文"1+1+N"中心组成员，宜都市教育系统第三轮后备干部、优秀少先队辅导员、明星班主任、最美教育工作者。

向下生长，向上开花

岁月缱绻，葳蕤生香。驻足回首，我已在老师的道路上前行了近十个春秋。我始终以平常心踩出一串串踏实的足迹，努力向下生长，向上开花。

何为成长？可能是作为班主任努力践行"春蚕到死丝方尽，蜡炬成灰泪始干"的初心，可能是作为数学老师不断拼搏"宝剑锋从磨砺出，梅花香自苦寒来"的欣喜，也可能是作为教研组长示范引领"一枝独秀不是春，百花齐放春满园"的大爱。

春蚕到死丝方尽，蜡炬成灰泪始干

捧着一颗心来，不带半根草去。班主任是青年教师的必经之路。还记得初为班主任时，除了日常对学生的教学和关心，我不知道该如何表达自己对他们的爱！

一天中午，我正拿着手机看新闻。轩轩妈妈发来信息："张老师，我儿子说昨晚梦见您啦！我估计他是太想您了！您什么时候有时间回来看看孩子们吧！我相信，其他的孩子也想您了！"我内心一颤，眼泪不由地流了下来，是幸福，更是愧疚……

回想几年前为了在学生面前不失威严，我一直和他们保持着距离，面对他们的热情叫喊，我常常面无表情，点头了之，学生就这样一直畏着我，却依然爱着我！

一次，我回原来的学校办事，只顾着和同事嘘寒问暖，压根没想到要去看一看我教过的学生。我从走廊路过时，他们惊喜地发现了我，一个个像欢呼雀跃的小鸟，连蹦带跳地围着我、看着我、叫着我！面对他们的热情，我激动地挥着手，伸手摸摸这个学生的头，又张开双臂给那个学生一个大大的拥抱……我一遍遍地默念："宝贝们！对不起！张老师感谢你们的宽容，感谢你们依然爱我！"

教育是一种美好的相遇，这种相遇是一种恩赐、一种缘分。教育就是一个生命对另一个生命的影响。我有幸成为他们的老师，教他们知识，教他们做人，看着他们慢慢长大；我更感谢他们成为我的学生，他们用纯真和勤奋教我怎样做一名好老师，用包容和善良教我怎样爱学生，我也在慢慢地成长！

宝剑锋从磨砺出，梅花香自苦寒来

非师范专业的我成了一名数学老师，这于我而言无疑是一个巨大的挑战。刚入职那会儿，我担任一年级数学老师，每天被一堆现实问题折腾得夜不能寐：走上讲台，我很拘谨，不知道该用什么样的表情、什么样的姿势、什么样的语调来和学生沟通；走进办公室，我不知道如何撰写教案，不知道这节课应该做哪些教学准备，更无法准确地把握一节课的重点和难点；课后，我不知道该如何辅导那些成绩稍微差一些的学生，不知道如何提高班级的数学成绩。

书到用时方恨少，绝知此事要躬行。我开始了疯狂的"充电"模式。提高课堂教学水平是当务之急。在学校，我每天提着板凳，拿着笔记本和笔，满教室听课，学习其他老师的先进教学经验，然后模仿着上课，并主动请组内老师听我的课，听取他们的评课意见，最后修改教案再请他们检查。我重复着"听课—上课—评课—反思—改进"的模式。回到家，我会观看名师上课的视频，阅读数学专业书籍，挑灯夜战。

除此之外，我还积极参加各种培训活动，如湖北省"国培计划（2019）"小学数学"师范类新教师教学技能提升培训"项目、宜都市教育系统第二期后备干部培训、宜都市国培计划"送教下乡"培训学习、宜都市明星班主任培训。

长期的坚持换来了拔节的生长。2019年11月，我执教的"一师一优课""前和后"获国家部级优课；2020年9月，我执教的宜昌市级消防展示课"关注消防安全——预防家庭火灾"获得一致好评；2021年4月，我执教的二年级数学"认识几时几分"荣获"宜都好课堂"特等奖；我多次执教宜都市区域研究课、骨干教师示范课等课程。近几年我被认定为宜都市生命与安全学科中心组骨干成员、宜昌市基础教育（小学数学）"1+1+N"学科中心组成员、宜都市教育系统后备干部。

一枝独秀不是春，百花齐放春满园

2020年秋，我担任杨守敬小学数学教研组长。一个人可以走得很快，但一群人才能走得更远。我先是思考怎样让整个数学团队有活力、有凝聚力，从而吸引老师们参与。然后，我结合实际情况，按照自愿和邀请相结合的原则，将老中青年龄层次的老师相互搭配，很快组建了一个以学科带头人、骨干教师、学科中心组成员、备课组长为引领的教研团队。学习和研究的氛围逐渐浓郁。

2020 年 9 月，在大单元教学的理念指引下，我以教研室数学学科展示活动为契机，组织团队开始了第一次大单元教学研究——"可能性"整体视觉下的单元整合教学。从寻找理论支撑到各版本教材之间的对比，从新的课时架构到关键课的确定，从多次试教磨课到新教材及课时解读的校对，从晚上在学校加班研究和线下钉钉群的讨论，我们收获的每一次成长、每一个让自己感动的瞬间，仍历历在目。一个月后，这次整合研究在宜都市数学学科培训活动展示后得到了充分的认可，研究案例被编入由宜都市小学数学学科中心组编写的《宜都市中小学数学"整体视觉下的单元教学研究"教学资源包（一）》中。

2022 年春和 2023 年春，我校作为教师培训基地，向全市教研组长、教导主任展示我校数学学科校本主题研修活动。我带领数学团队开展了"聚焦思考力培养　提升学科素养"和"素养导向下教、学、评一致性研究——以'空间观念'为例"的校本研修活动，得到了领导及参会老师的充分肯定，也为我们今后的校本研修活动确定了更好的研究方向。

我注重对青年教师的培养。青年教师阅读活动、"青蓝工程"师徒结对活动、青年教师考核课、宜都市级展示课、竞赛课都是青年教师成长的平台。我曾多次辅导青年教师的课堂教学，指导胡奇老师执教"线的认识"，入选 2022 年教育部"基础教育精品课"部级优课；指导蒲青云老师执教"平均数"，在第二届"宜都好课堂"竞赛中荣获一等奖。

手中的粉笔在盈盈舞动中一点点缩短，青春的岁月在时光隧道中一点点流逝，唯有更好的自己在经历磨砺后一点点成长！抬头有光，心之所向，扎根在教育这块沃土里，我努力向下生长，向上开花！

作者简介：张凤丽，一级教师，现任宜都市杨守敬小学数学教研组长，宜都市教育系统第二轮、第三轮后备干部，宜都市生命与安全学科中心组骨干成员，宜昌市基础教育（小学数学）"1+1+N"学科中心组成员。

磨课研课，教学相长

子在川上曰："逝者如斯夫，不舍昼夜。"我初次站上三尺讲台的一幕幕场景仿佛就在昨日，意气风发却又略显紧张，活力澎湃而又稍带羞涩……不知不觉间，我已在教师这个岗位上教了十个年头，收获了领导的关怀、同事的帮助、师生间的灵犀。一次次的教学竞赛以及与学生一同解决的一个个问题，让我获取了宝贵的工作经验，得到了很好的成长。

磨课研课

一个人想要优秀，就必须接受挑战；一个人想要成长，就要去寻找挑战。磨课便是挑战之一。要完成一堂课，首要的就是备课。于漪老师说年轻时"一篇课文，三次备课"的苦功成就了今天的她。于老师的"一课三磨"方法对刚踏上工作岗位的我来说就像一个灯塔，为因备课而焦虑的我指明了方向。"一课三磨"，即第一次备课不看任何参考书与文献，按个人见解准备教案；第二次备课广泛涉猎，仔细对照，看哪些内容我想到了，人家也想到了；哪些内容我没有想到，但人家想到了，学习理解后补进自己的教案；哪些内容我想到了，但人家没想到，我要在课堂上用一用，验证一下自己所想是否有道理，这些可能会成为我以后的特色；第三次备课边教边改，将设想应用于实践，区别顺利与困难，课后再次备课，修改教案。三次备课其实是三次独立的磨课，是我们对于自身教学理念和课堂教学行为的反思、改进甚至重塑的过程，也是对自身的专业态度、专业精神进行锻造的过程。

备好课之后便是课前准备了。作为一门以实验为基础的学科，化学课是少不了做实验的。"氯水的性质"这节课我设计了四个实验，需要大量的实验仪器和药品。由于备课时间比较紧张，实验员又有教务室的任务忙不过来，我只能利用午休和晚自习的时间到实验室里找仪器、找药品、做实验，然后将实验结果拍照留存以做对比。奈何我在准备实验用品时，发现实验室里找不到合适的装置。组里的老师建议我在网上找一找，看能不能网购，但来不及，我只好在网络上寻求帮助，将这个由我在课堂上演示的实验改为播放实验视频。找视频还是挺顺利的，但是那唯一一个适合的视频里的解说部分错了一个知识点，让我很沮丧。后来我想起了某次参加学科培训时，有老师介绍了视频剪辑和配音等技巧，我决定给这个实验视频重新配一个讲解。由于白天学校里的铃声、读书声、嬉闹声无法避免，我只能先写好解说词，夜深人静时再开始录音工作。接下来，我一遍一遍地配合视频里的实验操作进行配音，然后剪辑、转码、合成……半夜两点，我终于成功制作出满意的实验视频。在摸索成功的兴奋之余，我还学会好多新技能！

试讲是磨课的最后一步，也是关键一步。在这一环节中，要对各种细节进行打磨：语言要精练，衔接要自然，戒掉口头禅，不说与课堂无关的话；对于课堂时间的分配要合理，引入、讲解、板演、讨论、总结……每个环节都要固定到具体的几分几秒；板书设计要合理，恰当地使用主副黑板；等等。为了语言娴熟、言行举止合乎规范，课前我会写好讲课稿，将自己要说的每一句话、要做的每一个动作先理顺了再写下来，并在试讲的过程中不断地调整和修改，以达到最佳效果。如此训练几次，我的语言表达能力和课堂把控能力得到了很大的提升。

在磨课过程中，常规教学任务一样不能少。只有下班后我才能静下心来思考自己的课，回想教学过程，回想教学环节的衔接，回想我在上课时的表情与动作，还要梳理教学用具、课件，纠正自己的语音语调等，熬夜成了常态。但每一次磨课都使我收获颇丰，让我在教学中成长很快。因此，我在每一次磨课中痛并快乐着，在每一个煎熬的深夜里成长着。

教学相长

我所带的是物理、化学、生物组合的班级，学生的思维比较活跃，经常向我提问题。一次上课前，学生拿出生物书指着里面的一个实验操作问我："乙醇提取 DNA 时用到了离心机。那乙醇的作用是什么呢？离心后 DNA 沉在离心管的底部，是说明 DNA 的密度比乙醇大吗？但它不是被打成碎片了吗？"听了他的问题，我的第一反应是我是化学老师，怎么问我生物题？我思考了一下，回答了学生的问题，顺便提示学生乙醇的作用类似刚刚在化学课上学习的利用溶剂改变溶质的溶解度，"强行"将知识点拉回了化学课。课后我去请教生物老师，认真学习了 DNA 提取的实验原理和操作，发现和化学里的知识联系得很紧密。于是第二天上化学课前，我花了十分钟带着学生从化学学科的视角，把生物教材上的 DNA 提取实验重新学习了一遍。这一次的经历让我明白：我们平时要多钻研，不仅要钻研自己的这门学科，还要对其他学科有所涉猎。教材上的内容我们过去都学过，但现在我们的眼界发生了变化，我们的经验背景也发生了变化，再去阅读那些我们熟悉的材料时会有新的感怀和收获。温故而知新，对于教师来说，阅读各科教材还有一个重要价值，那就是可以在自己所教的课程中经常性地提及别的课程内容，这样能更好地利用学生已有的经验背景，帮助学生融会贯通地理解学习内容，也有助于学生形成对知识的完整认知。

我们班还有一个非常爱"较真"的学生，让我们又爱又恨，爱的是他肯钻研的精神，恨的是他总喜欢钻牛角尖。一次刚下课他就拿着作业来问我："老师，$NaHCO_3$ 溶液中的离子浓度一定是碳酸根大于氢离子吗？""是的。"我一边收书一边回答他。很显然，他不满意我的回答，又问："老师，您确定吗？""我确定。"我再次肯定地回答他。"老师，您确定以及肯定吗？有没有可能有例外呢？"

我略微迟疑了，在他的追问下我开始思考"我们的结论是个一般化的推论，那有没有可能 $NaHCO_3$ 是个例外？"这一次我没有肯定地回答他，而是跟他说下次课再给他解答。回办公室后，我搜索了一下资料，发现有研究人员提出过相同的疑问，并且通过严谨的实验论证了不同 pH 值下 $NaHCO_3$ 溶液中的离子浓度确实会发生变化。确实是我学有不足。经历这个事情之后，我对自己提出要求：一是语言表达要更准确、更慎重，对于自己不太确定的知识，不轻易下结论；二是要保持学习，多读书，多关注前沿科技的发展，以便及时修正和完善自己的知识体系。

学因教而日进，教因学而益深。"是故学然后知不足，教然后知困。知不足，然后能自反也；知困，然后能自强也。故曰：教学相长也。"在我和学生共同研究学习的过程中，我们在知识面上共同成长了。

成长的故事很多，只言片语难道一二。相信每位老师都有成为教育专家的美好梦想，而要想在教育教学工作中有一番出色的表现，只能靠自己一步一个脚印，踏踏实实地去学习、去探索、去实践、去思考，不放过每一次磨课经历，不放弃每一次成长机会，在课堂教学中不断摸索方法，积淀经验，在与学生的交流与思维碰撞中丰富自身底蕴，提高自身素养，进而实现成长。

作者简介：张玉蓉，宜都二中化学教师，最美教师，教坛新秀，优秀党务工作者。

遇见更好的自己

　　光阴流转，不经意间我已在教育行业扎根七年。回首七年岁月，深深浅浅的足迹中总有几件事或者几个人让我对目前的教育虽偶有困惑但依然无比热爱。

　　进入这个行业于我而言是一次美丽的意外。我在大学学的是信息工程，跟教育不沾边。大学毕业后，我进入软件公司做编程开发，工作忙碌充实。一次闲聊，大学同院系的一位同学就职于一所私立学校，让我到他的学校试一试。从来没有接触过教育行业，隔行如隔山，我想自己很难被录用，但还是硬着头皮试一下。学校有笔试、几轮面试和试讲，待都通过并确定录用后，那些没有教学经验的老师还要进行一年的跟岗学习。看了要求后我心里打鼓；同来面试的有很多是武汉大学和华中科技大学的优秀毕业生，感到压力巨大的同时，我十分珍惜这来之不易的机会。笔试顺利通过，面试效果也还不错，试讲有两次机会。第一次的试讲，因为我没有上过讲台，在面对很多学生时心里发怵，自我感觉不太好，老师们也给了很多意见。好在我去面试的时候还在5月，学生没放假，学校给了我第二次机会，要求我在校跟岗一周后再次上课，并确定最终录用名单。时间宽松了，但压力也来了。因为没有经验，所以在那一周里我听了很多课，不断请教有经验的老师，一遍遍地琢磨上课的知识点，也为了尽快跟学生熟悉，打消恐惧，我尽量多跟学生接触，了解学生的想法和问题。一周后，考核如约而至。那是一个晴朗的上午，很庆幸，我的课上得很顺利，得到了教学校长的肯定和录用的答复。很开心这次跨界成功，但是更大的挑战在后面。

　　真正进入教学我才知道：一名优秀的老师不只是上一节优质课就可以了，中间有太多智慧和技巧。按照学校的要求，我们需要跟岗至少一年，学校给我们安排了一对一的师傅，让我们跟班学习。当时学校正在扩大规模，特别优秀的老师也有可能在本学期结束跟着学习，下学期开学就能独立带班，这对于所有新老师来说极有吸引力。跟岗教学不仅工资低，还放不开手脚，有诸多限制，但想要在众多优秀老师中脱颖而出绝非易事。我对教学不熟悉，于是就多看书、多听课。从早到晚，每节课我都不落下，不仅听师傅的，也听其他老师的。当时师傅带两个班，我总是在他改作业时站在旁边学习，然后帮他改完另外一个班的作业。我尽量提高自己的效率，争取批改更多的作业，熟悉学生可能犯的错误。改完作业后，我跟师傅说："改完作业后，我发现了很多问题，可否让我试着讲讲？"就这样，我给自己争取了一次又一次上课的机会。从最开始的稚嫩到学期结束时的自然大方，我对课堂把握得越来越好，也在暑假中接到了下学期独立带班的好消息。

跨行转正后，我一直担任班主任，直到来到陆城一中，五年的班主任生涯才告一段落。班主任经历对于刚涉足教育事业的我来说无比宝贵，不仅有很多辛酸往事，也有很多暖心瞬间。

教育从来不是一蹴而就的，成长更是一辈子的话题。教师应善于发现身边可以学习的对象，努力向他看齐，追寻光，成为光，超越光。希望在教育的路上，感动常在。任何时候我都不会放弃心中对教育最初的热爱，即使有一时的失意，我也将一如既往地努力追赶。每一次的从头开始，都是来之不易的学习机会，抓住每一次学习的机遇，努力成为更好的自己。

作者简介：杨全圣，中学二级教师；获"宜都好课堂"一等奖、数学生物中考质量一等奖等。